U0897621

GAOXIAO "SIWEIYITI" YUREN TIXI TANSUO

Yi Anhui Caijing Daxue Weili

丁忠明 张庆亮 夏万军 夏光兰 等 / 著

高校“四位一体”育人体系探索

——以安徽财经大学为例

中国财经出版传媒集团

经济科学出版社
Economic Science Press

图书在版编目（CIP）数据

高校“四位一体”育人体系探索：以安徽财经大学为例/
丁忠明等著. —北京：经济科学出版社，2018. 1
ISBN 978 - 7 - 5141 - 8990 - 2

Ⅰ. ①高…　Ⅱ. ①丁…　Ⅲ. ①高等学校 - 人才培养 -
研究 - 中国　Ⅳ. ①G649. 2

中国版本图书馆 CIP 数据核字（2018）第 010548 号

责任编辑：周国强
责任校对：隗立娜
责任印制：邱　天

高校“四位一体”育人体系探索
——以安徽财经大学为例
丁忠明　张庆亮　夏万军　夏光兰　等著
经济科学出版社出版、发行　新华书店经销
社址：北京市海淀区阜成路甲 28 号　邮编：100142
总编部电话：010 - 88191217　发行部电话：010 - 88191522
网址：www. esp. com. cn
电子邮件：esp@ esp. com. cn
天猫网店：经济科学出版社旗舰店
网址：http：//jjkxcbs. tmall. com
固安华明印业有限公司印装
710 × 1000　16 开　16. 5 印张　260000 字
2018 年 1 月第 1 版　2018 年 1 月第 1 次印刷
ISBN 978 - 7 - 5141 - 8990 - 2　定价：68. 00 元
（图书出现印装问题，本社负责调换。电话：010 - 88191510）

前　　言

进入21世纪以来，中国高等教育实现了跨越式发展，高等教育从精英教育转变为大众教育，取得了令人瞩目的成就。2004年，中国高等学校在校生突破2000万人，高等教育规模全球第一，中国成为名副其实的高等教育大国。2010年《国家中长期教育改革和发展规划纲要（2010～2020年）》（以下简称《教育规划纲要》）的发布，标志着中国高等教育进入了一个新的阶段。中国开始由高等教育大国向高等教育强国迈进。然而，中国高等教育还不完全适应国家经济社会发展和人民群众接受良好教育的要求。高等教育发展依然存在教育观念相对落后、教学内容方法陈旧、学生适应社会和就业创业能力不强，创新型、实用型、复合型人才紧缺等问题。由此推动中国高等教育改革不断深化，高等学校教育教学改革不断创新，特别是围绕立德树人这一高校的根本任务，高校进行着各自的探索和实践。主要体现在：办学定位、人才培养理念、育人体系、专业设置与调整、大类招生与专业分流、课程建设、实验实训、创新创业、社会实践、质量监控体系建设、专业评估与认证等，以及大学生职业发展与就业指导、心理健康教育、社会主义核心价值观教育、学生参与民主管理、志愿服务、社团活动等。

《教育规划纲要》明确提出：深化教育体制改革，关键是更新教育观念，核心是改革人才培养体制，目的是提高人才培养水平。党的十九大报告指出：要全面贯彻党的教育方针，落实立德树人根本任务，发展素质教育，推进教育公平，培养德智体美全面发展的社会主义建设者和接班人。2014 年教育部印发的《关于全面深化课程改革落实立德树人根本任务的意见》，在要求培养学生高尚的道德情操、扎实的科学文化素质、健康的身心、良好的审美情趣的同时，突出强调要使学生具有中华文化底蕴、中国特色社会主义共同理想和国际视野，力求使立德树人的方向性、民族性和时代性更加鲜明。2015 年国务院出台《关于深化高等学校创新创业教育改革的实施意见》，将深化高校创新创业教育改革作为推进高等教育综合改革的重要内容。2016 年 12 月全国高校思想政治工作会议强调：高校思想政治工作关系高校培养什么样的人、如何培养人以及为谁培养人这个根本问题。显然，贯彻落实党和政府对深化高等教育改革和人才培养创新的要求，是高校义不容辞的责任。这就要求每一所高校都应该加大改革创新的力度，探索具有学校特色的人才培养模式和育人体系。

长期以来，安徽财经大学十分重视全面贯彻落实党和政府对深化教育领域综合改革的总体要求，紧紧围绕人才培养这一中心任务，不断深化改革和开拓创新，初步形成了“以学生为中心”的“知识探究、能力提升、素质培养、人格养成”四位一体的育人体系。这一体系以“立德树人”为根本，坚持实现“三个结合”，即坚持将育人体系建设与学生发展需求相结合，彰显学生个性和自然禀赋，使学生成为德智体美全面发展的人才；坚持将育人体系建设与社会需求相结合，整合优化校内外资源，培养社会需要的具有实践能力、创新精神和社会责任感的社会主义建设者和接班人；坚持将育人体系建设与学科专业建设相结合，学科专业建设要围绕育人体系，育人体系要落实于学科专业建设。总之，通过“四位一体”育人体系完善，构建“全员育人、全过程育人、全方位育人、全社会育人”的大格局，使人才培养工作更加系统化、规范化、科学化，以知识学习和探究为基础，促进学生能力、素质、人格的协同发展，实现高层次应用型人才培养目标。

为了进一步探寻人才培养的规律，打造安徽财经大学人才培养特色，我们将最近几年学校“以学生为中心”的“知识探究、能力提升、素质培养、人格养成”“四位一体”育人体系建设情况进行了总结，形成了《高校“四位一体”育人体系探索——以安徽财经大学为例》。本书共包括12章，主要内容有：

第1章　高校人才培养概述。当前，人才培养、科学研究、社会服务、文化传承创新是现代大学的基本职能，伴随着新经济时代的到来和信息技术的日新月异，我国高等教育在大众化背景下面临着新的发展形势。牢固树立“以学生为中心”的人才培养理念已成为我们深化高等教育综合改革的迫切需求。为此，安徽财经大学提出了“知识探究、能力提升、素质培养、人格养成”“四位一体”育人体系，强化“四全育人”，努力回答办什么样的大学、怎样办大学和培养什么人，怎样培养人这两个根本性问题。

第2章　国内外高校育人体系的经验。人才培养是高等学校的根本任务，围绕着人才培养的目标，国内外高校均进行了有效的探索。国外哈佛大学、斯坦福大学等名校的教育理念在其成长为世界一流大学的过程中发挥了重要的引领作用。国内高校也纷纷结合自身实际情况，对人才培养和育人体系的构建做了大量的探索。本章结合“知识探究、能力提升、素质培养、人格养成”“四位一体”育人体系，对国内外高校的一些典型做法进行了梳理。

第3章　高校“四位一体”育人体系构建：以安徽财经大学为例。随着人们对教育本质认识的深化和教育观念的转变，高校不但要重新认识和思考学习、学习方式、思维方式，而且更要注重培养和谐的人、全面发展的人。安徽财经大学在长期的办学实践中逐渐形成了“以学生为中心”的“四位一体”育人体系。该体系基本形成了一套比较成熟的人才培养实践。本章从“四位一体”育人体系提出背景、概述和基本做法三个部分，详细阐述了围绕育人体系建设开展教育教学改革、围绕育人体系重点开展四大平台建设、围绕育人体系建设打造校园文化氛围、围绕育人体系建设开展教育教学研究以及建立育人体系建设的全过程监督机制等。

第4章　“四位一体”育人体系的探索：知识探究。“知识探究”是教育者回答“教什么和学什么”给予的基础性解答，亦是“四位一体”育人体系的基础性环节。本章以高等教育应传授何类知识为视角，分析高校大学生知识探究的重要性以及知识探究的宏观现状，梳理安徽财经大学本科教学环节中“知识探究”的具体做法。在此基础上，提出高校大学生知识探究的合理化建议。

第5章 “四位一体”育人体系的探索：能力提升。大学生能力提升对推进学生全面发展、促进高校教育教学改革和实施科教兴国战略具有重大推动作用，能力提升是“四位一体”育人体系的外在表现。本章通过对大学生能力提升内涵和重要性的阐述，分析高校大学生能力提升的现状，全面总结安徽财经大学在大学生能力提升方面的一系列做法，在此基础上，提出高校大学生能力提升的经验与启示。

第6章 “四位一体”育人体系的探索：素质培养。素质培养有利于个人的习惯、气质、性格等的形成，在个人的成长过程中发挥着极其重要的作用，素质培养是“四位一体”育人体系的内在体现。本章通过对高校大学生素质重要性的阐述，分析高校大学生素质培养的现状，归纳安徽财经大学在大学生素质培养工作的典型做法，并在此基础上，提出现今高校大学生素质培养的可行性建议。

第7章 “四位一体”育人体系的探索：人格养成。人格是人朝向实现自我全面发展而不断建构的过程，人格养成是人全面发展的体现，是“四位一体”育人体系的目标。本章通过对人格和人格养成相关概念的阐述，提出高校在人格养成中存在精准性欠缺、体系完整性欠缺、资源针对性欠缺、方式合理性欠缺和评价及时性欠缺等问题，详细总结了安徽财经大学在大学生人格养成中的做法，并为现今高校大学生的人格养成提出可行性建议。

第8章 “四位一体”育人体系建设的实践：以经贸类专业人才培养为例。现阶段国际国内经济贸易形势发生了深刻的变化，市场对于经济贸易类人才的需求呈现出新特点和新要求。本章梳理了“四位一体”育人体系下的经贸类人才培养改革实践，并在此基础上提出经济贸易类人才培养的思考，通过更新教育教学理念、明晰人才培养定位、修订人才培养方案、优化课程体系设计、强化实践教学环节、推进教学方式改革等多维度、立体化改革，构建经贸类人才培养新模式，提升人才培养质量。

第9章　“四位一体”育人体系国际商务课程建设。课程建设是提升人才培养质量的核心环节，也是体现“四位一体”育人体系的抓手。安徽财经大学国际商务专业从2008年开始招生以来，一直把课程建设作为工作重心，围绕“四位一体”育人体系“紧抓5个关键环节”，通过“梳理国际商务专业人才培养逻辑关系→强化课程网络化教学平台建设→突出教学方法革新→推进考核方式改革→开展课外延展学习”的课程教学流程管理，在《国际商务》等专业核心课程中初步形成了一套行之有效、操作规范、学生反响良好的课程教学体系，为落实“四位一体”育人体系提供了一个较好范例。

第10章　“四位一体”育人体系的社会实践活动。在“四位一体”育人体系的建设中，社会实践活动是其中的一个重要环节。安徽财经大学在开展学生社会实践活动中，社会实践活动制度化建设、渠道的拓宽，助推了“四位一体”育人体系建设，在梳理原有做法的基础上，提出思考，即强化校内的专业知识的学习、进一步搭建学生创新创业热情释放的有效平台、强化校院两个层次的对外产学研合作、落实实习实践基地的运转等。

第11章　“四位一体”育人体系的学科竞赛实践。学科竞赛能够促进大学生知识探究方法的改变、促进大学生各种能力提升、完善大学生的综合素质培养、促进大学生完善人格的养成。经过开展多年的学科竞赛活动，学校已经形成了较为规范的依靠学科竞赛活动促进人才培养质量提高的做法，即学校高度重视，导师认真负责，培训基础扎实；管理严格规范，教研相互结合；学科竞赛与学生创新活动相结合；参加各类学科竞赛获奖可以替代实践学分、创新学分或替代毕业论文；经费保障等。并提出将学科竞赛有效地融入到日常的教学活动中去。

第12章　“四位一体”育人体系建设的学生社团组织。学生社团作为高校人才培养的重要平台。安徽财经大学以“大学生社团建设年”为契机，不断探索总结学生社团工作的功能与定位，不断开拓创新学生社团工作的途径与载体，通过加强基层组织、制度、导师队伍和学联内部建设、打造社团新媒体矩阵、搭建实践平台体系、探索第二课堂成绩单、培育精品社团样本方式，将社团活动有机融入“四位一体”育人体系，面向全校开展“百千万工程”，有效发挥了学生社团在立德树人方面的育人功能，为广大青年学生成长成才奠定了坚实的基础。

作为全国唯一一所不在省会和发达城市的地方财经类高校，安徽财经大学一直在探索和深化教育教学改革，虽然一些做法还需要不断完善改进，但我们希望通过对已经形成的具有安徽财经大学特色的育人体系的经验总结，为进一步推进高校深化教育教学改革提供实际参考，也希望能为高校人才培养凝练更多的理论指导。

作者

2017 年 12 月

目　　录

1 高校人才培养概述

1.1 大学基本职能

所谓的大学基本职能，亦称之为大学的任务或大学的使命，是指大学在社会分工中特有的专有职责。[①] 即大学在整个社会系统中所承担的责任与任务以及所担当的角色。历史表明，随着社会政治、经济、科技和文化的发展，大学基本职能也在不断地发展变化，逐步扩充和完善。大学的基本职能主要经历了三个发展阶段。19 世纪以前，大学主要承担培养人才这一最基本职能。从 1810 年柏林大学成立开始，大学把发展科学研究也作为自己的一项重要职能。从 1862 年美国的《莫里尔法》颁布开始，以威斯康星大学的办学思想为标志，大学又把通过科技创新和知识输出直接为社会服务作为自己的重要职能之一。可见，伴随着经济和社会发展，大学的社会职能呈现出一种由单一性向多元化、由经院性向社会化的发展轨迹。在现代社会，上述三个方面的社会职能已经成为世界各国高等教育界所普遍认同，而且这三方面的职能相辅相成。[②] 文化传承创新是中国高等教育快速发展大背景下产生的第四种职能，这种职能的产生是以 2011 年胡锦涛同志在清华大学 100 周

---

① 陈桂生．教育原理［M］．华东师范大学出版社，2000：234

② 李运庆，郑美玉．现代大学的内涵及职能演变［J］．南通大学学报（社会科学版），2009（3）

年校庆上的讲话为标志。

1.1.1 人才培养

人才培养是大学的核心职能和初始职能，这种职能主要体现在教学上，表现为教师的教和学生的学。通过这种活动，教师有计划、有针对性地引导学生主动学习和不断积累科学文化基础知识和专业技能，促进学生能力和素质的全面提高，使他们成为社会所需要的人。人才培养职能宗旨不变，但其内涵却是不断更新的。当今时代是一个经济全球化、文化多元化、信息网络化的时代，人才培养集中体现在培养什么样的人、怎样培养人和为谁培养人的基本问题。这里所谓的人才不是无所不知的通才，而是全面发展的高素质复合型人才。国际 21 世纪教育委员会在《教育——财富蕴藏其中》的报告中对 21 世纪人才提出了四个要求——“学会认知、学会做事、学会共同生活、学会生存”，认为这四种基本学习是人生的支柱，教育应当围绕它们加以组织。“四学会”的高素质人才已经超越了口径宽窄和知识多少的范畴，超越了专才与通才的对立，凭借“四学会”在一定时期内可以淡化专才与通才的矛盾，让人才在通与专之间可以自由转换，让学习成为人才的终身本领。

1.1.2 科学研究

科学研究职能的确立得益于德国柏林大学创始人洪堡所倡导的“教学与科研的统一”。他认为，大学不仅是传播知识、培养人才的教育机构，还是创新知识、发展知识的重要场所。这样，科学研究日益被教育界和社会所接受，成为大学的一个新职能。同时，柏林大学教学与科研并重的教育理念和人才培养模式被后来的美国、日本等国家所推崇与效仿。当今时代，大学已经或正在成为世界各国知识创新的中心和科技成果转化为现实生产力的重要推动力量。由于高科技的发展，科技和教育出现了高度融合，这种融合一方面打破了科学和技术之间的严格界限，涌现出一批知识高度密集、科学和技术高度综合的高科技领域，如新材料科学技术、生命科学技术、信息科学技术等；另一方面，由于高科技成果巨大的潜在经济价值，并且市场竞争十分激烈，所以企业对高科技教育的期望越来越高，科技成果转化的时间也大大缩短。科学技术和经济社会发展的这些特点以及内在的关联性对大学提出了教学科研双重职能的更高要求，同时也为大学实现跨越学科发展，推广校企合作育人模式提供了良好契机。

1.1.3 社会服务

19 世纪中后期以来，随着经济发展和社会进步，大学与社会的关系日益紧密，大学不再故步自封，闭关自守，开始走出“象牙塔”，主动加强与社会的联系，推行资源共享，崇尚开放办学、合作共赢。如英国大学推广运动的兴起和城市学院的产生，美国赠地学院的建立，以及“康奈尔计划和威斯康星思想的形成”等。尤其是 1904 年范海斯提出“大学应作为一个‘瞭望塔’，积极参与改善社会的活动，并作为服务社会的主要公共机构的理念。至此，大学为社会服务的时代开始来临，大学的第三大职能也由此确立。”①其实，培养人才，发展科技都是为社会服务，只不过是它们的服务方式相对间接。当今时代，作为教学和科研中心的大学，理应充分利用优质资源为社会提供全方位的高水平服务，进一步成为社会服务中心。大学服务社会职能的实现主要是以教学和研究活动为基础，通过校企合作、产学研合作为平台，但其服务内容却不断拓展，日益丰富。决策咨询服务、社会事务参与、科技成果推广、科技培训、资源开放共享等等都是当今社会服务的基本形式。大学服务社会职能的发展，有效地拉近了学校与社会的距离，让大学与社会联系更加紧密，大学在为社会服务的同时也为自身的发展赢得了更为广阔的空间，从而有效促进人才培养和科学研究。

---

① 张海生．大学要为学生提供什么样的课程？——康奈尔大学课程设计理念对我国地方综合性大学课程改革的启示［J］．高教研究与实践，2015（2）：56－62

1.1.4 文化传承创新

2011 年，以胡锦涛同志在清华大学百年校庆的重要讲话为标志，文化传承创新成了我国大学又一重要职能。新时期，大学不仅要充分发挥在地方经济发展中的推动作用，更要发挥主流文化的引领、带动作用，成为弘扬优良传统文化的阵地。当今，文化传承创新与科技创新具有同等重要地位。大学第四职能的拓展，为高等教育建设提出了更高更新的要求。一所大学不仅要具有与人才培养、科学研究、社会服务相适应的创新能力，更要有与文化传承创新职能相适应的“守成能力”。因为文化的传承需要忠诚式的坚守，尤其是要守护大学的精神，守护大学作为道德共同体、知识共同体、价值共同体、思想共同体、文化共同体的地位与尊严。大学需要对历史的永恒做出选择与承诺，并加以弘扬和保护。胡锦涛同志曾指出：当今文化是一个国家经济社会发展的主要支撑（有时也被称为软实力）。守护、传承、弘扬、创新文化，已是大学必须承担的新职能，这个职能实现得如何，不仅决定着大学的水平与质量，也决定着一个国家和民族的未来。

1.1.5 基本职能关系分析

四大职能既是统一又是辩证的关系，在大学办学过程中的角色担当既有重叠又不尽相同，我们可以理解为人才培养是核心，是中心工作；科学研究是做好人才培养工作的基本保障，做好科学研究是为了更好地促进人才培养；社会服务、文化传承创新是人才培养、科学研究工作成果的直接表现；做好社会服务、文化传承创新又可以反向推动人才培养，为人才培养争取更多的信息和资源；科学研究、社会服务、文化传承创新应该围绕人才培养而开展，不能脱离人才培养。人才培养、科学研究、社会服务、文化传承创新四者是一个有机整体，应该统筹兼顾、协同发展，有所侧重，但不能顾此失彼，在大学内部只能有限程度的相对独立，不能人为制造割裂和对立。

1.2 大学的人才培养

1.2.1 人才培养的历史演变

人才培养是高等教育的本质要求和根本使命，是高等学校的核心职能。不同时期，人才培养的目标和类型也有所区别。从对单纯知识的传授逐步演变为对综合素质、创新能力的全面要求。

中世纪传统大学：单学科领域人才起源和自由教育的追求。12 世纪，西欧经济开始发展，城市和贸易的复兴，社会需要大量受过训练的管理者、律师、文书、医生和牧师。众所周知，大学起初仅仅只是教师和学生的行会，"是一小批师生出于满足将法律、医学、神学和其他领域发展中的思想加以分化和系统化这一外部和内部的需要而创办的"①。这就表明，中世纪大学初期的人才培养从一开始就具备分类培养的特性，只不过其是按照学科领域或者说是社会职业的需求进行分类的，所以中世纪大学起初均为单科大学，如博洛尼亚大学的法学、巴黎大学的神学、萨莱诺大学的医学，专门培养相应学科的人才为己任。

近代大学：学科类型人才的扩张和研究型、应用型人才的产生。随着 1810 年柏林大学的创立，洪堡倡导追求纯粹的知识，提倡"教学与研究相合"的理念，确立了科学研究在大学的地位，研究型人才应运而生。之后众多学者纷纷响应，美国著名的教育家亚伯拉罕·弗莱克斯纳认为大学应该进行纯研究和基础研究，美国的霍普金斯大学，是模仿德国柏林大学而建立的，其创办伊始就将研究生教育当作重要的使命，研究型人才成为其培养的主要类型。这成功促进了哈佛、耶鲁等传统大学的变革，纷纷在原来的基础

---

① ［美］伯顿·R. 克拉克. 高等教育系统—学术组织的跨国研究［M］. 王承绪，等译. 杭州大学出版社，1994

上设立研究生院，形成近代大学人才培养类型的分化。19 世纪美国的《莫里尔法案》颁布以后，赠地学院以及州立学院兴起，这些大学完全以社会服务为办学宗旨，培养社会所需要的应用性人才。应用型人才成功登上大学人才培养类型的历史舞台。①

现代大学：复合型、创新型人才的产生。随着科学的发展和社会需求的广泛深入，现代高深知识具有更为广泛的含义，并呈现出“日益专门化、数量越来越多、知识密集性、知识广博性和自主性程度越来越高”的特点②。随着知识特点的变化，学科再也不是中世纪大学纯粹的知识体系，新的学科层出不穷。如伯顿·克拉克所言：“当学科发展扩大到把汽车修理、发型技术、肚皮舞跳法也包括在内时，人们并不感到吃惊。”③ 因此，在现代大学的人才培养类型中，按照学科领域的人才分类依旧存在，并为社会各个领域提供所需人才。但随着知识信息爆炸为标志的知识经济时代的到来，社会不仅关注人才的专业知识，更加重视他们的实践能力和创新精神。同时，学科知识在高度分化的同时又呈现出逐渐综合的态势，各种学科之间的交叉融合越来越高，虽然不同学科有着各自独立的知识体系，但其相互之间又并非绝对的孤立。人们越来越意识到用单一学科领域的知识已经无法去揭示事物的本质，不同学科的视角能够给予科学发展本身更多的动力，这种跨学科知识的发展，直接促生了现代高校对复合型、创新型人才的关注。

1.2.2 人才培养面临的新形势

1. 新经济时代的到来

新经济时代是指在美国前总统克林顿执政期间，美国经济出现了前所未

---

① 姚晓萍．大学人才培养类型的历史演变及其特点［J］．现代教育科学，2016（1）

② ［美］伯顿·R. 克拉克．高等教育系统——学术组织的跨国研究［M］．王承绪，等译．杭州大学出版社，1994

③ 伯顿·克拉克．高等教育新论——多学科的研究［M］．王承绪，等译．浙江教育出版社，2001

有的一系列新现象：创纪录的长期繁荣、高增长，甚至出现低通胀伴随着低失业率。人们似乎感受到了一个不同于过去的经济形态的出现。1996 年 12 月 30 日，美国《商业周刊》发表了一篇题为“新经济的胜利”的文章，对这种现象作了最早的回应。主编斯蒂芬·谢泼德指出，美国已进入一个新经济时代。

虽然世界各国对新经济的认识尚未统一，对新经济时代的内涵还有各种理解。但我们认为，新经济之所以称之为新经济，必然在一些核心特征上区别于传统经济，否则不能称之为新经济。新经济的实质应该是基于信息技术创新和制度创新基础上的信息化，是运用互联网、云计算、物联网和大数据分析等对传统经济进行再造或创造出以前没有的经济形态。新经济和传统经济有 5 个明显不同的特征：主体参与范围不同，新经济一定是用世界的眼光，站在全球一体化的角度；交流手段不同，它一定是突破传统的面对面方式，以电子商务为主要交流手段；生产方式不同，它应该是对高投入、低回报生产方式的突破，以集约型为主；增长动力不同，它不仅仅依靠资源投入，而是以高科技、信息为增长原动力；资源供给不同，它对人类供给是无限的、可持续的。

中国对新经济也给予了前所未有的高度重视。2016 年，李克强总理在政府工作报告中提出：必须培育壮大新动能，加快发展新经济。① 要推动新技术、新产业、新业态加快成长，以体制机制创新促进分享经济发展，建设共享平台，做大高技术产业、现代服务业等新兴产业集群，打造动力强劲的新引擎。运用信息网络等现代技术，推动生产、管理和营销模式变革，重塑产业链、供应链、价值链，改造提升传统动能，使之焕发新的生机与活力。以标准化、规模化、模式化为特点的传统经济，正在被建立在信息技术基础之上追求差异化、个性化、网络化、智能化、快速化的新经济所取代。农业、制造业、服务业在新经济时代已经和正在发生着深刻的变革。这些变革直接体现了产业内的企业生产经营活动的巨大调整和变革。

---

① 参见李克强总理 2016 年政府工作报告。

新经济时代，社会和企业对新型经济管理人才提出了新的要求和标准。在一定意义上讲，新经济就是人才经济，新经济的竞争就是人才的竞争。因此，创新精神、人格魅力、内在素养、团队精神势必成为高质量人才必备的核心要素。这就要求高校在人才培养上不断适应经济社会发展的需求，努力创新人才培养模式，既注重人才的普遍性培养，又要强调人才的个性化发展，充分挖掘各种人才的潜能，在动态中培养适应新经济发展需要的人才。

2. 信息技术的日新月异

21 世纪是信息技术日益发展、互联网普遍应用的时代。信息技术，互联网改变着人们的生活方式。互联网从出现至今只有几十年的时间，但它已经融入社会经济生活方方面面，它深刻地影响着教育理念、教育模式，正改变着我们对传统教育的认识。互联网技术的发展和应用，直接推动着高等教育的变革和创新，构建网络化、数字化、个性化、终身化的教育体系成为现实，实现“人人皆学、处处能学、时时可学”的学习模式正离我们越来越近。传统技术条件下的大规模、标准化、同质化培养正逐步被信息技术下的个性化培养、因材施教所取代。互联网时代有足够的资源和条件来对学生因材施教，能够真正尊重学生的个体差异和个性化需求，实现个性化培养，慕课（MOOC）教学资源平台，“翻转课堂”已经成为现实；另一方面，互联网时代是学生（消费者）主权的时代，能够实现以学习者为中心，能够实现按需学习、自主学习。学生可以突破时空限制随时随地进行网络学习、在线答疑、师生互动、生生互动等，进而实现国内外高校课程互选、学分互认以及科研、图书资源等共享。

从学校层面讲，这就要求教师树立“以学生为中心”的理念，创新教学手段，改革教学方式方法，提升教学素养，激发学生的学习兴趣和引领学生思维创新。而学生也将改变原来的被动学习为主动学习，使学习成为一种自理能力和内在素养，成为一种机会，谁越主动，谁就越容易获得成功。因此，高校必须适应信息技术广泛应用带来的变化，及时创新人才培养理念，创新教学、管理和服务。①

3. 高等教育大众化

改革开放以来，伴随着国民经济的持续快速发展和人民生活水平的日益提高，中国高等教育事业取得了举世瞩目的巨大成就，实现了历史性的跨越。特别是扩招以来，中国高等教育已经由精英化进入了大众化阶段，中国已经成为名副其实的高等教育大国。据教育部网站发布的全国教育事业发展统计公报数据，截至 2016 年 5 月，全国共有普通高等学校和成人高等学校 2879 所；各类高等教育在学总规模达到 3647 万人，高等教育毛入学率达到 40.0%，在校生总规模居世界第一。②

成绩的背后，我们仍然看到，扩招背景下的我国高等教育门槛虽然降低了，但高等教育供给与人民群众对优质高等教育的需求之间还存在很大矛盾。高校还存在规模、质量、结构、效益不均衡问题，教学方法传统而简单，“以学生为本、以学生发展为中心”的理念还不够深入，各种灌输式教学、填鸭式教学不同程度的存在，课程设置上还是注重专业知识的传授，忽视对学生实践能力、人文素养、创新精神的训练和培养。高校对于学生的“做人”，素质培养、人格养成等方面，还存在认识不到位的情况，还没有意识到问题的严重性。如果培养的学生只会机械的学习知识、运用知识，没有养成健全的人格，我们只能断定他是一个有知识的人，而不能肯定他是一个对社会有用的人，他的未来很容易受到环境的影响和驱使，人生的理想将变得模糊不清，不够坚定。因此，高校的教育工作者应该努力摆脱中学教育的功利性，注重对学生人文素质和创新精神的培养。

著名科学家钱学森认为，新中国大学办学几十年来，没有一所大学能够按照培养科学技术发明的创新人才培养模式办学，没有自己独特的、创新的东西，总是冒不出杰出人才。温家宝同志在研究制定《国家中长期教育改革

① 张庆亮，夏万军，邢孝兵．“以学生为中心”的学生事务——以安徽财经大学为例［M］．经济科学出版社，2017

② 引自教育部网站，http：//www.moe.edu.cn/。

和发展规划纲要》时指出，教育的根本任务应该是培养人才，人才培养观念的更新和培养模式的创新要成为规划的亮点，要注重培养学生的社会责任感、实践能力和创新精神，注重培养复合型人才。[①] 因此，不管是研究型大学还是教学研究型大学，不管是部属院校还是地方院校，都要探索人才的分层、分类培养，强调错位化竞争，既要注重以理论研究为核心的学术型、创新型人才培养，又要兼顾以应用为核心的应用型、复合型人才的培养；既要注重人的全面发展的培养，又要把人的培养与社会经济和市场需求有效结合起来，不断提高社会和市场认可度，增强就业竞争力。

4. 高等教育综合改革

高等教育经过近 40 年的发展与改革，宏观层面的现代大学制度、人才培养体制机制；中观层面的省级政府统筹、地方高校分类发展；微观层面的高校人才培养模式创新、师资队伍建设等取得了长足发展。但“精英化”教育模式下的管理体制和运行机制还是很难适应“大众化”形势，出现专业结构、质量结构、素质结构方面存在诸多供给侧结构性问题，致使大学的人才培养效率不高，同质化现象严重。与经济改革相似，高等教育同样存在需求侧改革和供给侧改革两大任务。因此，高等教育综合改革迫在眉睫，而改革的难点是什么，如何改？需要多部门、多方面协调联动，对高等教育进行系统的顶层设计、科学的统筹协调。

我们认为改革要立足于教育教学理念的更新，牢固树立“以学生为中心”的供需侧人才培养理念的同时，强调人才培养供给侧自身必须具备符合需求的引导力，为此，我们提出“知识探究、能力提升、素质培养、人格养成”四位一体人才培养体系，强化“四全育人”，把培养具有知识、能力、素质、人格全面发展的创新创业人才作为当前高校争创一流、特色办学的重大课题。

具体而言，在教育体制方面，当务之急是按照政府管学、高校办学、社

---

① 引自教育部网站，http：//www. moe. edu. cn/。

会评学的现代大学运行模式不断推进教育教学改革。不断加快现代大学制度建设，理顺大学、政府和社会的关系。切实推进管办评分离，进一步完善政府管理模式、扩大和落实高校办学自主权、规范和完善社会评价，努力形成政府宏观管理、学校自主办学、社会广泛参与的新格局。在办学自主权得到充分落实的情况下，高校按照国家法律法规和宏观政策，自主开展教学活动、科学研究和社会服务，自主设置和调整学科、专业，自主制定学校规划并组织实施，自主设置教学、科研、行政管理机构，自主确定内部收入分配，自主管理和使用人才，自主管理和使用学校财产和经费。

在运行机制方面，要牢固确立人才培养在高校工作中的中心地位，坚持立德树人，注重能力提升、素质培养、人格养成，强化学生创新能力提升，围绕学生需求提供让学生满意的教育服务，高校各种资源配置优先保障人才培养。学校的学术事务和学生事务工作必须在“以学生为中心”理念的指导下开展。坚持把促进学生健康成长作为高校一切工作的出发点和落脚点；坚持把促进人的全面发展和适应社会需要作为衡量人才培养水平的根本标准；坚持把对学生的标准化培养与个性化培养有机结合作为教学改革的发展方向。

1.2.3 人才培养的根本问题

众所周知，对于高校而言，如何回答办什么样的大学、怎样办大学和培养什么人，怎样培养人这两个根本性问题，是实现高校内涵式发展的基础。长期以来，高校都在试图回答这两个问题，然而由于种种原因，在实践中对这两个问题的回答似乎不能令人满意。2016 年 12 月 7 ~ 8 日在北京召开的全国高校思想政治工作会议，这一改革开放以来规格最高的专项会议，明确提出：高校思想政治工作关系高校培养什么样的人、如何培养人以及为谁培养人这个根本问题。显然，人才培养或者说培养人的基本问题已经拓展到了三个方面。这不仅是从宏观层面对全国高校的共同要求，而且也是从微观层面对每一所高校的具体要求，也就是说任何一所高校必须回答这些涉及培养人的基本问题。事实上，高校培养人的问题还不仅局限于这三个问题，如到底培养谁？高校的生源是什么人？对人才培养而言，作为生源的“原材料”是培养基础。显然，每一所大学招录的学生情况会有差异，总体而言，社会公认的著名大学招录的生源质量最好，随着大学知名度的下降生源质量也在下降。因此，每所大学必须针对招录生源情况进行合适的培养。这对于每一所大学都是人才培养的基本问题。但是，这一问题又不能从宏观、全国、整体层面盲目评价。基于对高校教育教学实践的长期思考，我们认为高校培养人的问题实际至少涉及五个根本问题：

1. 培养什么人

培养什么人即培养谁是高校首先需要关注和研究的。从高等教育的总体来看，高校培养的是完成高中学业进入高校进行专业学习的青年人。从宏观层面来看，这不是什么问题，但是，对每一所高校而言，情况又不大一样。高校首先了解招收的学生是什么样的生源，生源素质和结构如何，以便于有针对性进行培养，实现因材施教。高素质的生源是高校人才培养的优势，由此导致每年招生季高校争夺优秀生源。在高等教育发达的国家，高校生源竞争十分激烈，每年需要投入大量的资源在国内外教育市场展开竞争。从北美、欧洲、澳洲的大学在我国教育市场上常年招收学生，可以知道大学招生的重要性。而对于中国高校而言，除了部分知名高校和民办院校、公办职业学院，其他绝大多数高校还没有生源竞争的意识，在招生季几乎没有多少吸引学生报考的活动，基本不太关注生源问题，更没有研究培养谁这一根本问题。这需要引起高等教育管理者的重视。

2. 为谁培养人

中国特色社会主义建设的伟大成就铸就了道路自信、理论自信、制度自信和文化自信。基于独特的历史、文化和国情决定了中国必须走自己的高等教育发展道路，作为社会主义高校必须承担人才培养的基本职能，为中国特色社会主义建设培养人才，任何建设事业都离不开人。《中华人民共和国高等教育法》（2015 年 12 月 27 日修正）第四条指出：高等教育必须贯彻国家的教育方针，为社会主义现代化建设服务、为人民服务。作为中国特色的社会主义大学这些人是要为人民服务，为中国共产党治国理政服务，为巩固和发展中国特色社会主义制度服务，为改革开放和社会主义现代化建设服务。但是就每一个高校而言，必须将这一宏观的、总体的回答转化为微观的、具体的回答。高校必须非常清楚自己培养的学生面对什么样的市场和社会需求，也就是说，高校到底是为哪些用人主体——政府、企业、非营利性组织等等培养人才？在此基础上，高校要根据用人主体的需求，调整人才培养目标、方案，满足用人主体的需求。

3. 培养什么样的人

培养什么样的人即将学生培养成什么人是高校人才培养的中心问题。《中华人民共和国高等教育法》（2015 年 12 月 27 日修正）第四条指出：使受教育者成为德、智、体、美等方面全面发展的社会主义建设者和接班人。也就是说，高等教育必须把学生培养成全面发展的社会主义建设者和接班人，作为建设者他们具有良好的专业素养和专业技能，作为接班人他们具有正确的政治方向和政治信仰，两者相辅相成、缺一不可。第五条指出：高等教育的任务是培养具有社会责任感、创新精神和实践能力的高级专门人才，发展科学技术文化，促进社会主义现代化建设。《国家中长期教育改革和发展规划纲要（2010～2020 年）》指出：努力培养造就数以亿计的高素质劳动者、数以千万计的专门人才和一大批拔尖创新人才。这就从总体上对高等教育培养什么样的人进行了回答。但是，就每一所高校而言，必须回答将学生培养成未来具体的什么人，这些人应该具有什么样的知识、素质、能力、人格，以适应未来需求成为职业人和社会人。如有的高校承担着培养自然科学人才的使命，有的高校承担着培养社会科学人才的使命，有的高校培养高级金融人才，有的高校培养金融操作实务人才等。一般来说，高校培养的人才主要有学术型、应用型、技能型等，每一类人才由少量高端、较多中端、大量底端人才构成人才金字塔。

4. 如何培养人

《中华人民共和国高等教育法》（2015 年 12 月 27 日修正）明确规定：第十一条高等学校应当面向社会，依法自主办学，实行民主管理。第三十一条高等学校应当以培养人才为中心，开展教学、科学研究和社会服务，保证教育教学质量达到国家规定的标准。第三十四条高等学校根据教学需要，自主制定教学计划、选编教材、组织实施教学活动。因此，培养人的问题使高校有很大的自主办学权。与此同时，国家和政府教育主管部门也提出了一些具体的要求，要坚持把立德树人作为中心环节，把思想政治工作、创新创业教育等贯穿教育教学全过程等等。这就需要高校必须牢牢抓住全面提高人才培养能力这个核心点，结合实际来对人才培养进行顶层设计，要把促进学生健康成长作为学校一切工作的出发点和落脚点。高校在人才培养中具有什么样的理念、采取什么样的途径和方法，直接影响和决定着人才培养的效果。从高等教育教学规律、人才成长成才规律、现代信息技术发展等方面综合考虑，高校应该树立“以学生为中心”的理念，从学生的需求出发，设计人才培养流程，实现因材施教、学生个性化发展。这就需要贯彻落实：知识探究、能力提升、素质培养、人格养成的“四位一体”育人体系，分类培养、分层教学、分流发展的“三分”育人理念；第一课堂、第二课堂、第三课堂、第四课堂的“四个课堂”育人模式；全员、全过程、全方位、全社会育人的“四全”育人环节；教书育人、管理育人、服务育人、环境育人的“四育人”内涵。

5. 培养效果如何

一般来说，评价大学人才培养效果如何，通常惯用的办法是对大学的教学进行评估。进入新世纪以来的本科教学工作水平评估以及最近几年开始的本科教学工作审核评估即是评价培养效果的典型做法。这些评估活动更多是站在“教”的视角进行评价，对“学”关注不够。事实上，随着教育教学理念的转变，这些评估活动应该更多转向关注“学”上。更多关注让每个学生身心健康成长、愉快学习、人格健全，学会做人做事。另外，需要强调的是，对一个大学人才培养效果如何，短期的评价可以用就业率、读研率、创业率等来衡量，长期的评价可以更多是用毕业生在各行各业的发展情况以及社会贡献情况来衡量。因此，对高校来说，一方面要重视学生毕业时的短期指标情况，如毕业生在人才市场上就业竞争中是否有竞争力；另一方面更要重视未来毕业生可持续发展。如毕业生就业后的发展潜力如何。特别是毕业生未来的快乐工作、幸福生活。

总之，围绕“培养人”问题，财经类高校必须进行更为深入的思考和分析，并明确回答是什么或如何做的问题。

1.2.4 人才培养的供给分析

1. 人才的社会需求分析

社会对人才的需求是多方面的。古语讲“三百六十行，行行出状元”，说的是一个人不论干哪一行，只要热爱本行业和本职工作，都有可能成为做得最好的顶尖人才。也就是说，任何一个行业都需要适合该行业发展的人才。现代社会分工越来越细，行业数远远多于三百六十行。各行各业需要大量的各式各样的人才。一般来说，社会需要科学家、文学家、艺术家、商人、教师、医生、工程师、会计师、审计师、律师、技术工人等，这些人才主要是某一领域的专业人才。

《国家中长期人才发展规划纲要（2010～2020年）》中明确提出统筹推进各类人才队伍建设，并将人才分为党政人才、企业经营管理人才、专业技术人才、高技能人才、农村实用人才以及社会工作人才等。培养造就数以亿计的各类人才，数以千万计的专门人才和一大批拔尖创新人才。事实上，对各行各业的人才可以按照不同的标准进行分类，如按照所从事工作需要投入的研究情况可以分为研究性人才、应用型人才、技能型人才，如图1－1所示的人才类型金字塔。显然，社会经济发展中的所有行业需要的研究型人才的数量非常少，应用型人才的数量较大，技能型人才的数量庞大。在此基础上，每一类人才还可以进行细分，如按照人才的所处于的层次，可以分为高端人才、中端人才、底端人才，如图 1 – 2 所示的人才层次金字塔。显然，社会经济发展中的所有行业需要的高端人才数量极少、中端人才数量较大、底端人才数量庞大。当然，在此基础上，仍然可以对每一层次人才进行细分，原则上这类细分一直可以持续下去。

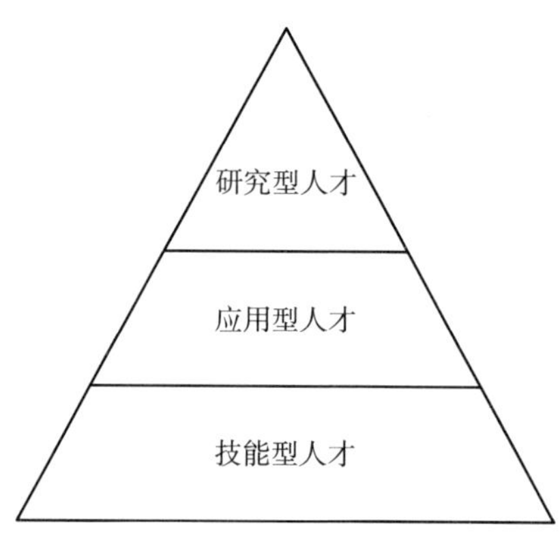

图 1 – 1　人才分类

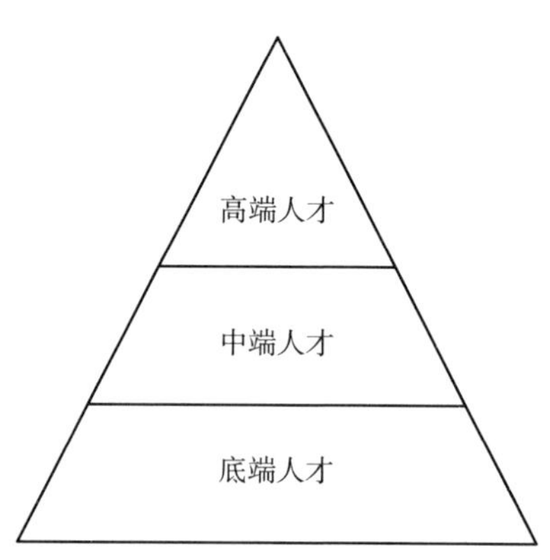

图 1 – 2　人才层次

按照所从事的行业不同，人才可以分为经济管理人才、医疗服务人才、党务行政管理人才、社会管理人才、教育服务人才、建筑施工人才、艺术设计人才、播音主持人才等，这些人才还可以按照层次、行业等进一步进行细分。

总之，按照不同的标准可以将人才分为不同的类型和层次。由此社会对人才的需求是多元化、多样化、多层次、多类型的。与此同时，社会对各类人才的需求也有一些共性的要求，如不管是什么人才，都应该首先是合格社会公民，具有社会公民的基本素质。如果一个人才不具有合格社会公民的素质，就不可能真正成为一个人才，可能会是一个“跛脚”的人才。所有人才都应该具有人文情怀、科学精神、社会担当、自由思想、独立精神等，成为一个具有健全人格的人。

2. 人才培养定位分析

针对社会的需要，高等教育义不容辞地承担着人才培养的重要使命。作为各类人才最重要培养主体的高校，就要有针对性的培养社会需要的人才。为此，高校必须对自己培养的人才进行明确的定位，避免人才培养定位趋同，导致毕业生同质性太强，难以满足市场对人才多样化、特色化需求。人才培养定位是指根据高校自身条件、国家和社会的需要，通过比较和分析，以确定专业人才培养的市场位置和特色的一系列活动。具体地说，人才培养定位就是高校在市场细分和确立目标市场后所采取的塑造自己的毕业生形象特色的行为过程，目的在于塑造高校及毕业生的鲜明个性，以便于目标市场上的用人单位更好地识别。人才培养定位是以了解和分析用人单位的需求为中心和出发点，设定自己毕业生的独特性和与竞争者（其他高校）有显著差别的形象特征。显然，只有通过科学的人才培养定位，进而以此为基础制定和实施与之相适应的人才培养策略和措施，就能够保证培养出的毕业生对目标用人单位产生更大的吸引力，从而大大提高毕业生在人才市场上的核心竞争力。①

一般来说，可以以毕业生的特色和形象来体现不同高校的人才培养定

---

① 杨莲娜．高校国际经济与贸易专业人才培养定位的思考［J］．黄山学院学报，2010（4）

位。毕业生的特点及其与众不同之处即特色，体现毕业生的内在质量水平；毕业生的外在形象是社会公众和用人单位对毕业生的看法和印象。每一所高校都要根据自己的办学传统、资源条件和特色优势等，培养具有鲜明的优势和特色的毕业生，打造毕业生的核心竞争力。因此，每一所高校要办出自己的特色，就要“有所为，有所不为”，只有这样才能形成独有的竞争优势，提升高校的竞争力。

现实中，由于中国高等教育体制改革不到位以及高校的自主办学难以落实，导致高校办学定位不明、办学目标不清，出现了千校一面。无一例外，几乎所有高校都投入到争创“一流”之中，不是“世界一流”，就是“国内一流”“省内一流”“行业一流”等。事实上，一流大学、一流学科必须是在长期的办学过程中，慢慢积累和凝聚的结果，不可能一朝一夕就能完成的。一流的师资队伍、一流的设备、一流的生源、一流的教风和学风，以及正确的教育观、质量观和人才观等等，都需要长期的积淀。人为的、急功近利的做法无助于甚至有害于一流大学、一流学科的建设。而国内诸多高校往往不考虑办学历史和实际情况，办学定位和人才培养定位雷同，失去应有的特色和优势。

例如，曾经受到社会和家长追捧的国际经济与贸易本科专业，不管是综合性、单科性、多科性大学，还是研究型、教学研究型、教学型大学，纷纷争办国际经济与贸易本科专业，在学校办学定位模糊的情况下，国际经济与贸易专业人才培养定位雷同。一所普通的新升本学院的定位，与一所重点大学的定位几乎没有多大差别，人才培养方案以及课程讲授内容大同小异，甚至用同样的教材进行讲授，造成不同层次高校在培养国际经济与贸易专业人才时，出现了明显的办学层次交叉、办学秩序较乱的无序局面。由此导致就业市场的混乱无序，大大增加了毕业生就业的成本以及用人单位选择毕业生的成本。

因此，任何一所高校只要培养国际经济与贸易专业的人才，就将人才培养定位准确，培养毕业生鲜明的特色和形象，以能够更好适应社会需求。对国际经济与贸易专业进行人才培养定位时，不仅要从高校自身本学科的历史和传统，结合学校所处的地理位置、外部环境，研究市场对国际经济与贸易人才的需求到底是什么样的，更要考虑同类型、同层次竞争性高校的人才定位情况，提出具有自身特色的人才培养定位。一般来说，社会和用人单位对国际经济与贸易人才的需求也会形成一个人才金字塔：在金字塔的顶部对应的是高端国际经济与贸易人才——如学术型人才，金字塔的中间部分对应的是中端国际经济与贸易人才——如应用型人才，金字塔的底部对应的是低端国际经济与贸易人才——如技能型人才。这就要求所有开办国际经济与贸易专业的高校必须明确自身为社会和用人单位所提供的到底是哪一类人才？在明确了上述问题之后，高校必须考虑如何培养这类人才？人才培养的特色究竟是什么？例如，一旦高校确定培养应用型国际经济与贸易人才，就又面临一系列的问题，什么是应用型国际经济与贸易人才？应用型人才的特色如何体现?[①] 这些是高校在国际经济与贸易专业人才培养中必须考虑的。

1.3 以学生为中心的人才培养

1.3.1 以学生为中心的理念概述

1. 以学生为中心的含义

众所周知，“以教师为中心”（teacher-centered）的理念在中外教育史上长期占据主导地位，主要体现在教育思想、教学理念、教学方法、管理理念、培养模式等方面，成为影响力巨大的传统教育的最重要、最基础的理念。显然，“以教师为中心”的理念适应了传统教育教学的需要，具有一定的合理性和进步性。然而，随着时代的发展、科技的进步、教育竞争的变化，“以教师为中心”的理念忽视学生的个性差异和学习自主的缺陷逐渐显

① 杨莲娜. 高校国际经济与贸易专业人才培养定位的思考［J］. 黄山学院学报，2010（4）

现出来，“以学生为中心”（student-centered）的理念开始出现并发展起来。相对于“以教师为中心”理念而言，“以学生为中心”的理念更多基于学生自身兴趣、能力、秉性、特质、需求等，通过激发学生的学习热情、学习动力，创造和提供良好学习环境，为学生成长发展服务。作为一种全新的理念在实践中得到了一定的应用，已经成为受到广泛关注的现代教育理念。

“以学生为中心”的理念表现出以下特征：第一，教育目标是培养完整的人、全面发展的人，以培养学生的综合素质为教学目标，学生是知识的追求者，教师是知识的组织者；第二，学生是教学主体，教师、教材、教室、作业以及其他教学内容是学生获得知识的媒介。教师是知识的组织者、引导者和学习环境的设计者，他们研究和应用最好的方法来促进学生学习和成功。学生是知识主动追求者，在互动式、探究式、案例式教学中学生积极参与，师生平等参与、对话。教学更多关注学生个性化、差异性，发掘学生兴趣、偏好，进行个性化塑造；第三，教学结构是“整体化”：“既见树木，更见森林”。教学和学习的各个部分是整体的和跨学科的：大学的课程结构和讲座不再是必不可少的，它们是可以变通的。学期、课堂、实验室、教学大纲，甚至班级本身，都不再是标准的或强制的活动，而是可以自由选择的；第四，评估标准重视“学”，重视学习产出、学生发展与学生成功。学生评价或学生的投入程度是评价教学质量的主要指标。①

我们对“以学生为中心”与“以教师为中心”的教育理念进行比较，见表1－1。

表1－1　“以学生为中心”与“以教师为中心”的比较

项目	以教师为中心	以学生为中心
教育目标	培养掌握知识的人	培养完整的人、全面发展的人
教学主体	教师为主体	学生为主体

① 周光礼，黄容霞．教学改革如何制度化——“以学生为中心”的教育改革与创新人才培养特区在中国的兴起［J］．高等工程教育研究，2013（5）

续表

项目	以教师为中心	以学生为中心
学习受众	关注学生统一性、共性，按照统一模式，规模化培养	关注学生个性化、差异性，发掘学生兴趣、偏好，个性化塑造
师生角色	教师是知识传授者 学生是知识被动接受者 师生不平等	教师是知识组织者、引导者、设计者 学生是知识主动追求者 师生平等参与、对话
教学结构	原子化：教学和学习的各个部分是离散，难以实现跨学科学习	整体化：教学和学习的各个部分是整体的和跨学科
教学方法	课堂讲授为主，展示教师教学技能	互动式、探究式、案例式为主，调动学生积极参与
评估标准	注重“教”，重视教学投入、教学效果与教师成功	重视“学”，重视学习产出、学生发展与学生成功

资料来源：张庆亮，夏万军，邢孝兵．“以学生为中心”的学生事务——以安徽财经大学为例［M］．经济科学出版社，2017。

可见，“以学生为中心”与“以教师为中心”的教育理念存在明显的区别。从教育目标、教学主体、学习受众、师生角色、教学结构、教学方法、评估标准等方面来看，两者差异明显。这就意味着“以学生为中心”的理念将带来教育教学、人才培养的根本性变化。

2. “以学生为中心”的价值取向

首先，“以学生为中心”体现在对学生发展的认识上。“以学生为中心”教育的目标是将学生培养成人——完整的人、全面发展的人，而不是将学生培养成某种工具。正如孔子讲的“君子不器”，一是“君子不器己”，二是“君子不器人”。你不要把自己当成工具，也不要把别人当成工具。显然，人的全面发展是以其独一无二的个体特质为基础的，应当从道德、情感、精神、技能、智力、身体、意志、思维等方面，按照学生成长和发展的需求以及相应的规律进行培养。“以学生为中心”的教育通过对学生的成长进行引导，最终促进学生的学习和发展。

其次，“以学生为中心”体现在学生的学习过程上。“以学生为中心”强调学生学习的主体地位以及教师的主导地位。学生的学习需求是建立在自身实际的基础上，旨在满足人自身发展的需要和未来成长成才的需要，应当更加主动、积极。与此同时，学习也要遵循其自身的内在规律性。“以学生为中心”使学生更多参与学习过程，把更多精力投入学习中。之所以如此，是因为“以学生为中心”超越了以往学生被动接受的方式，基于学生内心的偏好、兴趣，调动和激发了学生学习的内在动力。

第三，“以学生为中心”体现在学生的学习效果上。学习效果的评价绝不仅仅局限在教学方式方法、教学内容、课程设置等方面，而是包括同伴交流、宿舍生活、社团参与等课外途径获得的学习成果。毕竟每个学生都是一个独一无二的个体，其兴趣、爱好以及成长家庭环境等不同，同样的学习过程、学习活动对不同的人产生的效果会不一样。因此，评价学生的学习效果必须力求客观性、多样性、相对性和动态性，力求评价结果能够准确、客观、公正。进而能够为学生提供更富有针对性的建议和意见，引导每个学生认清自己的学习、成长与发展的潜质，帮助学生制定个性化成长与发展方案，激发学生主动学习的积极性和创造性。

中国有少数高校已经在践行“以学生为中心”教育理念，提出“一切为了学生、为了一切学生、为了学生的一切”的理念，充分体现了“以学生为中心”教育理念的内在要求，体现了高等学校教育理念的转变，也体现了高等教育的起点和目的。在这些高校“以学生为中心”理念已经成为广大教职工所秉持的“为什么办学”“怎么样办学”的价值判断标准。“以学生为中心”要求高校的一切工作都要始终把学生的学习、成长与发展放在第一位，把学生的健康、安全、利益放在第一位，把学生的全面发展贯穿于学校工作的全过程中。高校不仅要培养学生的学科专业知识和职业技能，而且要培养学生独立生存生活的能力，教会学生做人，使学生成为德智体美劳全面发展的人。

1.3.2　学术事务和学生事务概述

1. 学术事务和学生事务的含义

一般认为，学术事务（academic affairs）通常涉及学生“学习”“课程”“教室”和“认知发展”等，而学生事务（student affairs）则涉及“课外”“学生活动”“住宿生活”“感情或个人问题”等。[①] 学术事务、学生事务这两个词汇在欧美地区特别是美国等高等教育发达的国家和地区使用较为普遍，是用来表述和概括高校事务的一组相对的概念。

中国高等教育界在与国外高校的交流中经常会涉及这些词汇，对学术事务、学生事务并不陌生。但是，在实际工作中，很少使用这些词汇，尤其是更少使用学术事务一词。这大约与《中华人民共和国高等教育法》《普通高等学校学生管理规定》（中华人民共和国教育部第21号令）中没有出现学术事务、学生事务这些词汇有关。然而，学生事务、学术事务正在受到越来越多的中国高校的关注和研究。

众所周知，人才培养是高校的根本任务。高校的所有工作必须服务和服从于人才培养。国内一般将高校的人才培养主要工作分为教学工作和学生工作（含共青团等）两大类，而事实上，与国外的学术事务和学生事务相对应的是中国高校的教学工作和学生工作（含共青团等），然而由于后两个概念内涵的局限性，本书采用了学术事务和学生事务的说法。

总体上来看，中国学者对学生事务的关注和研究超过对学术事务的关注和研究较。方巍（1997）、蔡国春（2006）、储祖旺（2008）、张庆亮等（2017）等学者对学生事务进行了界定和探讨。在前人研究的基础上，可以将学生事务界定为主要是从与学术事务相对应来认识的，突出其是“非学术

---

① American College Personnel Association. Journal of College Student Development［R］. 1996（314）：118，224

性事务”或者是“课外活动”，即区别于课堂教学的学术事务以外的，作用于学生生活、成长和发展的各种活动的总和。显然，高校学生事务是为了满足学生学习、生活、发展的需求而整合校内外资源向学生提供的各种服务活动总和。

与美国高校学生事务的功能基本相似，我国高校的学生事务可以分为教育类事务、管理类事务和服务类事务三大类（见表1－2）。教育类事务主要体现在党团组织建设、思想政治教育、道德品德教育、核心价值观教育、公民素养教育、安全教育、心理健康教育、校园文化活动、社会实践活动等方面。这与美国高校的学生事务略有不同，增加了党团组织建设、思想政治教育的内容。同样在美国高校中也有价值观教育、公民教育、安全教育、心理健康教育、校园文化活动等。这种教育类事务本质上也是为学生服务。管理类事务主要体现在学籍管理、学生权益保护、违纪处理、行为约束、课堂考勤、宿舍管理、学生组织管理、纪律管理等方面。这些工作与其说是管理，倒不如说是服务，虽然这些管理活动是面向学生实施的具有强制性和规范性的，但都是为了更好地为学生提供服务。如有些管理制度的目的在于保护学生选择自主权、言论自由权和隐私权等。保护个人隐私的管理是为了更好地保护每一个学生的隐私，以保证其能够更好地学习和发展；禁止酗酒无非是为了让学生养成良好生活习惯，远离醉生梦死的生活。服务类事务主要体现在招生宣传、学业辅导、心理咨询、勤工助学、住宿服务、学费资助、体育活动、职业规划、就业指导、创业辅导、饮食服务、校园安全等方面。这些服务活动必须立足学生学习和发展的需求，并特别关注学生自身实际，实施个性化、多样化的可供选择的服务。能够帮助切实解决学生在学习、生活、心理、交友等方面遇到的问题，有助于学生的成长和发展。

一般来说，学术事务的含义可以从广义和狭义来理解。狭义上来说，学术事务是以学生的学业培养为主线所进行的学术活动以及事务，主要涉及教师对学生进行学术训练与学术培养等直接相关的方面，具体包括专业设置、制定培养计划、课程设置、教材选编、教材建设、制订教学计划、教学大纲等，这些为培养所做的先期工作以教师集体决策为主，但也涵盖教师个人所进行的以课程为导向的教学活动和对学生进行考试、测评等事务。广义上来说，除了包含狭义的内容以外，还包括以教师的工作为主线的学术活动及其事务，体现在教师进行的教学科研活动和对教师工作和教师职称进行评判事务上。[①] 总之，学术事务是高校为了学生学习和发展所进行的围绕课堂教学展开的学术活动的总和。可以通过高校学术事务的分类来认识学生事务的内涵（见表1－3）。

表1－2　　　　中国高校学生事务的分类

分类	内涵
教育类事务	党团组织建设、思想政治教育、道德品德教育、核心价值观教育、公民素养教育、安全教育、心理健康教育、社会实践活动、校园文化活动等
管理类事务	学籍管理、课堂考勤、宿舍管理、学生组织管理、纪律管理、学生权益保护、违纪处理、行为约束等
服务类事务	招生宣传、学业辅导、心理咨询、职业规划、就业指导、创业辅导、体育活动、饮食服务、住宿服务、校园安全、勤工助学、学费资助等

表1－3　　　　高校学术事务的分类

项目	分类	内涵
教学事务	专业设置与课程计划	论证开设专业及专业优化，对应制定专业的人才培养课程计划
	课程与课堂	确定开设课程的大纲、教学内容等，并运用相应教学方法进行课堂教学
	课外活动	课外围绕专业、课程开展活动，如学科竞赛、社会实践等
	质量监控	对所有教学环节进行监控、评估

① Diana, P., Kathleen, M. B. and Merkle, H. B. Increasing Collaboration between Student and Aeadomie Affairs: Application of the Intergroup Dialogue Model [J]. NASPA Journal, 2006, 43 (2). 转引自史彩计．从疏离到协作：美国高校学生事务与学术事务［D］．金华：浙江师范大学，2007。

续表

项目	分类	内涵
学术支援	学术辅导	提高课程学习效率和学习效果的各种活动的统称，如写作、数学、外语辅导、专业课程内容辅导、课程选择辅导、制订学习计划辅导等
	学术服务	提供激励学生学习和发展的教育行为或活动，如学习技能计划、咨询中心、学生宿舍服务、同辈辅助教学、学习援助计划等
	学术资源利用指导	提供学生利用学术资源的指导，如使用图书馆、档案室、实验室及其有形设备或无形信息等
新生学术体验	新生研讨课	促进新生尽快向大学生活过渡的技能和策略活动，如入学指导研讨课、基础学习技能研讨课和探究、推理的形式的研讨课等
	定向辅导	新生入学前后提供的尽快适应大学生活的活动，如入学指导、迎新周、大学生阅读计划、住宿生活服务、社交活动、学术活动等
学习共同体	学生宿舍共同体	以学生宿舍为基础将有共同兴趣参与的同学集中起来开展学业、学术探讨的有形的、无形的组织
	其他学习共同体	以教室、课程、社团等为基础将有共同兴趣参与的同学集中起来开展学业、学术探讨的有形的、无形的组织
社区服务学习		把社区服务与课程相结合的一种学生感兴趣的体验式教育教学方法，把服务社区和知识应用结合起来

2. 学术事务与学生事务的关系

众所周知，人才培养是高校的根本任务。高校的学术事务和学生事务工作必须服务和服从于人才培养，特别是两者融合为一体，体现“以学生为中心”的教育理念。围绕“以学生为中心”的理念，我们把高校人才培养的主要工作——学术事务和学生事务的关系构建一个图形来表示（见图 1－3）。

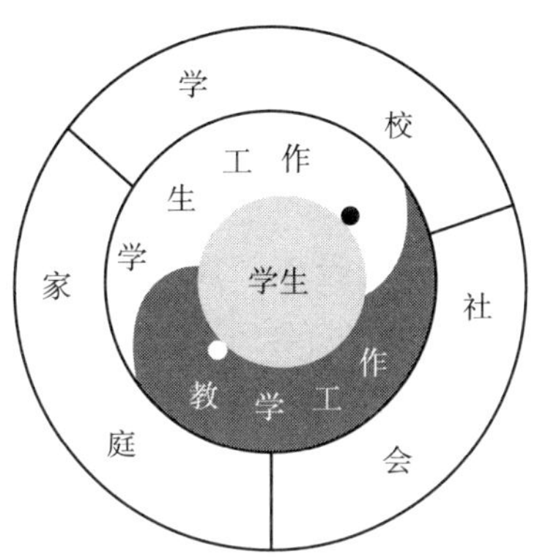

图 1－3　高校人才培养太极图

如图 1－3 所示，可以借用太极图来阐释学术事务和学生事务的关系。太极图的两个不同颜色的部分代表阴和阳，分别代指学术事务和学生事务，两者犹如太极图中的阴阳两极。两者中间太极图的圆形部分代表学生，也就是说人才培养工作要以学生为中心。同样，学生事务与学术事务这两类最重要的人才培养工作也是以学生为中心展开的。

从图形中能够清晰看出学生事务与学术事务的关系，一方面，太极图中的“S”线将学术事务和学生事务清晰地分割开来，成为各自相互独立、不容混淆的部分。也就是说，学术事务和学生事务两者各有自身的规律和特征，高校管理者、服务者和教师要善于研究和把握规律，围绕“以学生为中心”开展工作；另一方面，太极图中两条鱼形头部的小圆。其中白色部分小圆呈黑色，黑色部分小圆呈白色，以示阴中有阳，阳中有阴，表明学术事务中含有学生事务，学生事务中含有学术事务，两者互相包含。尽管学术事务和学生事务能够分开，但是两者是相互包含、相互依存，都不能完全与对方割裂开来并独立存在。

太极图中白色部分的小黑圆和黑色部分的小白圆之间的红色圆形部分代表学生，寓意着学术事务和学生事务必须“以学生为中心”来展开。离开了“以学生为中心”，学生事务和学术事务就难以有效发挥人才培养的作用。显然，学术事务和学生事务犹如太极图的阴阳两极，两者统一于人才培养——

学生成长和发展这一目标，才能更好发挥各自的育人职能。

按照“以学生为中心”的理念要求，把每一个个性和禀赋独特的学生培养成“完整的人”“全面发展的人”。这不仅需要学生智力上的学术性方面的发展，而且还需要学生个体的身体、社交、情感、精神、道德等同步发展，也就是说，学术事务人员在关注学生智力开发、学术发展的同时也要关注学生课外活动，学生事务人员在开展非学术性活动的同时也要开展与学术有关的活动。同时，注重关注、尊重学生的个性差异和独特个性，并以此为基础研究学生需求，并提供有针对性的服务。即课内外活动以及校内外经历都有助于学生学习和发展，进而培养“完整的人”“全面发展的人”。显然，其内在的要求将学生事务与学术事务进行融合。落实“以学生为中心”的理念，把学生作为消费者、学校作为高等教育产品供给者，两者形成消费与服务供给的关系，作为消费者的学生的权益得到更好保障。总之，学生事务与学术事务分工明确，相对独立，各司其职。同时，两者为了共同目标相互促进与支撑、相互协作与融合。学生事务与学术事务犹如车之两轮、鸟之两翼，共同协作来服务于学生学习和发展，培养“完整的人”“全面发展的人”。

从以上分析可以知道，学术事务与学生事务两者在人才培养中处于同等重要的地位，可以概括为“三个同等重要”——学术事务工作与学生事务工作同等重要、学术事务人才与学生事务人才同等重要、学术事务成果与学生事务成果同等重要。因此，高校在人才培养过程中，需要将学术事务与学生事务放在同等重要的位置上，一视同仁、同等对待。特别是要解决现实中学术事务人员与学生事务人员相互分离、难以合作的问题，通过机制体制的设计，将两类人员能够整合起来形成合力服务于人才培养工作。

另外，在太极图的外围还有家庭、社会和学校。也就是说，“以学生为中心”的学生事务和学术事务在人才培养中处于核心地位，但是要完成好人才培养任务和使命，还必须依靠家庭、社会和学校的其他力量。我们将这些资源和环境概括为校内支持系统和校外支持系统。

就校内支持系统而言，主要涉及高校的科研部门、财务部门、人力资源部门、图书情报部门、后勤部门、工会部门等，这些部门要围绕“以学生为中心”来投入到人才培养工作之中，直接或间接服务于学生事务和学术事务。特别是需要形成合力作用于人才培养，确保实现全员、全过程、全方位育人。

就校外支持系统而言，主要涉及政府部门、企业、事业单位、社会组织、社会家庭等，这些组织和力量也要围绕“以学生为中心”来参与高校的人才培养工作，直接或间接服务于学生事务和学术事务。校外各种力量经过整合直接作用于人才培养，落实高校开放办学的理念，实现全社会育人。

1.3.3 “以学生为中心”保障学生的选择权

从前面的分析可以看出，“以学生为中心”无非是指理念的转变和手段、方式的转变，这不仅体现在教学理念、管理理念、服务理念等方面，而且也体现在教学方法、教学手段、评价方式等方面。“以学生为中心”突出表现在实现了从以教师“教”为中心向以学生“学”为中心转变，从强调教师“传授知识给学生”向教师“引导学生学习”，进而实现“学生自主发现和创造知识”。对传统教育教学模式由的“老三中心”——“教师、课堂、教材”，向“新三中心”“学生、学习过程、学习效果”转变，真正关注学生的学习。总之，“以学生为中心”的理念给高等教育带来了挑战和机遇。

那么，到底如何实现“以学生为中心”的教育理念呢？作为高校的管理者必须进行更为深入的思考和探讨。我们认为要想实现“以学生为中心”必须首先研究和关注学生的需求和社会的需求，也就是说作为一个大学生在大学阶段以及未来的职业生涯和人生道路上，其到底需要在大学阶段做些什么样的知识储备、能力提升、素质培养和人格完善，进而实现人生的成功。这里的成功不是传统意义上的世俗的出人头地、飞黄腾达、大富大贵等，而是如何能够实现自身的价值，特别是能够更好地结合自己的兴趣爱好以及个性特质，实现愉快地学习、快乐地工作、幸福地生活，自己的存在能够于他人和社会有益。

我们在研究中发现：近十年来，美国高校普遍将学生成功作为追求的目标。从塞勒姆州立大学（Salem State University，简称 SSU）到乔治梅森大学（George Mason University 简称 GMU 或 Mason）无不强调学生的成功，学校明确提出“学生的成功就是我们自己的成功”。这里的成功短期是学生能够完成学业，毕业后能够找到工作，不仅能够养活自己，而且能够偿还学费。长期来看，学生的成功是能够担当更多的社会责任，创造更多的社会财富。对学校来讲，学生（校友）能够将大笔资产投入到社会公益事业，特别是捐赠给学校，就是比较典型的成功示范。特别需要指出的是，美国高校普遍强调对学生领导力的培养，这种能力是学生培养成功的基本要求。当然，这与我们通常的认识不同，在任何活动中都需要这种能力。

为了实现学生（校友）的成功，进而实现（校友）学生对母校的回报，今天的大学应该为当前的在校大学生做些什么？并在这一过程中如何实现“以学生为中心”？尤为重要的是，探讨学生的需求。我们认为这些需求可以分为两类：第一类是学生易感知的，如应该主修什么专业？修读什么课程？参加哪些社团活动？参加哪些实习活动？等等。这就需要学校提供各种资源满足学生的这些需求。第二类是学生自己难以把握的，如除了学习和探究知识、提高能力以外，作为一个未来的社会公民必须诚实守信、遵守法律法规、保持乐观向上情绪、学会时间管理、培养团队合作精神、提高社交能力等等。这就要求学校引导学生必须满足这些需求。

基于以上对学生的需求的分析，我们认为实现“以学生为中心”主要体现在保障学生的选择权——任何一个学生都能够自由自主地选择学术事务和学生事务活动。学生有学术事务选择的自由，可以自主自由地选择专业和课程，以及任课教师、上课时间、授课方式等。学生有学生事务选择的自由，可以自主自由地选择参加学生社团活动、社交活动、体育活动、文娱活动、自治活动、志愿活动等等。以学生为中心的学术事务将重点落脚到专业和课程上。从专业和课程的角度来看，更主要强调满足第一类需求。某种程度上，学校是卖方，学生是买方，学校提供什么样的专业和课程让学生来选择，更主要是取决于专业和课程的市场需求。学校提供专业和课程必须适应作为消费者的学生需求，这体现的市场关系非常突出，市场的竞争性规则决定了学校必须努力“讨好”学生。由此，学校必须按照市场导向需求能够自主设置专业和课程，实现专业和课程设置市场化。进而学生的专业和课程选择权才有保障，实现学生选择的自由化、自主性。每一个学生都是一个独特的未经雕琢的璞玉，其选择专业和课程理论上具有个性化。

显然，这种学生参与学术事务和学生事务选择权的落实充分体现了“以学生为中心”的理念，保证了基于学生禀赋、兴趣、爱好、特长等个性特质，来对学生进行培养，这充分体现了因材施教的教育思想。因此，按照“以学生为中心”完全有可能更好地实现人才培养的个性化。这就意味着要进行分类培养、分层教学、分流发展，体现专业和课程的多元化。每个学生制订个性化的学习计划，世界上本来就没有完全相同的两个人，经过大学的培养人的独特性应该保存下来，每一个从大学走出去的人都应该成为一个独特的、大写的人。

2

国内外高校育人体系的经验

育人是高等学校的根本任务，其本质是回答“为谁培养人”“怎样培养人”和“培养怎样的人”等问题。关于育人，长久以来各个高校一直在进行不同的思考和探索。近年来，各高校不约而同地将培养综合素质较高的创新型人才作为各高校人才培养的终极目标。国外高校历史较为悠久，哈佛大学、斯坦福大学等名校的教育理念在其成长为世界一流大学的过程中发挥了重要的引领作用，并始终是世界范围内其他高校学习和模仿的对象。国内高校从自身实际情况出发，在人才培养和育人体系的构建方面也做了大量探索。《国家中长期教育改革和发展规划纲要（2010—2020 年）》，对于高校学生综合发展各类责任意识、培养创新精神和解决实际问题的能力等方面培养起到促进作用。各高等学校在办学过程中更加关注育人，更加关注知识、能力、素质、人格的统一。

2.1　国内高校的做法

2.1.1　山东大学育人体系的经验

近年来，山东大学适应“培养全面发展，适应社会需求人才”的需求，不断改革和完善育人工作，集中地体现在其人格培养工程方案的实施上。

1. 人格培养工程实施背景

山东大学对育人工作的实践以“育人为本、德育为先、能力为重、全面发展培养知识型人才和人格型人才”理念为指导，适应新形势、新任务的要求，于2012年2月8日发布了《山东大学关于加强育人工作在本科生中实施人格培养工程的意见》（以下简称《意见》）。《意见》指出大学生全面发展的重要基础是具有良好的人格，良好的人格不仅能促进大学生真正快速融入社会，也能促进其在社会中快速成长成才。大学是人格养成教育的关键时期，大学生具备自己的人生观、价值观和世界观，合适的引导和教育能够使大学生树立正确的价值取向。在人格培养工程的实施背景下，大学生能够有针对性的对比自身存在的问题并加以改正，人格培养工程提供了一个正确的方向，学生可以有针对性地去培养自身人格，在积累中逐渐形成健全人格。社会发展的动态性和社会形势的不稳定性都需要健全的人格，人才具备人格才能健康发展。目前山东大学基本上形成了独具特色的人格培养的系列举措以及相配套的理论和工作环境，山东大学在全体学生中开展人格教育，这一系统工程在山东大学蔚然成风。

2. 人格培养工程基本要求

山东大学针对人格教育工程，为了增强人格教育的时效性，结合自身学校特点，不断探索和尝试，开辟出了适合自身发展的一条人格培养道路。人格培养离不开知识的学习，知识学习是人格培养的前提，人格培养是知识学习的结果，在二者的促进作用下，学生人格得到有力提升。为了适应社会，山东大学站在社会角度去培养学生，充分利用教育工作者的引导以及学生自身的素质教育，帮助学生独立培养人格，形成较为完善的人格。最终实现每一位毕业生都能够拥有健全人格素养和成功人格素养，为个人获得良好发展提供有力支撑。

3. 人格培养工程内容和方法

人格培育是指学生在学校的引导与支持下，围绕健全人格和成功人格的发展要求而进行的自我提升人格素养的人格定向养成过程。山东大学从学生角度考虑问题，有针对性地将大学生各类行为作为重点培养对象。以心理控制和责任意识为主要内容的调控自我行为；以人际关系行为和体验环境行为为主的相处环境行为；以及以适应现实发展不断调整自身的组织协调、沟通表达、领导创新等为主的现实需求行为。人格培育工程是针对学生教育工作形成的包括内容体系、目标体系、实践体系以及评估与反馈体系在内的较为完整育人培养工作。在人格培养工作中，学校的任何独立个体都可以承担教育者和监督者的角色，在监督引导的前提下，学校可以开展人格测评情况，让学生根据测评情况树立正确的人格观，积极践行人格培养实施计划，同时学校根据测评结果开展不同活动去提升学生人格素养。内提法和外塑法是人格培育的主要工作方法。内提法主要针对学生自身，让学生从心理上意识到人格培养的重要性，积极学习和人格培养相关的知识，从自身角度去领悟人格培养，让动力内化，帮助学生理解“怎样做”和“为什么这样做”，进而让学生真正理解人格培养的时代性和现实意义。外塑法为学生怎样去实现自身人格培养提供了解决思路，鼓励学生注重自身的外在行为，让学生自身去探索什么才是真正的高素质人才，在实践中学生能够掌握人格培养的目标，同时也能够利用人格培养主动约束自身的行为，进一步塑造良好的人格培养形象。

山东大学人格培养工程在实施过程中，开展了专门的教育培训，一方面组织辅导员、班主任、专任教师进行严格的学习培训，另一方面利用学生的传播效应，让学生自发在广大学生群体中积极引导和宣传，指导学生完成人格培养测评，根据测评数据建立数据库，利用数据库进行科学化培养。同时辅以知识教育、环境促进、个体践行和社会实践等综合培养方法，达到人格养成的目的。在实施的过程中，还会以特定时间为标准，对工作效果作出综合评估。

学校建立人格培养工程极大地丰富了学校育人体系建设，注重德才兼备，是一种新颖的、精细化的和落实到实处的大学生思想政治工作，对于培养社会主义新青年、培养高素质复合型人才有着积极作用。

2.1.2 南开大学育人体系的经验

《南开大学素质教育规划纲要》于2012年1月16日正式发布，该纲要全面地反映了南开大学进行素质教育探索的决心和先进性。

“允公允能、日新月异”是南开大学始终坚持的育人特色。南开大学结合新形势下人才培养等要求，勇于探索，创新实践，全面贯彻党和国家新要求，坚持和发扬“公能”特色，形成了“以德为先、能力为重、全面发展、勇于创新”为核心理念的“公能”素质教育。

1. “公能”素质教育的理念

南开大学的教育理念在中国高等教育历史上独树一帜，特点鲜明。在继承南开大学优秀教育传统基础上，南开大学的“公能”素质教育强调弘扬传统并与时俱进，不断赋予“允公允能、日新月异”以新的时代内涵。在新的时代背景下，南开大学的素质教育从根本上要解决人才全面发展以及人才适应社会的这一现实情况。南开大学形成了“课堂教学、校园文化、社会实践”的三位一体的人才培养模式，并从全体人员、全部途径和全部过程三个角度去培养德智体美全面发展的中国特色社会主义事业的建设者和接班人。

南开大学的“公能”素质教育强调以“公能”为主线，促进知行合一，德智体美的相互融合、协调发展。对于个体的基本要求是保证个体综合发展和人格健全；对专业的基本要求是要求具备专业素养和较为雄厚的知识体系，并能够开展实践和经受检验；对发展的基本要求是具备发展的眼光看待问题，要求培养具有高尚爱国主义情操和主动服务社会的能力。

2. “公能”素质教育的目标和任务

“公能”素质教育的目标是促进学生全面发展。从某种意义上讲，南开大学的“公能”与素质教育的目标和理念不谋而合。紧紧围绕全面发展，将党的教育政策和南开特色的教育观相结合，南开大学本着以学生为中心的理念，在全校范围内开展素质教育，形成“学校－教师－学生”三个维度的配合行动，总体上提高南开大学的教育水平和教学质量，从多维度为建设世界一流大学奠定基础。南开大学学生发展以“公能”为核心，以综合评价机制为辅助体系，大力推进教育模式改革。

为实现素质教育的发展目标，南开大学在改革发展之路上努力实现“三个转变”：办学观念上一切从学生出发，把学生的成长成才作为首要因素，摒弃之前的以学科为本，转变为现在的以学生为本；教育内容上不再仅仅停留在基本的教育和传授知识，而是更多地注重学生的综合素质教育和人格培养教育；培养模式上鼓励学生自主学习，摆脱教师教学为主的固有模式，形成了“以学为主，教学相长”的良好局面。

3. “公能”素质教育的主要内容

南开大学素质教育从德智体美各方面对学生进行引导和提升，坚持育人为本、德育为先，将马克思主义中国化的最新成果落实到实处，大力弘扬社会主义核心价值观，鼓励学生自觉学习并主动实践，实现中华民族伟大复兴的理想和信念。在形式上注重实践教育，创建不同类型和不同层次的社会实践平台与基地。强调校园文化建设，组建种类繁多的校园社团，开展不同形式的各类活动促进德育教育，弘扬传统文化，同时建立了科学有效的综合评价体系。在智育方面根据南开大学的教育理念和教学方针订制专业培养方案和专业学习计划，同时配合构建适应“公能”素质教育的教学体系。精心做好多层次的课程建设，大力开展教学改革，提高教学质量。积极搭建学科交叉人才培养平台，同时加强实验实践教学环节。体育方面继承南开光荣传统，鼓励学生主动参与体育活动并在体育活动中感悟和传递体育精神。积极发挥专业体育老师的专业优势，将学生的体能和技能作为重要考量因素，通过体育教学让学生学习到体育文化。积极开展各类符合学生发展的体育活动，鼓励学生组建学生队伍参与竞争，完善各类体育教学机制，全面推进体育教育。美育方面着重培养学生对美的认知能力，在认知达到一定程度上，鼓励学生发现美并主动创造美，将美育和其他教育活动配合开展。利用综合性大学得天独厚的优势，开拓美育教学途径，增强美育教学质量。为加强美育资源的拓展、整合和利用，积极“招商引资”进而鼓励社会的美育资源进入学校，利用社会因素促进美育教育。

南开大学的素质教育推进中，创新地开展了有效的激励制度，通过专业的培训提高全体教师的专业能力。为了保障素质教育的正常实施，南开大学扩大专项投入，确保素质教育的正常实施。南开大学动员全校师生关心支持学校改革发展，在全校范围内营造积极向上的有利于培养素质教育的氛围，推进大学素质教育和弘扬传统精神文化。

2.1.3　上海交通大学育人体系的经验

上海交通大学是中国近代历史最悠久的两所大学之一。老校长唐文治曾概括了上海交通大学的育人理念，“欲成为第一等学问、事业、人才，必先砥砺第一等人品。”①。2008 年，上海交通大学将教育教学思想大讨论拓展到全校范围内，进而于 2009 年提出了“知识探究、能力建设、人格养成”三位一体的育人理念。

校长张杰曾经在 2013 年的一次科研会上发表演讲，指出了实施“三位一体”育人模式的原因。他认为我国传统教育存在以下几个问题：过去的教育过多的将知识灌输给学生，不懂得因材施教；我国学生的学习能力普遍较高，但是仅仅停留在学习知识的层面上，不能够将所学知识运用到实处，缺

---

① 张杰．“三位一体”培养创新型领袖人才——上海交通大学人才培养模式探讨［J］．国家教育行政学院学报，2010（10）：3

乏创新思维和创新能力。就此，上海交通大学创新人才培养模式，大力推进“三位一体”的人才培养模式，具体是“一个中心，三个结合”：一切教育以学生为中心，将“课内与课外相结合，科学和人文相结合，教学和研究相结合”作为辅助因素。改变传统的教育方式，因此应用了很多新技术，在全校范围内推行网络教育，充分发挥信息技术的作用。从发现问题和提出问题的能力、解决问题的能力、知识整合的能力以及有效的沟通交流能力等方面全面培养人才发展所需的各类能力。

“三位一体”的人才培养理念主语是学生。在上海交通大学这个平台当中，学生通过知识探究来建设能力，完成能力建设以及人格的养成。这个过程对老师的要求，对课程设置的要求非常高，学校的课程设置不再是以老师的知识传授为目的，而是和同学们一起探究知识的过程，在过程中让学生完成思维能力、创新能力等的培养，提高学生的知识获取能力、知识整合能力以及交流沟通能力。这对教师的要求也相应提高。为此，上海交通大学采取一系列措施进行师资队伍的建设，筹集了大量资金，支持校内 35 岁以下有潜力人才的发展。此外，上海交通大学开展教育教学改革，设立致远学院、启动卓越工程师计划等，推进富有交大特色校园文化建设等方面都做了重大变革，以推进“三位一体”育人模式的顺利实施。

2014 年 6 月 16 日，上海交通大学召开党委常委扩大会议，研讨《上海交通大学章程》实施推进方案，正式启动大学章程的实施工作。“三位一体”人才培养改革等改革方案作为制度写进了学校章程，反映了近年来改革成果和未来方向，为学校深化改革和学生的成长成才保驾护航。

2.1.4 四川大学育人体系的经验

面对培养高素质、创新型人才的时代要求，四川大学在响应国家教育改革号召、拓展素质教育模式、提高人才培养质量方面，做了积极有益的探索。

四川大学有重视素质教育的优良传统。在继承优良传统基础上，现任校长谢和平院士多次强调了素质教育的重要性，川大烙印的素质教育至少体现在三个方面：首先，提高教学质量并完善配套教学设施，让每个人接触到精英教育；其次，自由全面发展的教育，确保每个人的潜质和能力都被尽可能的启发和发掘；最后，适合自己的教育，让每个学生的兴趣、特长得到充分的发挥、发掘，找到真正适合自己的教育。近年来，四川大学针对素质教育，开展了“412 质量工程”和“323 + X”创新人才体系，均体现了川大人才培养的创新之举。

四川大学本科“323 + X”创新人才培养体系，指的是面向三大类创新人才，通过“两阶段”培养过程、“三大类课程体系”建设和若干个支撑项目的实施，从而提高学生的创新思维能力进而提升学生的综合竞争力。

“三大类”创新人才培养体系指的是全体学生的综合创新人才培养、专项计划为基础的拔尖创新人才培养以及对极其具备创造力的具有特殊能力的人才培养。“两阶段”培养指的是虽然进行基础教育，但是将本科学习任务划分为两个阶段，前一阶段让学生具备基本认证能力，着重对通识教育和专业教育进行培养，主要完成自身综合实力的基本提升；后一阶段遵循学生的天性，让学生成为学习的主角，学生根据自己的爱好和兴趣去进行有选择性的课程学习，独立的完成学习任务并达到一定的要求。“三大类课程体系”是把课程分为三大类，学术研究类、创新创业类和社会实践类。学生根据自身的学业发展规划选择任何一种课程体系进行学习，在后期学习中学生是真正的主人，有自己认知的学生都会准确把握自己的能力，根据自身水平去提高自己、挖掘自己和开发自己，这样让每个四川大学的学生都个性发展、开拓创新和不断进步。“X”是为辅助本科“323”创新人才培养体系而实行的辅助计划，包括了人才选拔模式创新及生源拓展计划、本科生创新创业和就业能力培养支撑条件建设计划等内容。

在根据不同类型，分阶段、个性化培养以提升素质教育内涵外，四川大学还发挥学校人文底蕴优势，坚持把培养民族精神和社会责任感贯穿创新人才培养的全过程。通过修订本科人才培养方案，构建完备的人文教育课程体系，努力做到协调发展。打造了“四川大学人文大讲堂”“西方文化”等一批具有川大特色教育课程，提升人文修养和精神气质，培养有知识、有文化、有智慧、有责任的高素质创新人才。四川大学在培养民族精神和增强学生社会责任感上面也积极有所作为，第一课堂注重教育，加强学生们的爱国主义教育和品得修行教育，第二课堂强调实践，在社会实践中鼓励学生树立远大信念和高尚的爱国主义情操。

四川大学通过以上本科“323 + X”创新人才培养体系的打造，让四川大学的每一位学生具备川大气息，每一个川大人具有雄厚的知识背景和独特的优雅气质，每一个川大人都是当代社会的“四有新人”。川大培养出来的学生在提升自己综合实力的同时会关注社会动态，积极为社会承担责任，积极为人类发展做出应有的贡献，即是帅才又是将才。

2.2　国外高校的做法

2.2.1　多伦多大学育人体系的经验

多伦多大学是世界最重要的研究型大学之一，其办学特色和育人模式值得国内高校学习借鉴。

（1）多伦多大学十分注重教学和科研教育。注重教学方面，多伦多大学一直致力于提高教学质量，2002 年专门设置了“教学促进办公室”进行监管，其日常任务是：帮助教师提高讲课技能，表彰认可教学优秀者；在教学和科研之间建立有效的平衡关系①，多伦多大学还设有“校长教学奖”(President's Teaching Award)。该奖是在全校范围内奖励那些在教学或教学研究中表现优秀的教师，鼓励教师提高教学水平。积极引进优秀的师资力量，

① 陈·巴特尔．加拿大多伦多大学的办学特色及启示［J］．国家教育行政学院学报，2010(10)：86

吸收优质生源，从校、师、生三个维度保障教学质量。多伦多大学积极营造出一个强调科研、重视科研的教学环境，在为自己制定的使命中指出：“要成为国际重要的研究型大学”①，从各个角度去培养学生科研素养，充分利用各界力量和资源，建立了校内科研资助机制，最终使科研成果商业化、公益化，做到良性循环。学校还具有十分完善的自我评价机制，具有全面、可操作性的评价指标，让具体数据说话，在比较中评价。

（2）多伦多大学的道德教育模式独树一帜。多伦多大学把道德教育的内容渗透到普通课程的教学中，并没有专门设置道德教育课程，更多的是人文与社会科学课程，让学生在学习过程中潜移默化的受到熏陶，进而将学习的内容付诸实践。把道德教育的内容渗透到为学生服务的过程中，设立了学生服务中心，培养学生高尚情操，促进学生综合发展，全面提高。把道德教育的内容渗透到学生心理咨询的活动中，将学生的心理问题处理的恰如其分。多伦多大学重视开展各种活动，把道德教育的内容渗透到校内外活动中，针对学生道德及各方面需求开展特色活动，活动设计针对性和目的性极强。把道德教育的内容渗透到情境渲染中，在校园里营造了“二战”纪念碑和纪念广场、英雄人物的雕塑等庞大的宏观道德教育情境，利用历史、社会、人文等因素渲染情境，增强道德教育力度。

2.2.2 斯坦福大学育人体系的经验

斯坦福大学诞生于美国西部加利福尼亚州，从创办时起就是一所非传统的新型大学，创立者斯坦福是较为出名的实业家，斯坦福先生具备极其丰富的社会实践经历，在不断的社会实践中斯坦福先生清楚地认识到教育与实践的结合对于人才培养和社会发展具有重要的意义，重点推进“实用教育”理念。

在“实用教育”理念的影响下，斯坦福大学以“领军人物”为培养目

① 陈·巴特尔．加拿大多伦多大学的办学特色及启示［J］．国家教育行政学院学报，2010（10）：85

的，其本质是培养综合能力优秀和知识渊博的实用型人才进而适应错综复杂的社会环境。其人才培养方式极其多样化，在采用传统的基础上，开辟了社会实践、志愿服务、主题论坛和科研实习等方式形成了相互渗透、相互弥补的综合体系，最终实现了其“广博而优异”的实用教育宗旨。斯坦福大学的课堂教学的培养手段独树一帜，其工作实习、社会服务、合作能力培养项目、住宿教育、课外活动等也是斯坦福大学富有成效和极具特色的培养方式。合作能力培养项目根据学生自身需求有针对性地进行培养和教育，如有意愿的学生可以选修演讲课程来提高自我的口才技能，也可以申请成为助教，在一些课程中担任教学辅助工作；新生的指导工作也可以由高年级学生进行自主申请，极大的提升了办事效率。此外，学生还可以参加各类社团活动和社会活动等各种组织来培养自己的组织才能和领导能力。基于“生活和学习是相互统一的，正式的教育、非正式的学习与个人住宿都在斯坦福大学的教育中发挥着举足轻重的作用”① 这种信念，斯坦福大学非常重视在学生的住宿生活中以不同于课堂教学的形式对学生进行教育，形成了一、二年级学生住宿式学院这样可以保证课堂学习和住宿生活的相对统一。对于住宿教育，斯坦福希望通过让部分教授住在学院的方式，增加学生与其接触的机会，从而使学生在生活各方面更多地受到知名教授的帮助和影响。斯坦福大学的人才评价体系着重包括了科研成果评价和实践活动评价、评价方式与培养方式具有高度一致性，让学生们有针对性地去进行评价，这样对人才培养和人才培养方式的探索都是极其有利的。

2.2.3 哈佛大学育人体系的经验

哈佛大学作为世界上高等学府和知识的宝库，其卓越的办学绩效、杰出的育人理念的影响力是巨大的。纵观哈佛大学的发展历程一直处于领先地位，是因为有优秀的教育理念并且能够保持不断变革。

① 蔡亭亭．斯坦福大学的人才培养模式研究［D］．东北师范大学，2009，6（17）

哈佛大学自由教育理念的演变过程明显地体现了哈佛大学的育人理念。哈佛大学教育强调学生的自我意识和本性，通过不断改变课程设置促进自由教育目标的实现。殖民地时期，哈佛大学主要实施以古典人文学科为主的课程体系。独立战争、南北战争以后，针对专业化人才的需求，专业教育、理科课程等不断发展完善。1914 年哈佛大学开始实行集中与分配（concentration and distribution）相结合的课程制度。到了 20 世纪 70～80 年代，改革方案再次出炉，在本科生学习的专业课和选修课以外，增设了“核心课程”（core curriculum）体系。1979 年，《哈佛大学文理学院关于共同基础课程的报告》正式出台，1981 年核心课程体系开始在哈佛大学实施。见表 2－1。

表 2－1　哈佛大学核心课程体系

	目的	内容	性质
外国文化 共 17 门	为学生提供一种看待本土文化现象和传统的新视角	介绍当代主要文化传统的代表，学生可以选修某一传统文化	跨学科：语言，人类学，文化学等
历史研究 共 18 门	通过历史研究使学生获得历史知识，并能以历史的眼光去认识世界	A 类：全球性问题、各国历史背景、美国在世界的地位等	跨学科：社会学、人类、政治学、神学和科学等学科
		B 类：重大历史时间的细节介绍，培养学生解决复杂问题的能力	
文学艺术 共 27 门	培养学生的审美情趣，对文学艺术作品的批判性理解能力	A 类：文学文字鉴赏，文学批评和分析方法	多学科：文学、艺术等
		B 类：美术和音乐，介绍美术手法，视觉艺术、音乐风格等	
		C 类：文化史上的特定时期介绍以及艺术作品在特定社会中的作用	
科学 共 21 门	增加学生获得科学资料的能力，形成一种看待人类自身世界的态度	对难以定量处理的自然现象，进行描述性、历史性、动态性说明	理学
定量推理 共 7 门	培养学生的数学斯文方式和的定量研究能力	定量处理研究自然现象与自然规律	理学：计算机科学，数理基础等

续表

	目的	内容	性质
道德推理 共8门	讨论生活中不断出现的有关选择和价值观方面的重要问题	揭示人权、道德责任感和正义涵义	跨学科：哲学、法学、伦理学和宗教学等
社会分析 共10门	使学生了解社会科学的主要理论、观点和方法	经济学、人类学、心理学、社会学等	多学科，以经济学为主

资料来源：李曼丽．通识教育一种大学教育观［M］．北京：清华大学出版社，1999：93－96。

到了20世纪90年代中期，哈佛大学审时度势，更加重视学生主动性、创造性、想象力的培养，倡导通识教育。对于学生知识、能力、素质等的综合培养更加适应未来新的学习方式，是一种促进人性发展兼顾社会需要的教育，更加符合自由教育的目的。2007年2月《通识教育工作组报告》正式出台，将1978年“核心课程”囊括的7个课程领域重组为8个领域：审美和诠释、文化和信仰、经验推理、伦理推理、生命系统科学、物质世界科学、世界中的社会、世界中的美国，要求所有学生从每个类别中选修一门半课程。① 至此，新的通识教育计划取代存在了将近30年的核心课程。

哈佛大学通过这种自由教育理念的变革，为学生在知识、能力、素养等各方面的发展提供了途径。

2.2.4 新加坡国立大学育人体系的经验

新加坡国立大学（National University of Singapore，NUS）成立于1905年，建校100多年来，秉承科技素质教育与人文素质教育并举的教育方针，在构建“以人为中心”的社会大背景下，NUS育人体系成果显著。实施全方位教育，让学生兼备“硬知识”和“软技能”。硬知识体现在教学过程的改

① http：//my. harvard. edu/icb/icb. do？keyword＝core&pageid＝icb. page43827；REDBOOK 2008－2009 REV. SEPT 2008

革创新，软技能主要指 1998 年新加坡教育部发表的《理想的教育成果》中提出的八大核心技能及价值观。

1. 教育教学体系践行“以学生为中心”理念

首先，NUS 提倡实行小班制。通过小班制，鼓励学生在课堂上发问，激发学生的学习兴趣和锻炼学生的思维方式。最终结果不以考试分数为唯一手段，而是辅助了课堂提问、论文设计等其他手段综合评定，此类课程已达一半以上。学生的学习方式多样化。课堂上的集中教学延伸到了课下的个体个性化定制，即网络教学。教师将相关学习材料提供给学生或者让学生到指定位置去下载学习，更大程度上照顾到了每位学生的实际情况，保证了学习的效果。NUS 在学生交流上也是高瞻远瞩，具有国际视野。加强与国内外其他高校的交流，按照双方合作内容，选派庞大数量的学生去其他高校访问交流，这个比例在某些学院超过学生人数的四成，仅管理学院每年就有超过 600 个交换名额。① 其显著效果是 NUS 的学生具备了宽阔的视野，保证了学校人才培养的质量。

2. 培养文化适应力

“文化适应力”的观念最早由新加坡前教育部长尚达曼先生提出。他说：“这个‘文化适应性’能力，不是仅仅从食物、服装、音乐、舞蹈等方面的表征与认识其他文化的能力，而是从根本去了解其他文化人的思维，他们的历史、政治、经济、社会等背景，从而建立起日后对这个文化做出适应的能力，从而能更有技巧地与其他文化的人接触、相处与合作。”② “文化适应力”实质上是一种跨文化合作与交流的能力，这与新加坡高度国际化的社会背景不谋而合。作为国际化程度极高的开放国家，新加坡的公民是否具备全球化视野，很大程度上体现在对青年人的培养和引导上。资源的限制、特殊的国情，不具备国际视野意味着灭亡，新加坡公民的文化适应能力一定程度

① 黄一顺．新加坡国立大学本科教育教学管理及启示［J］．高等理科教育，2013（1）：82

② 潘星华．新加坡教育人文荟萃［M］．新加坡：新加坡诺文文化事业私人有限公司，2008：31

上与国家命运紧密相关。作为当代大学生青年人，只有具备了“跨文化”和“跨国籍”的意识和理念，才能在国际社会激烈的人才竞争中胜出。

3. 发展学生个性，注重责任感的培养

新加坡国立大学努力使每个学生都能利用学校资源和平台找到自己的成长之路，得以提升知识，发挥个人潜能并发展自身的特长。正如NUS前校长施春风教授所言：“国大是把每名学生都当一个独立的个体指导，支持他们与众不同的独特性，并积极发挥他们的潜力，达到一个发挥得淋漓尽致的最高境界。”① NUS积极鼓励学生毕业后回馈母校，报效国家，服务社会。倡导“溯河洄游的鲑鱼精神”，希望学生像大西洋的鲑鱼那样，在经历了惊涛骇浪的磨炼后，能够溯河洄游，逆流回家来回馈自己的母校和国家。

4. 培育创新精神

大学生是否具备创新意识和创造能力，将直接决定国家未来科技、经济等各方面的发展，决定着国家在全球竞争中的格局。新加坡在有限的条件中能在国际舞台上占据一席之地，很大程度上取决于新国大致力于培养一个活力迸发，敢于创先的知识社群，激发创造革新的精神。

为了实现以上育人体系的构建，NUS采取了一系列综合措施，通过通识教育课程和辅修课程去打造“博而又专”的通才。通识教育课程目标明确，同时注重课程内容的基础性与现实性，在借鉴美国通识教育模式的基础上，改革创新，真正做到了兼容并蓄，为我所用，另外，鼓励学生跨学科、跨专业学习。通过实施“博学计划”为合适的学生提供注重创意教育。借鉴了欧美大学注重广博、通才教育的做法，积极引导学生从多学科多种角度去思考问题。NUS因势利导，开发出“第二人生”虚拟校园，为学生和教师提供另一个沟通的平台，给学生提供一个能够共同学习、互助、分享以及引导创意的空间。

① 潘星华．新加坡校长访谈录［M］．新加坡：创意圈出版社，2006：19

2.3 国内外高校的经验与启示

2.3.1 制定和完善育人体系

全面贯彻落实国家深化教育领域综合改革的总体要求，提高学校人才培养的质量，需要高校结合自身实际，从顶层设计，制订完备、全面的人才培养方案，从根本上解决人才培养“有章可循、有法可依”的问题。建立学校实施育人体系的领导机构与工作机制，全面组织全校的育人工作，制定实施方案和配套方案，统筹协调育人工作中的重大问题和重要工作，分阶段有重点地组织实施。依据教育发展时代要求和政策要求，及时调整人才培养方案及育人体系，以学生全面发展为中心，以提高人才培养质量为根本目标，以社会需求为导向，根据学生成长成才需求以及人才培养规律，树立“分类培养、分层教学、分流发展”的教育理念，构建多层次、多类型、多路径的人才培养机制。根据人才培养计划，系统梳理和调整课程体系。

2.3.2 丰富和拓展新的教学内容与形式

传统固化的教学内容已经不能适应新时代背景下的人才培养要求，高校针对教学内容应进行大力度改革，以教材教学内容为先，针对当下的学科发展应及时补充；目前高校教学形式不够丰富，但是已经有大幅改善，高校教学形式应该多元化、开放化和合作化，开展线上线下积极互动的教学形式，开展“走出去，引进来”的教学形式，开展和国内外一流学府积极合作的教学形式。在教学内容极大丰富和教学形式改善的基础上，注重对学生专业知识和课外知识的培养，夯实学生的基本功。另外，知识不是检验人才的唯一标尺，高校应注重加强学生能力培养。结合时代背景，培养学生创新创业的能力，开展特色讲座和形式多样的创新创业实践活动，让学生在知识和实践中培养创新创业能力，激发创业激情，成就创业梦想；积极开展各类社会实践，让学生真正参与进去，实践起来，不是浮于形式或者浅尝辄止，让学生在社会实践中接触社会、了解社会，认识社会，主动提升生存能力；注重培养学生认知能力，在校学生辨识能力有限，学校必须加强对学生思想政治教育的开展和引导，通过思想政治教育培养学生树立正确的人生观、世界观、价值观，让学生具有认知和辨识能力，以及完善的人格。

2.3.3 建立全面发展的育人观

始终坚持和落实科学发展观，要努力提高人的素质，尤其要提高高校学生的素质。新时期全面实施素质教育，是大势所趋的时代要求，高校各职能部门要统一思想，提高认识，形成合力，切实推进素质教育。通识教育是高校教学的核心环节，是学生全面发展，提升综合素养的必经之路，各高校开展通识教育时要符合自身发展需要，通识教育开展的课程不能脱离实际，但是要敢于尝试和创新，通过通识教育改革不断推进和完善本科教学体制改革和机制创新，真正意义上提高学生综合素养。育人体系的构建是漫长而艰巨的任务，必须注重知识、能力、素质的有机结合。高校依托自身平台，积极探索教育模式，应积极与各级各类院校开展合作交流，取长补短，相互促进。必要时敢于尝试国际化教学，敢于引进先进教学方法去进行人才培养。坚持以人为本的教育模式，结合时代背景的发展需要，鼓励创新创造，促进各类实践教育以及培养高尚品德的人才，在学生获得知识的基础上，加强对学生的各方面能力培养和锻炼，为学生提升综合素质提供机会，全面完善学校育人体系。

2.3.4 充分发挥高校社团组织的作用

当今社会对人才的需求是各方面的，全面发展的。为此，高校必须建立全面发展的育人观。首先，必须改革现行的以教师为中心、以知识传授为主要内容的传统的教育理念，努力建立以学生为中心的、以知识探究为主要内容的育人观念。崭新的育人观念突出在社团组织中突显学生的自我意识、自我管理、自我监督、自我服务，落实以学生为中心的理念，而教师的作用则由主导转向指导。其次，必须大力加强素质教育。以学生为中心、以知识为探究的高校社团运营模式潜在要求社团中各个层级的学生必须具备相应的综合素质，如社团的主席、团长等学生不仅需要由基本的指示探究能力还需具备管理、沟通等素质。再次，必须形成以能力提升为目的的人格养成体系。无论是用何种人才培养模式，都需要将学生内化的素质最终外化为学生的能力、行为等，最终形成内外统一的人格。最后，以中央思想政治工作会议精神为契机，大力加强学生思想政治工作培养具有正确世界观、人生观、价值观，具有健全的心智，健康的情操的人才。

3

高校“四位一体”育人体系构建：以安徽财经大学为例

3.1 “四位一体”育人体系提出的背景

3.1.1 教育观念转变

2015年11月25日，联合国教科文组织发表《反思教育向“全球共同利益”的理念转变》的报告（以下简称“报告”），对教育的定义：以人文教育为基础，尊重生命和人类尊严、权利平等、社会正义、文化多样化、国际团结和为创造可持续的未来承担共同责任。要超越狭隘的功利主义和经济主义，将人类生存多个方面融合起来，采取开放灵活的全方位的学习方法，发挥自身潜力，从而过上有尊严的生活。教育是全球共同的利益，是人类集体发展的事业。教育是人的生存和发展的权利。显然，这是对教育的一个全新认识，是建立在人文主义基础之上的。教育最终使人们过上有尊严的幸福生活。

基于以上对教育本质的认识，这就需要实现教育观念的转变。主要体现在三个方面：第一，重新认识学习的概念。学习可以理解为获得信息、知识、技能、价值观和态度。学习既是过程，也是这个过程的结果；既是手段也是目的；既是个人行为也是集体努力。学习是由环境决定的多方面的现实存在。学习是由多方面的、各种环境的影响决定的。第二，采取全方位的终身学习方式。面对当今社会和经济的变革，教育要帮助人们改变将来的思维方式和世界观，同时需要采取开放、灵活、全方位的终身学习方式，改变思维方式。正如经济合作组织 2012 年《教师领导力》报告提出应当注重培养学生以下四个方面：一是学习方式、思维方式。这个思维方式就是要培养学生创造性思维、批判性思维。二是工作方式。工作中要会与人沟通，要会和别人相处，沟通能力、合作能力很重要。三是工具方式。工具能力，即会利用信息化和信息技术。四是生活方式。即个人的生活方式和社会的责任感，以及个人作为公民的意识等等。第三，要采用开放灵活的思维方式。把教育理解为有计划、有意识、有目的和有组织的学习，正规教育和非正规教育都是制度化的。然而，人的许多学习都是非正式的，人受教育往往是非正式的、无意识的。实际上，学生听报告讲座、看视频资料、参加社会实践、参观考察交流、融入社会生活等，都会无意识地学到很多知识。在现在变革的时代要培养学生非定势的思维方式，教师的思维方式不能定型，要根据社会变革不断改变我们的思维方式。①

因此，随着对教育本质认识的深化和教育观念的转变，高校不但要重新认识和思考学习、学习方式、思维方式，而且更要注重培养和谐的人、全面发展的人。正如爱因斯坦认为的：学校的目标始终应当是青年人在离开学校时，是作为一个和谐的人，而不是作为一个专家。② 用专业知识教育人是不够的。通过专业教育，他可以成为一种有用的机器，但是不能成为一个和谐发展的人。要使学生对价值（即社会伦理原则）有所理解并且产生热烈的感情，那是最基本的。③ 显然，通过知识探究、能力提升、素质培养和人格养成来对学生进行全方位的培养，力争培养完整的人、和谐的人、全面发展的人是高校的重要使命。

① 顾明远对教育本质的新认识，2016. 12. 15 北京大学百周年纪念堂演讲。

② 爱因斯坦．爱因斯坦文集：3 卷［M］．商务印书馆，1979：146

③ 同上：310

3.1.2 提升人才培养能力

高校人才培养面临变化剧烈的时代环境。从国际看，世界多极化、经济全球化、文化多样化、社会信息化深入发展，新一轮科技革命和产业变革蓄势待发，互联网、云计算、大数据、智能机器人、三维（3D）打印等现代技术深刻改变着人类的思维、生产、生活和学习方式。从国内看，统筹推动“五位一体”总体布局和协调推进“四个全面”战略布局，贯彻落实创新、协调、绿色、开放、共享的新发展理念，实现2020年全面建成小康社会目标，深化供给侧结构性改革，保持经济中高速增长，深入实施创新驱动发展战略，推进大众创业万众创新，实施“中国制造2025”和“一带一路”建设等战略稳步开展。显然，国际国内环境的变化对高校人才培养提出了很多全新的要求，高等教育正在发生革命性变化。这就需要高校必须转变教育教学理念，提升人才培养能力，培养社会需要的各级各类人才。

坚持以人为中心的发展思想，既是一个重大的理论问题，也是一个重大的实践问题。高校落实和坚持以人为中心的发展思想，就是要牢固树立“以学生为中心”“以学习者为中心”的理念。只有坚持“以学生为中心”，才能把促进学生健康成长作为高校一切工作的出发点和落脚点，把促进人的全面发展和适应社会需要作为衡量人才培养水平的根本标准。这对学校的教学、管理和服务都提出了新的要求。高校作为教育服务的供给者，学生作为教育服务的消费者，两者之间某种程度上存在市场交易关系。高校只有牢固树立“以学生为中心”的理念，围绕学生需求提供教育服务才能让学生满意，进而实现人才培养目标。高校的人才培养能力提升必须立足于“以学生为中心”，体现在人才培养流程中，最终实现学生的全面发展，表现在毕业生的竞争力和可持续发展能力方面。

落实立德树人的根本任务，培养德智体美全面发展的社会主义建设者和接班人是高校的基本使命。为了提高人才培养质量和人才培养能力，高校必须遵循教书育人规律和学生成长规律，坚持以学生为中心、以学生为主体，进行顶层设计和实践探索有机结合，创新体制机制和育人体系，充分调动学生学习的积极性、主动性和创造性。这就需要高校着力推进教育教学改革，探索通识教育和专业教育相结合的人才培养方式，构建科学的课程体系和学习支持体系，探索建立适应弹性学习、学分制和主辅修制的教学管理制度，逐步扩大学生自主选择专业、课程和教师的权利。推行启发式、合作式、参与式和研讨式学习方式，建立高校与企业、行业、科研机构、社区等合作育人机制。显然，这种以学生为中心的教育教学方式方法有助于加强学生个性化培养。从学生能力提升来看，重点关注培养学生学习能力、社会适应能力、创新创业精神与能力、强化学生实践动手能力等等，即提升表达能力、解决实际问题能力、创新能力和社会担当能力。从学生素质培养来看，重点关注学生思想道德水平、塑造学生强健体魄、提高学生文化修养、增强学生生态文明素养、提高学生综合国防素质等，即培养学生思想政治素质、身心素质、文化素质、业务素质和创新（创业）素质。从学生人格养成来看，重点关注学生学会做人、学会做事、学会生活、学会学习，具有独立精神和自由思想等等，即养成独立意识、批判意识、创新意识和公民意识。以上从知识、能力、素质和人格四个方面来育人，培养全面发展的人，彰显高校人才培养能力。

3.1.3 为学与做人并重

中国当代著名哲学家、教育家冯友兰认为：教育的价值应当是使得学生“先成为人，成为真正意义上完善的人，再成为某种人，某种职业的人。”教育让人类身上固有的种子开花结果只需要“一个温柔的推动力和一种谨慎的引导”。教育的首要目的是促进人自由而全面地发展，成为真正意义上的完全的人、成为人格健全的人。在此基础上，才能成为某种人、某种职业的人，离开了这一基础和前提，人终究将无法成为真正的成为某种人、某种职业的人。然而要把学生培养成为“真正意义上完善的人”，大学课堂的知识传授仅是其中的一个部分，课堂之外学习和生活对学生成长尤为重要。在拥有独立选择自己未来的权利和自由成长的空间中，学生具备健康的身体、成熟的心理、虔诚的信念、坚强的意志、丰富的精神、积极的爱好、健全的人格等等才能成为完全的人。基于学生特质，每个人成为一个独立的个体的人，拥有独特个性化的生活。与此同时，能够适应公共生活成为一个负责任的人和社会公民。而按照既定的模板和发展方向，具备规定了的知识、能力、性格、信仰、生活方式等，就成为某种人。显然，大多中国父母希望将自己的孩子教育和培养成“某种人”，尽管这种可能性微乎其微，但是普遍行进在这样的道路上。

高等教育的价值是在大学前教育奠定的基础上完善学生人格，培养学生健全的人格。因此，高校在人才培养过程中必须注重犹如人之两足双脚的“为学”与“做人”，任何一个人如果偏废其一，都将无法走稳行远。高等教育必须承担“为学”与“做人”的职责，不仅要教书，更要育人。这也是由中国特殊的国情所决定的。1996 年，国际 21 世纪教育委员会向联合国教科文组织递交的报告《教育——财富蕴含其中》中将学会认知、学会做事、学会与他人一起生活、学会生存作为教育的四大支柱，认为在“交往能力、与他人共事的能力、管理和解决冲突的能力越来越重要”。[①] 要注重培养学生的社会交往，与他人共处、共事、合作，即处理人与人之间的关系——学会“做人”。正如卢梭认为的：“在人类社会中，人所使用的最大工具就是人：最聪明的人，也就是最善于使用这个工具的人。”[②]

众所周知，大学前的教育几乎十几年只是为了单一的高考目标，课业成绩几乎是唯一的衡量指标，只要成绩好就会“万千宠爱于一身”，特别是能够“以一俊遮百丑”，进入大学的学生几乎没有接受多少“做人”教育。事实上，从短期来看，优质高等教育资源的紧缺仍然是常态，高校招生还将更多以成绩来衡量，要想上名校学生必须把成绩考好。分数高低仍将直接决定所就读学校的知名度，因此，注重提高课业成绩，把更多精力和时间投入到

---

① 教育——财富蕴含其中［M］. 联合国教科文组织总部中文科，译. 教育科学出版社，1996：80

② 卢梭. 爱弥尔：上卷［M］. 李平沤，译. 商务印书馆，1978：248

“学业”中是理性的、必然的选择。显然，学习追求成绩优良，力争考入更知名的大学，成为全社会考生和家长功利性的选择，几乎没有人能够超越。而超越如此功利性目标的“做人”——做一个堂堂正正的人、顶天立地的人，自然被忽视或轻视。

如果在大学学习期间再不加强这方面的教育和引导，学生毕业后走向社会将成为跛足之人，无法更好适应未来的挑战。因此，高校在育人中，一方面要注重学生的学业——“为学”，掌握更多知识、学会学习、如愿升学、满意就业等等。这些主要体现了大学的“教”，这是短期能够很快做到的。另一方面要注重学生的成长——“做人”，学会与人相处、学会生活、尊重自己与别人的生命、保持尊严、恪守公平正义、培养价值观、人生态度等等。这些主要体现了大学的“育”，这是需要长期逐渐培养、慢慢显示成效的。事实上，对高校来讲，教育工作者对学生学业上的教育、引导还是非常重视的，如果说存在不足的话，只是方式方法、教授内容等方面还有待于提高。但是对于学生的“做人”，人格养成、健全人格等方面，相当部分教育工作者认识还是不够的，还没有意识到问题的严重性，人格的不完善、缺失将是比知识、学业缺失导致的后果更严重。如果培养的学生只会机械的学习知识、运用知识，没有养成健全的人格，其未来的人生道路将缺少支撑的根基，很容易受到环境的影响和驱使，人生的理想将变得越来越模糊不清，即使再努力也将盲目和难有成效。如果说在大学前难以摆脱教育的功利性，那么大学期间所有的教育工作者应该努力摆脱功利性，毕竟大学不再像中学承担过多的压力。注重对学生“做人”的教育和培养是衡量一所大学是否真正服务好社会、办人民满意大学的重要标志。

3.1.4 快乐学习追求幸福

大学生在校期间如何实现快乐学习、健康成长是高校永恒的主题。在探讨如何实现快乐学习之前，需要首先关注对幸福的认识。对于什么是幸福？人们有各种不同的认识。新古典学派的创始人近代英国最著名的经济学家阿尔弗雷德·马歇尔（Alfred Marshall）认为：经济学就是一门研究人生如何幸福的科学。凯恩斯主义的代表人物美国经济学家保罗·萨缪尔森（Paul A. Samuelson）提出幸福的计算公式：幸福 = 效用/欲望。事实上，不仅可以从经济学的视角，而且可以从心理学、哲学、行为经济学、认知神经学等学科视角来认识幸福。泰勒·本 – 沙哈尔（2009）认为：幸福应该是快乐与意义的结合。快乐代表现在的美好时光，属于当前的利益；意义则来自于目的，一种未来的利益。真正快乐的人，会在自己觉得有意义的生活方式里，享受它的点点滴滴。① 一个幸福的人，必须有一个明确的、可以带来快乐和意义的目标，然后努力地去追求。幸福是生命的一种基本需要。幸福是人类追求的唯一终极目标，其他的声望、财富、知名度等所有目标都不能和幸福相比，其最终都是追求幸福的手段，它们的终点都只是去往幸福的起点。任何时代、任何地方、所有人都在不断追求幸福。幸福是人生的至高无上的财富，是一种持久而稳定的满足感。借助经过严格科学实验证明过的方法和手段，可以量化幸福这一模糊的、个性的感受。正如英国哲学家大卫·休谟（David Hume）所说的：人类刻苦勤勉的终点就是获得幸福，因此才有了艺术创作、科学发明、法律制定，以及社会变革。衡量人生成就的标准不是通常认为的金钱、声望、知名度、权力等这些实现幸福的手段，而是幸福。

而按照传统的观点，追求所谓的学习成绩好、工作收入高、晋升快等习惯性的目标，而常常忽略了眼前的事情，最终导致盲目追求，只看结果和终点，无视过程，错误地认为成功就是幸福。生活幸福的人，享受当下所从事的事情，而且通过目前的行为他们可以获得更加满意的未来。② 真正的持续的幸福感，需要为了一个有意义的目标而去快乐地努力与奋斗，幸福是向山

---

① 《美国国家科学院院刊（PNAS）》2013 年一项基于遗传基因学检测的研究表明：如果只是纯粹的享乐，而不追求人生的意义，那么这种快乐对你的健康可能并没有什么好处，甚至还可能起到反向的作用。快乐（happy）是指一个人的开心，这种“感觉良好”是与他人无关的；意义（meaning）感则是关乎美德与奉献，是超越了单独的个体。快乐的生活与有意义的生活的区别是：不追求人生意义的快乐，描述的是一种相对浅薄、自利的生活。而意义感则完全来源于你对他人，或者社会的付出，利他、服务他人。这会使我们感到人生有意义，但却不一定会使我们快乐。

② 泰勒·本 – 沙哈尔. 幸福的方法［M］. 汪冰，刘骏杰，译. 当代中国出版社，2009：14

顶攀登过程中的种种经历和感受。[①] 幸福是一个长期追求、永不间断的过程中的某一段。一个幸福的人绝不是一个从来不曾有过负面情绪的人，而是能够自我调节情绪起伏、总体上保持一种积极人生态度的人。真正的幸福不应该是绝对没有不良的情绪，而是经得起困难和挫折的考验。[②]

追求幸福人要有使命感或目标感，这是比设定目标更重要的。人们真正需要的是那些让他们从内心感到有意义的目标，实现这些自发的目标体现了自我存在的意义。为了实现这些使命感或更高的目标，人可以发挥全部的潜能去追求幸福。正如英国哲学家、数学家、逻辑学伯特兰·罗素（Bertrand Russell）说过的：真正令人满意的幸福总是伴随着充分发挥自身的才能来改变世界。一个有使命感的生命是人类最伟大的作品。做一个幸福的人，必须要有一个明确的可以带来快乐和意义的目标，然后努力地去追求。有目标的人要比没有目标的人成功的概率大得多。一个明确的目标可以集中注意力，找到达到目标的路线，去创造性达到目标。需要强调的是，幸福一定是建立在人们能够自主选择的基础上的。如果人不能够自主进行选择，被迫接受各种制约和规定，那么根本谈不上幸福。

泰勒·本-沙哈尔（2009）总结了实现幸福的三大途径：快乐学习、开心工作、美满婚姻。显然，高校在人才培养中需要关注对学生幸福、幸福感、幸福能力的培养，尤其是实现学生的快乐学习。众所周知，中国大学生在大学前所接受的教育中，家长、教师、社会仅仅关注学生的成绩、名次、获奖等，以此来衡量学生的优秀与否，迫使学生只能关注学习，无法享受学习的快乐，更多的是留下来学习的痛苦回忆和经历，以至于出现了大学生、中学生较为突出的厌学现象。因此，高校为学生创造快乐的学习环境，让学生学习的过程成为一件快乐的事情。这就需要给学生更多选择的机会，按照自然成长逻辑进行选择，鼓励学生追求快乐且有意义的学习方式，感受学习的快乐点燃学生求知的热情，引导学生学会快乐学习，展现独立学习的最好

① 泰勒·本-沙哈尔. 幸福的方法［M］. 汪冰，刘骏杰，译. 当代中国出版社，2009：26

② 同上：5

状态，培养学生追求幸福的能力，养成追求人生幸福的好习惯。一个热爱学习的学生，可以在学习的过程中享受创造的快乐，而这快乐也可以帮助他取得好成绩，助其获得未来的幸福。[①] 因此，高校如何通过自己的工作把学习过程转变成一种迷人的、令人心旷神怡的美好旅程，为今后贯穿学生整个生命的幸福追求打下基础，成为一项迫切的任务。高校要引导学生树立科学的“三观”尤为重要。尽管追求金钱、声望、权力等是人类的本能反应，但是作为大学生要追求成长、人际关系和对社会责任感和贡献度等这些目标。如幸福的人有着更好的人际关系。挣扎、不安、困难、挑战、恐惧等是所有人都会经历的体验，这些情绪体验是铺就走向幸福之路必须有的垫路石。这恰恰是大学生人格养成中所关注的问题。需要强调的是，高校要引导和鼓励学生制定个人成长和专业成长的学习成长计划，在计划的实施过程中用心去寻找快乐和意义，实现快乐学习、健康成长。

3.2 “以学生为中心”的育人体系概述

3.2.1 育人体系的构成

对高校而言，育人即教育学生、培养学生，通过对学生进行德育、智育、体育、美育等多方面的教育、培养，教育学生做人、做事、为学的方法，使学生能成为全面发展的人、完整的人。教书育人一方面指教师向学生传授知识，另一方面指教师以自身的道德行为和人格魅力，言传身教，引导学生寻找自己生命的意义，实现人生应有的价值追求，塑造自身完美的人格。一定程度上可以说，学校教育是人格养成的主课堂，学校教育应将学生的完善人格的养成和塑造置于重要的位置。教师不仅要向学生传授知识、学习方法和思维方式，更重要的是要教会学生做人的道理，这就是“教书育

① 泰勒·本-沙哈尔. 幸福的方法［M］. 汪冰，刘骏杰，译. 当代中国出版社，2009：24

人”的基本内核。① 在一定程度上，知识探究、能力提升主要是解决如何做事和为学的问题，而素质培养、人格养成则主要是解决如何做人的问题，只有将为学与做人有机地结合，才是真正的育人，才能实现育人目标。

育人体系是指为实现一定的人才培养目标，高校在人才培养过程中所确定的人才培养理念、人才培养方法、人才培养模式、人才培养机制以及质量保障措施。安徽财经大学在长期的办学实践中逐渐形成了“以学生为中心”的“四位一体”育人体系，该体系的构建始于2013年。经过多年的探索和实践，初步形成了较为系统、完整的“以学生为中心”的“知识探究、能力提升、素质培养、人格养成”的育人体系（见图3-1）。这一体系在一定程度上对安徽财经大学培养谁、培养成什么样的人、如何培养人、为谁培养人以及培养效果如何等五个核心问题进行了实践和探索，试图回答这些人才培养的根本问题。这一体系充分践行了“以学生为中心”的理念和主线，从人才的社会需求和学生的个性成长出发，以办学理念和教育教学思想为指导，确定合适的育人目标，融合学术事务和学生事务，整合校内外资源和力量，着力加强学生的知识探究、能力提升、素质培养、人格养成，为社会培养完整的人、全面发展的人。

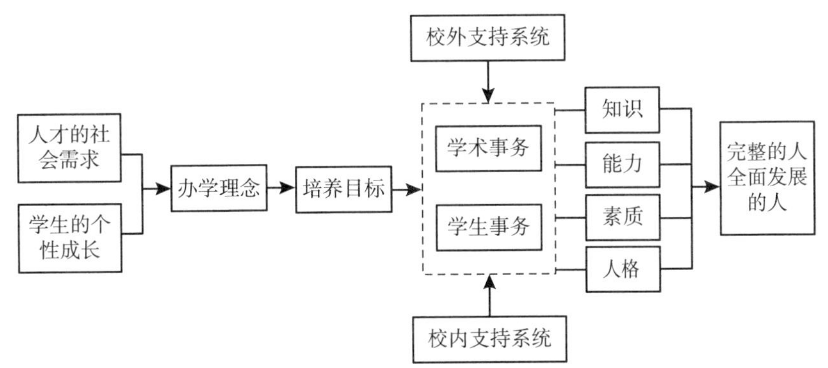

图3-1 “以学生为中心”的“四位一体”育人体系

① 王银娥. 现代人格与能力的社会心理学透视［J］. 唐都学刊，2002（1）

显然，“以学生为中心”的“四位一体”育人体系的构建是基于人才的社会需求和学生的个性成长的需要。高校的人才培养是以人才的社会需求为出发点和起始点的，要确保高校培养的是社会需求的人才，就必须关注和研究市场和社会需求，唯有如此，每一所高校才能培养出有自身鲜明特色的人才。与此同时，人才培养工作毕竟是直接作用于人的，高校必须把促进学生健康成长作为一切工作的出发点和落脚点，特别是要按照人的成长规律和教育教学规律来培养每一个学生，使得每一个学生的个性能够得到张扬，实现学生的健康成长、快乐学习、完善人格。因此，高校的育人必须立足人才的社会需求和学生的个性成长，通过四年的大学生活实现对学生成人成才的培养，为学生走向社会打下坚实的基础，实现未来每一个人愉快工作、幸福生活。

1. 创新的办学理念

“以学生为中心”的“四位一体”育人体系的构建是以教育教学理念的创新为前提。安徽财经大学一贯注重将“以学生为中心”的理念落实到教育教学的各项工作中。“以学生为中心”的理念是相对于“以教师为中心”理念而言的。作为一种全新的理念，其更多基于学生自身兴趣、能力、秉性、特质、需求等，为其提供良好学习环境，激发学生的学习热情、学习动力。“以学生为中心”理念立足学生的需求及其个性特质对学生进行个性化培养，学生事务、学术事务以及校内外的支持系统都紧紧围绕学生这一中心展开。由此，教与学的关系在转变，学生在学习中能够更加主动积极，教职工以促进学生成长发展为基本目标，使得高校传统的教学、管理、服务发生着深刻地变化。这些理念包括：“四育人”——教书育人、管理育人、服务育人、环境育人；“四全育人”——全员育人、全方位育人、全过程育人、全社会育人；“三分”——分类培养、分层教学、分流发展等。

2. 特色的育人目标

安徽财经大学的人才培养目标是培养德、智、体、美全面发展，具有创新创业精神、竞争合作意识、诚信笃行品德、实践应用能力以及社会责任担当等综合素质，满足地方及行业经济社会发展需要的高层次应用型人才。

如果在此基础上，我们进一步对人才培养目标具体化，可以概括为培养商界精英和社会骨干、普通劳动者和合格社会公民，使每一个毕业生未来能够过上幸福生活。培养出未来的优秀的商界精英和社会骨干是安徽财经大学的高远目标，培养普通劳动者和合格社会公民是安徽财经大学的基础目标，将所有人培养成过上幸福生活的人是安徽财经大学的终极目标。显然，要实现上述目标并非轻而易举可以做到的，从学校的角度来说，要努力激发每一个学生的潜能和主动性，整合校内外资源为学生成长创造良好环境，实现四位一体育人，培养完整的人、全面发展的人。

3. 融合的学术事务和学生事务

高校的学术事务关注学生的学业培养所进行的学术活动以及事务，学生事务关注“非学术性事务”或者是“课外活动”作用于学生生活、成长和发展的各种活动的总和。然而，两者共同作用于人才培养。学术事务和学生事务犹如太极图中的阴阳两极，尽管两者能够分开，但是两者相互包含、相互依存，都不能完全与对方割裂开来并独立存在。安徽财经大学注重研究和把握两者自身的规律和特征，围绕“以学生为中心”开展工作。近年来，学生事务与学术事务在自身不断变化的情况下，两者的关系越来越密切，由之前的分离、割裂重新走向融合，并由此促使和推动了学生事务日益学术化，学生事务人员与学术事务人员一样是教育者和教师，一起承担着促进学生学习和发展的重要使命和主要责任。

4. 完善的校内外支持系统

学生事务和学术事务是人才培养的主要工作，完善的校内外支持系统是人才培养工作顺利进行的保障。校内支持系统主要是直接服务学生事务和学术事务之外的、高校运行必不可少的财务部门、人力资源部门、图书情报部门、后勤部门、工会部门等，这些部门尽管不能直接服务学生，但是其有效运行是学术事务和学生事务开展的基本保障。随着高校办学理念的转变，人才培养是高校的事情，也是整个社会的事情。高校不可能独立完成人才培养工作，需要各种社会组织和力量参与到人才培养之中。政府部门、企业、事业单位、社会组织、社会家庭等，这些组织和力量也直接或间接服务于学生事务和学术事务，作用于人才培养，实现了协同育人。

5. 统一的“四位一体”育人体系

1996 年，经合组织（OECD）发布的《以知识为基础的经济》报告中明确界定指出：知识既包括能够编码的知识，如事实知识、原理知识，也包括那些可以意会但不可以编码的隐性知识，如技能知识、人力知识等。根据每年招收的新生的基本素质和接受能力，安徽财经大学提出对学生的培养从重点是知识学习、知识传授转向知识探究，引导学生主动、积极投入知识的积累、探索和研究。学校注重学生将知识外化为能力的培养，即接受知识并把知识转化为能力，根据财经类高校人才培养的特色结合用人单位的需求对学生的能力要求进行研究，提出需要培养学生的表达能力（书面、口头、仪态仪表展示能力等）、解决实际问题能力、创新能力和社会担当能力。这四种能力是以学习能力、实践能力、社会适应能力、交流能力、领导能力、思维能力、推理能力等为支撑的。学校更注重学生将知识及能力内化为素质的培养，主要突出培养学生的思想政治素质、身心素质、文化素质、业务素质和创新（创业）素质。在学生的知识探究、能力提升、素质培养三者协调发展的基础上，根据中国大学生成长中的健全人格不足，学校重点关注学生的人格养成，主要有：独立的精神、自由的思想、公民社会的意识、良好的情绪控制、和谐的人际关系和乐观的生活态度等。包含了独立个性、主体意识、批判性思维、自我认知、自我实现、坚忍不拔、尊严、宽容、追求真善美、自由精神、民主思想、法治精神、公民意识、社会公德、职业道德、家庭美德、社会责任感、志愿精神、调适情绪、人际关系和谐、生活态度等。将每一个学生培养成完整的人、全面发展的人，成为一个“大写”的人。

3.2.2 “四位一体”基本构成

1. “四位一体”基本概念

众所周知，知识（knowledge）是人类在认识世界和改造世界的过程形成的人类智慧的结晶成果，是人类在社会实践中积累起来的经验概括和总结，是对客观世界，包括人类自身活动认识的成果。一般分为自然科学知识、社会科学知识和思维科学知识三类。英国近代著名哲学家弗兰西斯·培根（Francis Bacon）提出“知识就是力量”的著名论断，强调发展自然科学的重要性。实际上，社会科学与自然科学同等重要。显然，知识是重要的。高校是传授知识、学习知识、传播知识、探究知识、创新知识的最重要场所。

对于能力（ability）的认识，可以从不同角度来界定。从心理学角度看，能力是指人顺利地完成某项活动的个性心理特征（《中国大百科全书·教育》）。从功能方面看，能力是在观察力、记忆力、想象力等智力因素基础上形成的掌握知识、运用知识、进行创造的本领（《高等教育学》，华东师大出版社）。一般来说，能力是指人能够做某事的才能、知识或技巧。它与实践紧密相连，体现了相应的知识、技能、智力、技巧等运用。离开了具体的实践活动既不能表现人的能力，也不能发展人的能力。人的能力是在遗传素质的基础上通过环境与教育的作用，在人与人、人与自然、人与社会的实践活动中形成和发展的。一般地讲，能力主要包括获取知识的能力、运用知识的能力和知识创新能力。高校培养学生的能力使其能够更好地做成事、服务社会是其基本责任。

从教育学的理论来看，素质（quality）是人在先天禀赋的基础上，通过后天的环境影响和教育训练、社会实践活动所获得的综合的、内在的、整体的、相对稳定的人的个性品质所构建起来的一个整体，也就是说素质是由先天遗传的素质和后天培养的素质构成的，即先天素质和后天素质。教育部《关于加强大学生文化素质教育的若干意见》（1998 年）指出：“大学生的基本素质包括思想道德素质、文化素质、专业素质和身体心理素质，其中文化素质是基础。”培养学生的综合素质是高校人才培养的重要工作。

对于人格（personality）的认识可以从心理学、伦理学、哲学、社会学、人类学等多学科交叉的角度进行研究。对于人格的界定因学科视角不同而异。人格的英文 personality 来自希腊字 persona，是面具（mask）的意思。张春兴认为：人格是个体在对人对己及一切环境中事物适应时所显示的异于别人的性格。即个体在对自己、对他人、对社会、对自然事物适应中所表现出来的一种稳定的行为模式或倾向性，包括动机、情绪、态度和价值观念等。[①] 柏桦认为：人格是一个非常复杂的内在组织，它包括人的思想、态度、兴趣、气质、潜能、人生哲学以及体格和生理特征等。人格对人而言，是个人的社会化。[②] 人格即人的性格或者个性，人格即如何做人。[③] Feist（2002）认为：人格是指一个人身上那些使人的行为比较稳定的、相对持久的特质、倾向或特性模式。天才的物理学家阿尔伯特·爱因斯坦（Albert Einstein）曾经说过：如果一个人仅有专业知识，而缺乏道德的辨别力，没有健全的人格，那“他就更像一只受过很好训练的狗”，几乎不可能有所作为。近代伟大的教育家蔡元培在《中国人的修养》对培养健全的人格、塑造合格的公民提出了具体而明确的要求。蔡元培认为：决定孩子一生的不是学习成绩，而是健全的人格修养。[④] 大学是学生人格养成的重要时期，需要引起教育者的高度重视。

2. “四位一体”四者之间的关系

从前面的分析可以看出，先天素质是知识、能力、后天素质和人格形成和发展的基础，离开了这一基础就不存在所谓的知识、能力、后天素质和人

---

① 张春兴. 现代心理学［M］. 上海人民出版社，1994：449

② 柏桦. 人格——确定自我魅力［M］. 北京：西苑出版社，1999：18

③ 齐爱兰. 大学生知识、能力与人格和谐发展研究［J］. 中国农业大学学报（社会科学版），2000（4）

④ 近代革命家、教育家、政治家蔡元培（1868～1940 年）中国近代民族学研究的先驱，中华民国首任教育总长，1916～1927 年任北京大学校长，在北大开“学术”与“自由”之风。

格的问题。因此，高校在研究育人体系的构建时，必须以先天素质为基础和支撑。在此基础上，我们才能够探讨“四位一体”育人体系中的知识、能力、素质、人格四者之间的关系，这里的素质更多强调的是后天素质。需要说明的是，先天素质几乎是人与生俱来的，不受其他因素的影响。但是在后天的教育、实践中，这些先天素质成为后天素质的有力支撑。

知识作为人类认识世界和改造世界的理论成果，在能力、素质和人格的形成和发展中处于基础性地位。知识是能力提升、素质培养、人格养成的基础，知识必须经过实践活动才能转化为能力和素质，凡是不以知识为基础的能力只能是本能或低级的能力，在掌握一定知识的基础上经过实践锻炼才能形成能力。知识在形成人的综合素质方面有着不可替代的基础性作用，掌握大量先进知识往往可以使素质提高得更快。知识对人格养成具有重要的支撑作用，缺乏知识的人其人格养成就难以达到完善和健全。

能力直接决定知识学习的速度、知识探究的深度和知识创新的可能性，能力强的人获取知识更容易、运用知识更灵活。能力是素质的外在表现，是素质的一种外显形式，是一种可以直接作用于客观事物的外显力量。能力作为素质的外化，通过社会实践活动显示出来。离开能力，人的素质就无法去观察、衡量和把握。能力有助于人格养成和完善，没有能力的人谈不上人格的问题。

素质对知识、能力的作用发挥具有导向作用，素质高有助于学习和获得知识，进而发展和丰富知识。素质是人的能力产生和发展的前提和基础，人的素质通过社会实践活动外化为人的能力。素质是能力之源，素质主要是通过能力表现出来的。素质是人的内在品质或质量，它不能直接作用于客观事物，而是转化和形成能力的基础。素质是人格养成的基础，低素质的人难以养成健全人格。“素质相对持久地影响和左右着人对外界和自身的态度。”①

人格在四者之中是核心，是根本。探究知识、提升能力、培养素质的最

① 周远清．素质·素质教育·文化素质教育——关于转变高等教育思想观念的再思考［N］．光明日报，2000－04－05

终目的是为了养成完善、健全人格。相应地，具有完善、健全人格对于探究知识、提升能力、培养素质有积极推动作用和一定的反作用。如果缺乏相应的知识、能力和素质的支撑，人格理想必定会流于空泛，谈不上健全的人格。但健全的人格并不是知识、能力、素质的简单相加，不是由知识的累积、能力的增强和素质的提高而自然形成的，而是与个体的遗传、生活经历、社会环境、人格理想密切相关。人的知识可以有多寡、能力有高低、素质有好坏，但只要拥有了健康向上的、完善的人格，他就可以成为一个有益于他人、有益于社会的人。

总之，知识、能力、素质、人格四者是辩证统一的关系，如图 3 – 2 所示。一定意义上可以说，知识反映了人才培养的厚度，能力显示了人才培养的宽度，素质体现了人才培养的长度，人格展现了人才培养的高度。由此可见，知识、能力、素质、人格四者是大学生成长成人成才所不可或缺的。因此，高校在育人中要将知识、能力、素质、人格有机统一起来，形成育人的

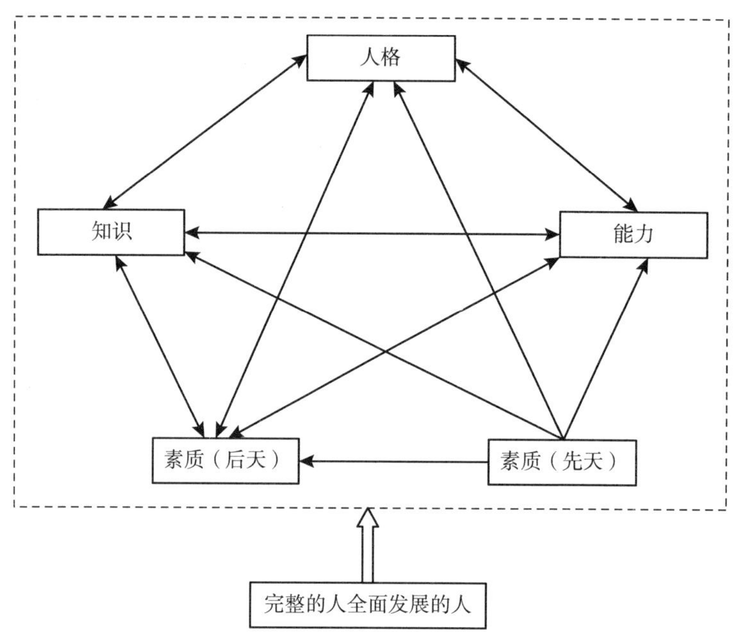

图 3 – 2　知识、能力、素质、人格关系

合力和体系，才能将人才培养成功。总之，“知识探究”是“四位一体”育人体系的基础；“能力提升”是“四位一体”育人体系的外在表现；“素质培养”是“四位一体”育人体系的内在体现；“人格养成”是“四位一体”育人体系的目标。四者既是人才培养的不同层面，又辩证统一，关乎人的全面发展。

3.“四位一体”具体内容

（1）知识探究。着力构建学生自发地学习知识、自主地探究知识的环境和体系。加大改革人才培养模式、课程体系、教学方法、考核评价体系的力度，激发学生主动参与教学过程的热情，培养创新思维和意识，引导学生学会自主构建知识体系。在知识探究过程中，充分利用现代信息技术，发挥第一课堂、第二课堂（校内活动）、等三课堂（校外活动）、第四课堂（利用网络开展活动）联动作用。充分利用学科竞赛、社会实践活动、学生社团活动等形式，将课堂学习与课外实践结合起来，使学生主动进行探究学习。实践证明，学生只有通过动手实践、自主探索得到的知识才会更深刻，掌握才会更牢固。让学生经历知识的探索过程，学生才能在获得知识的同时，逐步获得探索与创造的感性经验，理解和掌握科学的思想方法，从而逐步培养创新意识，形成初步的探索和解决问题的能力。

（2）能力提升。社会和用人单位对财经类高校毕业生的能力需求，体现在四种能力：表达能力（书面、口头、仪表等）、解决实际问题能力、创新能力和社会担当能力。这四种能力是以学习能力、实践能力、社会适应能力、交流能力、思维能力、推理能力等为支撑的。表达能力是指运用语言阐明自己的观点、意见或抒发感情的能力，主要包括口头表达能力和书面表达能力。解决实际问题能力是把所学的理论知识运用于工作实际中，善于发现和解决实际问题，这既是实际工作对我们的要求，也是学生顺利成长的基本条件。创新能力是指人们产生新认识、新思想和创造新事物的能力。它涉及一个人的认知能力、观察能力、判断分析能力、记忆能力、想象能力、实践动手能力等在内的多方面能力，是一个人综合素质的客观表现。社会担当能力是一种追求，一种精神，一种境界。它要求一个人首先敢于担当，善于担当，还要有一种担当的能力，是一个人的责任和行动力量。着力打造“思想引领平台”“实践教育平台”“创新创业平台”“素质拓展平台”四个平台，促进学生综合能力提升。改革课程体系，增加实践教学比重。将课外实践学分、社会责任学分与课程学分纳入人才培养方案，形成有机整体。探索使用实践学分替代课程学分。

（3）素质培养。全面培养学生的素质，是学校人才培养工作的重要任务。人的素质包罗万象，我们所培养的学生的素质主要是以下几个方面：思想政治素质、身心素质、文化素质、业务素质和创新（创业）素质（见图3-3）。思想政治素质教育作为中心，它是整个素质教育体系的灵魂。横向上看，大学生身心素质和文化素质随着年龄的增长和受教育层次的提高及社会环境的影响都会发生变化；纵向上看，大学生业务素质教育体现在专业教育方面，为他们从事创新或创业奠定专业基础。但在大学素质教育过程中应加强与思想政治素质教育的融合，使他们成为祖国建设的真正人才。大学生素质教育是一个系统工程，在这一体系中各要素之间相互联系、相互配合、相互作用、共同发展，最终才能实现对大学生综合素质的培养。通过课堂教学、社会实践和校园文化建设，打造一个积极、健康、向上的育人环境。营造一个有利于学生综合素质培养的氛围。

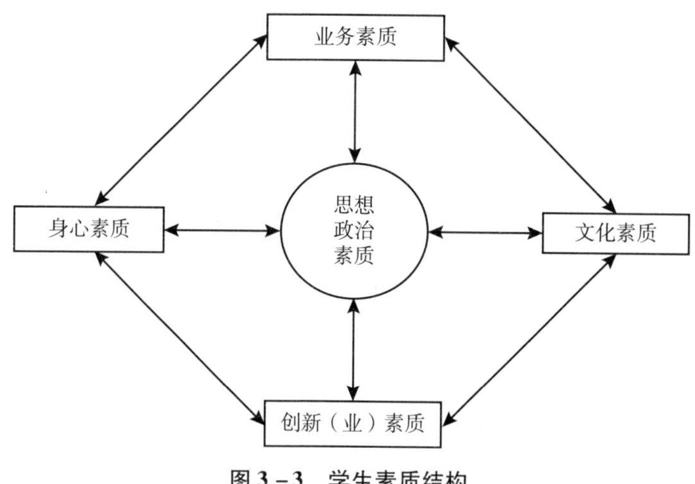

图3-3 学生素质结构

（4）人格养成。蔡元培先生认为，教育的功能使人“养成健全的人格”。美国哲学家、教育学家杜威将人格教育当作学校“天职的核心”。高等学校是培养高素质人才的重要场所，在探究知识、提升能力和培养素质的基础上，重要的是养成健全的人格。一般来说，健全的人格应大致包括几个方面的内容：独立精神、批判思维、健全心智和公民意识等方面的内容。独立精神包括价值塑造或价值倾向（世界观、人生观与价值观、社会主义核心价值观树立）、批判思维、自我认识或评价、自律精神、道德品质、坚忍不拔、自强不息、奋发有为、意志力、人际关系或交往、生活习惯养成、适应环境（生存、生活能力）等。批判思维是指批判地思考和分析问题，寻找社会问题的解决方案并承担社会责任，就是站在一个更高的层面上，对历史或现实作甄别和审视，对人或事进行分析和解剖，以期发现问题和解决问题，其关注的核心问题是逻辑知识与逻辑思维之间的关系，包括独立思考的习惯、是非判断的能力、承担责任的勇气与源自内心的力量。健全心智包括心理和谐、情绪管理、自我调控、感恩情怀、珍爱生命、诚信意识、自我修养、真善美追求、友善他人、团队精神、积极态度、学习激情等。公民意识包括有社会公德和职业道德、责任担当、社会责任感、民主意识、权利意识、法治观念、环保意识、志愿服务、人生理想、服务或奉献社会、爱岗敬业等。大学生人格养成的着力点在于将其培养成为具有独立精神、批判思维、自主精神、理性思想的人。大学教育不仅是为了教会学生技能和就业技巧，更是为了让他们成为能够独立思考、具有公共情怀的合格社会公民；不是把学生培养成为“就业机器”，而是为了让他们成为德智体美全面发展的普通劳动者。胡适曾经指出：一个受过大学教学的人应该学会独立思考，学会客观判断和系统推理。大学要教会学生认识自己、认识社会、认识自然，学生要学会分析判断、准确表达、独立思考、合作交流、承担责任、关爱社会等等。大学生的人格养成不是一蹴而就的，而是一个系统工程，这就需要整合各种资源，通过课内与课外、校内与校外的有机统一，引导学生培养良好习惯、丰富文化知识、参与社会实践、确立人生方向和奋斗目标，确保学生学会做人、学会做事、学会生活、学会学习，努力实现学生的健康成长、愉快学习，未来成为快乐工作、幸福生活的普通劳动者和合格社会公民。

3.3 “四位一体”育人体系的基本做法

3.3.1 顶层设计

1. 强化制度建设，准确定位人才培养目标

育人体系是主线，制度构建是保障。安徽财经大学经过几年的实践探索基本确定了学校的人才培养目标：培养德、智、体、美全面发展，具有创新创业精神、竞争合作意识、诚信笃行品德、实践应用能力以及社会责任担当等能力和素质，满足地方及行业经济社会发展需要的高层次复合型、应用型、创新型、研究型人才。这样的人才培养目标定位充分体现了以学生为中心的教育教学理念，为达到这一目标，学校制定实施了《安徽财经大学关于推进本科人才培养“四个计划”的指导意见》《安徽财经大学关于全面提高本科教学质量实施意见》《安徽财经大学普通本科培养方案工作规程》《安徽财经大学关于修订普通本科学分制培养方案的指导意见》《安徽财经大学实践育人工作实施方案》《安徽财经大学课程考核方式改革指导意见》《安徽财经大学学生创新创业竞赛活动管理办法》等一系列制度，并通过教学工作会议、本科教学质量年活动、质量提升专题研讨、重大教改项目研究等形式，将人才培养目标贯穿学校整个本科教学及其管理工作的各个方面和环节。

2. 贯彻分类指导，创新“三分”人才培养模式

教育思想是先导，培养模式是举措。安徽财经大学秉承科学发展，分类建设的办学理念，深入贯彻“科学定位，分类指导，多元发展，特色办学”的应用性高等教育发展方针，逐步破解高等教育趋同发展与经济社会发展多

样化需求的矛盾。2015年起探索推行“三分”人才培养模式。“三分”指：分类培养、分层教学和分流发展。分类培养中的分类有两层内容：对学生按照学科、专业类进行培养，在大学一、二年级不分专业；在尊重学生兴趣和自由的基础上，按照学术型（研究型）、复合型、应用型和技能型不同类型对学生进行培养。人才需求犹如金字塔，塔尖是学术型人才，社会需求有限。塔身是应用型人才，需求较大。塔基是技能型、实用型人才，需求最大。引导学生分析和认识自己，进行人生定位，确定个人奋斗目标。分层教学指在分类的基础上，按照培养类型的不同在教学过程中进行分层次教学。例如，对应用型高端人才与普通人才培养所开设的同一门课程有较大差别。分流发展指在分层教学的基础上，按照未来职业规划和追求不同进行不同方向的分流发展。例如，到政府部门、国有企事业单位以及民营大型企业，对毕业生的要求会有不同。

3. 坚持“以人为本”，探索“四划”人才培养机制

办学理念是指导，培养机制是抓手。安徽财经大学在“三分”人才培养理念指导下，坚持“以学生为本，以学生发展为中心”，以社会需求为导向，以个性化人才培养为主线，以提高人才培养质量为目标，逐步增强高等财经学校服务、支撑、引领地方经济社会发展能力，探索“四划”人才培养机制。在具体的实施过程中，根据学生的分类诉求，结合学生的明显兴趣取向或就业去向，将培养目标分为创新型应用型、复合型应用型、创新型研究型和外向型应用型。

“卓越计划”是学校与行业、企业、科研院所等单位联合，结合专业人才培养目标和特色等，按照通用标准和行业专业标准，建立共同培养目标、共同建设课程体系和教学内容、共同实施培养过程、共同建立实践教学体系、共同评价培养质量的新机制，突出人才应用能力、实践能力培养，着力造就一大批创新能力强、实践水平高、勇于担当社会责任、适应经济社会发展需要的高水平创新型应用型人才。

“跨越计划”是学校在积极推进以学分制为核心的教学管理改革，探索

大类招生、弹性学制下的人才培养模式。充分利用暑假小学期，允许学有余力的学生提前修读课程、跨专业修读课程、辅修双专业双学位，建立与学分制相适应的注册和毕业制度，允许学业突出的学生三年毕业；鼓励学生跨学科专业辅修，大力培养高水平复合型应用型人才。

“拔尖计划”是充分利用国内外优质教育资源，借鉴一流大学拔尖人才培养的成功经验，选拔优秀本科生，通过制定个性化人才培养方案、进行国内高校联合培养、配备高水平师资、创造浓郁学术环境与氛围等手段，突出科研能力和创新能力培养，在生源、师资、氛围、培养模式、培养条件等方面，大胆创新、深入改革，开辟高水平创新型研究型人才培养的新渠道。

“留学计划”是积极借鉴国外知名高校先进的人才培养模式，制定专业人才培养方案，引进国际先进的教学内容与课程体系，选用国际一流教材，引进国际化的教师队伍以及国际合作办学模式，通过“2+2”“3+1”联合培养、国际合作项目、短期交流等境外学习项目，选拔学生到境外大学进行学习交流，培养具有国际视野和国际交流能力的高水平外向型应用型人才。

4. 突出能力、素质和人格，开展丰富多彩学生活动

培养目标是引领，团学活动是载体。为坚定贯彻“四位一体”育人理念，安徽财经大学坚持全员育人、全过程育人、全方位育人、全社会育人。把思想价值引领教育教学全过程和各环节，形成教书育人、科研育人、实践育人、管理育人、服务育人、文化育人、组织育人长效机制。坚持贯穿结合融入，落细、落小、落实，把社会主义核心价值观贯穿到教书育人全过程，引导师生准确理解和把握社会主义核心价值观的深刻内涵和实践要求；开展以诚信建设为重点，加强社会公德、职业道德、家庭美德个人品德教育，提升师生道德素养；广泛开展文明校园创建，强化校训、校歌、校史功能。连续几年开展“学风建设年”“文明校园建设年”“文化校园建设年”“社团建设年”“创新创业推进年”“诚信教育推进年”专题教育活动，实施文化安财和文明安财两大战略。结合专业性质与特点坚持开展“一院一品”活动，举办“安财大讲堂”“徽商大讲堂”“人文大讲堂”“财经论坛”等系列品牌

学术讲座。开展主题团日活动，引导学生树立正确的人生观、价值观、世界观。以理想信念为核心，以社会主义核心价值体系统揽大学生思想政治教育工作，引导学生树立远大理想，坚定信念，实现成长成才的个人价值和服务社会、献身国家的社会价值。

打造四大课堂，以第一课堂、第二课堂为基础，发挥第三课堂、第四课堂作用。通过第一课堂，夯实基础知识，掌握专业知识，了解理论前沿，形成较为系统的理论体系和操作技能。将学生的素质教育活动纳入培养方案中，在培养方案中增设了创新创业平台，在通识课程平台中增加了素质教育课程。通过第二课堂，激发学生专业兴趣和学习热情，丰富校园文化，普及专业知识，强化团队协作意识，培养学生勤于钻研、乐于思考、勇于开拓、善于创新的精神。广泛开展了以社会调查、志愿服务、公益活动、企事业单位实习实践等活动为主的第三课堂。优化知识结构，强化能力培养，提高创新精神和实践能力，学会做人做事，促进学生主动适应社会，开创美好未来。建立了以慕课、视频公开课、手机报、虚拟第三学期为主的第四课堂。充分发挥校园网络平台作用，利用网络、手机等新媒体，主动掌握学生思想动态，占领网络舆论宣传主阵地，引导学生成长成才。

3.3.2 具体实施

1. 围绕育人体系建设开展教育教学改革

（1）深化人才培养体制机制改革。以提高人才培养质量为根本目标，以社会需求为导向，根据学生成长成才需求以及人才培养规律，树立“分类培养、分层教学、分流发展”的教育理念，积极推进本科人才培养“四个计划”，构建多层次、多类型、多路径的人才培养机制。

（2）深化人才培养模式改革。修订完善人才培养计划，系统梳理和调整课程体系，进一步优化设置通识教育平台、基础课平台、专业课平台、创新创业平台、实践育人平台、个性化学习平台，加大开设富有地方性特色及学校优势的课程。

（3）推进教学方式与方法改革。注重培养学生的探索精神、综合能力、创新意识和创新能力，鼓励教师采用问题式教学、讨论式教学、合作教学、案例教学等混合教学方式，倡导基于问题或项目的研究性教学法，积极引导学生开展自主性、研究性学习，探索研究型学习、研究型教学双向互动教学新模式。

2. 围绕育人体系重点开展四大平台建设

（1）加强思想引领平台建设。全面贯彻党的教育方针，加强社会主义核心价值体系教育；不断创新国防教育形式和内容，培养学生爱国主义意识；利用新媒体平台，探索创新思想政治理论教育的内容与形式；加强法律基础课程建设，强化学生法律意识；以基层团组织建设为抓手，围绕“社会主义核心价值观”“四进四信”做“六有”大学生等内容积极开展主题团日活动；通过学生党校、团校培训、“青马班”、学生干部培训等，加强学生党员和学生干部队伍培养和教育力度，打造精品学生党团建项目。

（2）完善实践教育平台建设。加强实验、实习、社会实践和毕业设计（论文）等实践教学环节；完善人才培养方案与课外实践学分的顶层设计，不断完善课外学分制，打造第二课堂成绩单；鼓励各学院组织学生利用课余时间开展社会调查、参观访问、勤工助学、社区服务等多种形式的社会实践与志愿服务活动；围绕社会热点、理论政策研究等，进一步加强学生寒、暑期社会实践活动；通过加大校内外实践基地建设，积极拓展校外实践基地，进一步做好大学生创业孵化基地建设，充分发挥校内各类实验中心的作用，依托实践基地不断提升学生实践能力。

（3）加强创新创业平台建设。以推进创新创业活动为契机，完善创新创业相关制度；继续加强大学生创新创业项目组织实施工作，做好对大学生创新创业项目立项申报、中期检查、结项审核等相关工作；充分发挥创业学院、创业孵化基地的作用，积极组织学生参加各类学生创新创业竞赛活动，使学生在实践中不断增强创新意识，提高创新能力；进一步做好各类学科竞赛活动，将专业课堂教学与学科竞赛有效融合，争取在“挑战杯”等国家级重要赛事方面取得新突破。

（4）加强素质拓展平台建设。进一步加强学风、教风建设，从制度建设、院风建设、班风建设、考风建设等不同层面，不断提升学生业务能力素质；加强学生美育教育和公共艺术教育工作，加大公共艺术教育系列课程、传统文化课程、礼仪课程建设力度，提升学生人文审美素质；加强校园体育文化建设和心理健康教育工作，不断提升学生身心健康素质。

3. 围绕育人体系建设打造校园文化氛围

（1）打造特色的文化活动。积极开展国学讲坛、诵读经典、人文讲堂等活动，在各种节庆纪念日、校庆纪念日等时段开展形式多样的活动，倡导学生行为举止文明，培养有品位、有文化、有道德的安财人；积极开展“校友论坛”“名家讲坛”等校园文化活动；以“学生社团文化艺术节”“高雅艺术进校园”等文化活动为载体，结合“一院一品”校园文化品牌活动的建设，努力形成具有安财特色的校园文化氛围；加大学生社团的投入和建设力度，继续深入推进社团建设“百千万”工程，使学生社团成为学生人文素养拓展和提升的重要平台；加强校园文化景点、人文景观和文化设施建设，提升校园人文环境的品位、格调和内涵。

（2）培养良好的生活习惯。继续深入开展启航教育、养成教育工作；将日常教育与实际生活相结合，在实践活动中获取新知识，养成独立思考、仔细观察、认真分析、严谨推理的学习生活习惯；定期进行教室卫生、宿舍卫生的检查评比，举办寝室风采大赛、雅室设计大赛等活动，促进学生养成良好的生活习惯；充分发挥校青协和学生社团的作用，开展各类校园环境美化活动，促进学生文明行为习惯的养成。

4. 围绕育人体系建设开展教育教学研究

（1）加强师资队伍建设，提升教师的教育教学能力。重视师德师风建设，通过教师在课堂内外表现出的精神风貌，引导和感染学生培养社会责任感，发挥学校教职工在人才培养方面的引导和助推作用；通过每学期组织相关领域专家对教师进行专题培训、举办主题性年度教学竞赛、鼓励教师参加社会实践等形式，不断提升教师的教学研究水平。

（2）结合学科专业特点，开展教育教学研究工作。各学院及有关部门定期开展专题研讨，对建设工作中遇到的问题进行交流讨论；鼓励各学院成立育人体系建设专项教研团队，对教学方式与方法改革进行研究；设立育人体系建设专项课题，鼓励教师对育人体系建设进行思考与研究。

5. 建立育人体系建设的全过程监督机制

（1）加强对教育教学质量的监督与考核。不断完善教学督导制度，充分发挥教学督导组的作用，对全校所有课程教学的各个环节进行全面的监督检查；对照《安徽财经大学教师教学工作规范》对教师教学进行督查，引导教师从严执教，提高教学水平；开展师生座谈会，及时了解学生对教学的反映与要求；开展专项教学竞赛，通过竞赛考核、提升教师教学能力；改革完善课程考核评价方式，将课程考核方式向多样化转变、考核内容向注重综合能力考核转变、成绩评定向综合性转变，推行多种形式、多个阶段的考核制度改革。

（2）建立育人效果的科学评价体系。建立针对学生的，涵盖课堂教学、课外活动、综合素质与能力的科学评价体系；组织人格状况测评，使大学生准确把握自己的人格状况，确定人格发展的目标；制订人格养成计划，并为学生提供载体和平台，引导大学生自主参加一系列培养训练活动，逐步提升个体人格素养。

4

“四位一体”育人体系的探索：知识探究

4.1 知识探究概述

4.1.1 知识概述

每一个教育工作者在工作时首要思考的问题之一是“教什么和学什么”。可以简单给出答案——知识。但是简单的“知识”二字却极难定义，“什么是知识?”一直是哲学家、教育家冥思苦想的问题。

知识作为人类认识世界和改造世界的理论成果，在能力、素质和人格的形成和发展中处于基础性地位。知识是能力提升、素质培养、人格养成的基础，知识必须经过实践活动才能转化为能力和素质，凡是不以知识为基础的能力只能是本能或低级的能力，在掌握一定知识的基础上经过实践锻炼才能形成能力。知识在形成人的综合素质方面有着不可替代的基础性作用，掌握大量先进知识往往可以使素质提高得更快。知识对人格养成具有重要的支撑作用，缺乏知识的人，其人格养成就难以达到完善和健全。

经验主义知识观认为，知识来源于人们的感官经验，是人脑对现实世界的原本反映。获取的途径是观察和实验。理性主义知识观认为，知识是人们对于外界事物本质的认识，与外界无关，是人类理性认识的结果，其中早期代表人物笛卡尔怀疑感性经验的可靠性，认为感官知识是混乱的，只有由思想获得的知识才是清晰可靠的，发展至后期更是强调知识结构的逻辑性，看重思想在知识形成过程中的作用。

与经验主义知识观和理性主义知识观截然不同，实用主义知识观不再区分主观的理性形式与客观的感觉经验，认为知识应来自于人类的行动，具有能动性和实践性，如同科学实验一样，任何知识均来自于人类行动得出的对自身有益的结果，要经得起实践的检验。实用主义知识观改变对知识的传统认识，打破知识是永恒的、普遍使用的、绝对的观点，认为知识是随着人类行动（活动）可以被改造的、变化的，具有相对性。这个方面的代表人物便是美国著名的教育家和哲学家杜威（John Dewey）。

杜威认为，认识是人类适应环境的行为，知识则是这种行为的有效工具。人类在获取知识的过程中，是一个参与者，而不是经验主义知识观中描述的旁观者。知识不再是经验主义中对客观世界的镜像反映，是参与者通过主观能动性获取的、积极构建的产物，并在日后的行动中指引人类。即，人类在活动中认识、体会各种事物之间的联系，对已获知识进行验证、质疑、重组，形成新的认识和观点，且通过此法获得的知识与参与者个人有直接的关联，是亲历和体悟中生成的，是一种动态的过程。杜威动态的知识观强调，“用参与、对话、理解来消解客观真理，用不确定性、个体性、过程性、生成性取代确定性、社会性、结果性、接受性。”① 人类的行动统一了知识的对象和主体，具有鲜明的能动性和实践性。

4.1.2 知识学习到知识探究

知识学习和知识探究，是从教育过程中对立面——教师和学生中，以学生为出发点提出的概念，即学生学习知识和学生探究知识，与之对应的是

① 李祎．探究与生成：杜威知识学习观解析［J］．集美大学学报，2010（1）

“以教师为中心”的教学和“以学生为中心”的教学。

知识学习，是在“以教师为中心”的语境中传统的教学观下的学习方式，即老生常谈的“先生讲、学生听”或“满堂灌”，是一种单向的教学方式，学生处于被动地位。然而，教学过程是教与学两个方面共同存在、相互依存、互动发展的过程，是教与学的统一，不可分割的主题。传统“以教师为中心”的教学，是以教师为主导的，忽视了教学中“学”的部分。为了改变这种状况，美国实用主义教育家杜威提出了“求知即行动”的观点，美国认知心理学家布鲁纳提出了“发现性学习”的观点，他们都强调由学生去发现和体验，这与后期席卷全球的“以学生为中心”的教育教学改革不谋而合。

知识探究，是指学生在教师的指导下，为获得知识、探究技能、学习态度等以类似科学探究的方式所开展的学习活动，是从学生的角度对知识学习进行升华与改革，即探究式学习。在知识探究的过程中，学生是探究活动的主体，但并不是完全处于接受式学习的对立面，依旧需要在教师的指导下明确学习的目标，独立思考，自己做出选择，与教师、同学之间开展合作，逐步掌握知识、了解知识、运用知识并最终达到解决问题的目标。

知识探究着力构建学生自发地学习知识、自主地探究知识的环境和体系。加大改革人才培养模式、课程体系、教学方法、考核评价体系的力度，激发学生主动参与教学过程的热情，培养创新思维和意识，引导学生学会自主构建知识体系。在知识探究过程中，充分利用现代信息技术，发挥第一课堂、第二课堂（校内活动）、第三课堂（校外活动）、第四课堂（利用网络开展活动）联动作用。充分利用学科竞赛、社会实践活动、学生社团活动等形式，将课堂学习与课外实践结合起来，使学生主动进行探究学习。实践证明，学生只有通过动手实践、自主探索得到的知识才会更深刻，掌握才会更牢固。让学生参与到知识的探索过程中，学生才能在获得知识的同时，逐步获得探索与创造的感性经验，理解和掌握科学的方式方法，最终树立起创新意识，形成较强的实际问题解决能力。

开展知识探究教学改革，不是对传统知识学习的否定与摒弃，恰恰相反是对传统知识学习的传承，是取其精华去其糟粕的做法，两者统一于人才培养的总目标下。安徽财经大学提出对学生的培养从以知识学习、知识传授为主转向知识探究，引导学生主动、积极投入知识的积累、探索和研究。“知识探究”作为“四位一体”人才培养的重要一环发挥着重要的作用。“四位一体”育人体系的建设，贯彻“商界精英”“社会骨干”的人才培育理念，构建“全员育人、全过程育人、全方位育人、全社会育人”的教育大格局，知识学习和知识探究是系统化、规范化、科学化人才培养工作的基础，促进学生能力、素质、人格的协调发展。安徽财经大学注重学生将知识外化为能力的培养，即接受知识并把知识转化为能力，根据财经类高校人才培养的特色结合用人单位的需求对学生的能力要求进行研究，提出需要培养学生的表达能力（书面、口头、仪态仪表展示能力等）、解决实际问题能力、创新能力和社会担当能力。

4.1.3　知识探究的重要性

高等教育作为人才培养的重要组成部分，对于学生的发展、成长、成才发挥着重要作用，具体表现在：

1. 对人类探究本能的维护与挽救

知识探究并非高深复杂的教学活动，人在进入系统教育之前就有对世间万物一探究竟的好奇心，不应因进入学校后而割断。在人类历史的长河中，有着太多的例证，昆虫的集体迁徙行为判断天气的变化，北斗七星的指向标明季节的变化，“朝下不出门，晚霞行千里”的出门古谚等，都是人类对诸如天体运动、季节变迁、物体运动、生物特性等问题进行探究，日积月累出的人类知识的丰硕成果。人类借此积淀了庞大的知识体系，更是对探究本身形成了日益深入的认识。在入学前，幼童是天生的探究着，他们用自己的双眼去观察、自己的双手去感知、自己的双腿去攀爬，不断加深他们对生活世界的认识。对此，我们常常忽略，主要是因为幼童的探知经常性地被成人的行为介入打断、改变乃至压抑。教育不应该泯灭探究，应该是维护他，让学生有探知的技巧、探知的知识、探知的能力等，更好地认识科学、认识社会，为人类发展贡献一分力量，并因此带来乐趣和满足感。激发学生的好奇心，培养学生的兴趣爱好，营造独立思考、自由探索、勇于创新的良好环境。

2. 有助于学生思维能力的发展

著名的发展心理学家让·皮亚杰（Jean Piaget）认为，青年期形式运算思维会达到个体思维发展的最高水平。在进入大学后，学生逐步走入各类知识的专业领域，知识水平和程度以及他们掌握学科的基本结构和基本规律，决定着形成辩证逻辑思维基础的坚实程度。青年期初期的大学生，对学科的认识处于起步阶段，对自己专业保有好奇心，有着浓厚的探知欲，利用探知过程综合、整合运用已有知识和经验，学以致用，有利于青少年辩证逻辑思维发展、个体思维品质的独立和思维监控能力的发展。

3. 促使学生学会如何学习，有助于可持续发展和创新意识的培养

在系统知识的面前，知识探究很难由一人独立完成，在这个过程中需要老师的指导、同伴的帮助，这些合作与交流的实践和经验，可以帮助学生逐步熟识学科内的一定规则并培养讨论的艺术：解释自己的想法、聆听他人的意见，自我审视彼此的观点、获得恰当的认识等。看似简单的探究过程，加深了学生们的合作意识，学会恰当的交流、倾听、批判与反思，为将来步入经济社会面对书本上没有的问题时得以妥善看清问题、分析问题、解决问题打下坚实的基础，助力学生走可持续发展学习的道路和创新意识的培养。

4. 有助于学生形成自我认同感

提出人格八阶段论①的著名发展心理学家爱利克·艾里克森（Erik

---

① 艾里克森提出人格的社会发展理论，把心理的发展划分成了八个阶段，认为每一个阶段都有特殊的矛盾，只有解决好这一矛盾才能更好地形成健康的人格。

H. Erikson）提出，青年期的重要发展任务是自我同一性的确立和防止社会角色的混乱。自我同一性是关于个体是谁、个体的价值和理想是什么的一种稳定的意识，每个人在青年期都在探索并尝试去建立稳定的自我同一感，即自我认同感。学生在进行知识探知的过程中，对学科专业有初步认识的基础上做出专业的恰当选择①，得以充分协调客体我和主体我之间的矛盾，最终想达到自我接纳和自我排斥的统一，形成自我同一感。

4.1.4 高校大学生知识探究的现状

人才培养工作素来是中共中央教育工作部署的重点内容之一，早在1997年召开的第三次全国教育会议上就明确提出“以提高民族素质和创新能力为重点，深化教育体制的结构改革，全面推进素质教育”的改革方向。1999年，中共中央、国务院发布《中共中央国务院关于深化教育改革全面推进素质教育的决定》，在部署智育工作时要求“转变教育观念，改革人才培养模式，积极实行启发式和讨论式教学，激发学生独立思考和创新意识”，从探究式教学的内涵做出改革要求，拉开高等教育改革的序幕。

随着高等教育大众化进程的推进，对高素质创新人才的需求增大，中共中央对人才培养工作的改革思路愈加清晰。《国家中长期教育改革和发展规划纲要（2010～2020年）》在人才培养体制改革工作中，在创新人才培养模式方面明确提出“注重学思结合。倡导启发式、探究式、讨论式、参与式教学，帮助学生学会学习。”教育部为深入贯彻落实时任中共中央总书记胡锦涛同志在庆祝清华大学建校100周年大会上的重要讲话精神和《国家中长期教育改革和发展规划纲要（2010～2020年）》，2012年发布了《教育部关于全面提高高等教育质量的若干意见》，从高等教育视角给予探究式教学的改革方向以认可。教育部2014年以《教育部关于全面深化课程改革落实立德

---

① 安徽财经大学实施按照专业类招生、中期分流的招生培养模式，制定有让学生在大学初期学习阶段有机会根据自己的认知、学习潜能和专长，重新选择专业的规章制度。

树人根本任务的意见》为抓手，对新时期课程改革在落实党的十八大和十八届三中全会提出立德树人要求做出安排，“人才培养模式改革不断深化，自主、合作、探究的学习方式与启发、讨论、参与的教学方式不断推广，育人的针对性、实效性进一步增强。”

中共中央的一系列文件从国家教育的整体大局出发，在创新人才培养模式方面，从智育能力的提升、课程改革、德育等方面做出探究式教育教学改革的内涵式部署。2016年，是我国国民经济和社会发展第十三个五年规划的开局年，《国家教育事业发展“十三五”规划》在“改进高校人才培养质量评价”方面，从探究式教学实质内涵、过程性等方面提出“坚持高校学生学习过程性和结果性评价相结合，严格课程考核标准和管理，探索基于真实任务的评价方法，注重考核学生运用知识系统分析问题和解决问题的能力”，对上述一系列人才培养改革措施提出验收新要求。可见，探究式教学宏观局面已经全面展开。

4.2 高校大学生知识探究面临的问题

4.2.1 高校教育教学体制方面的桎梏

（1）高校教师职称晋升机制不利于教师开展探究式教学改革。从知识探究的内涵不难看出，知识探究性教学一般包括创设情境、启发思考、自主（合作）探究、协作交流、总结反思等环节，教师在组织这样的教学过程时需投入的时间与精力远远超过站在教室讲台上组织一场普通教学的投入量。在目前以“科研定胜败”教师职称晋升体制下，教师面临科研方面的巨大压力，自然在教学方面投入不够，加之在改革初期各种精力投入量远超过熟识情况下的一般标准，更是对教师提出了更高的标准。

（2）高校教师薪酬制度令教师改革付出得不到对等回报。高校教师薪酬多以职称级别对应不同课时费标准来计算。但是在探究式教学改革时，会出现一门课由多个教师同时上课的情况，如安徽财经大学、南开大学等学校试点开展的“大班授课、小班讨论”的教改项目，现有的薪酬制度令此类课程类改革的劳动成果难以得到对等的回报，不利于改革的推进，亟须在调研基础上跟进制度改革。

（3）知识探究式教学改革支持力度不够。自启动本科教学质量与教学改革工程项目申报以来，对于以课程改革为主的知识探究式教学改革项目扶持力度不大。一是因为课程类改革项目较少，以 2016 年某省公布的高等学校省级质量工程项目名单来计算，课程建设类项目总立项数为 536 项占总数的 16.53%，在立项名单中以探究式教学（知识探究等）为关键词进行搜索仅有一项符合条件。二是因为教师积极性不高，具体原因与上述两点雷同，不再赘述。

（4）教育教学质量评价制度未跟进优化。传统的教师评价主要采取量化考核的方式进行，如每学期末的学生评教、年底的教学年度考核等，以数据的形式对教师的教学工作情况进行反馈，在一定层面上对学校管理、教师发展起到了积极的作用，但是数据无法表达教师的教学风格、衡量不出教师在教学改革过程付出的努力、创新能力等。伴随着知识探究式教学方法的实施，高校教学质量的评价标准应随之调整、发生新的变化，建立符合其教学原理、理念的教学评估运行机制，或者建立能涵盖探究式教学改革理念的过渡性机制，有助于进一步推进教学质量提高。

4.2.2 高校教师综合素质不足

知识探究教学改革从微观上说是一种课程教学改革，从整体看又是人才培养改革中的重要一环，教师在改革中处于起承转合的地位。具体表现在以下方面：

（1）教师必须完成教育教学观念的转变。探究式教学与传统的、陈旧落后的驾驭观念相对立，作为高校教师从本职工作职责出发，本着对教育事业、学生负责的态度，必须深刻理解探究式教学的意义，转变自身教育教学理念。

（2）教师必须实现角色的转变。传统“以教师为中心”的教学过程中，教师处于绝对的控制地位，但是在探究式教学过程中发生着悄然地变化：教师是学习资源的提供者、是学生学习的帮助者和促进者、是学生学习兴趣的激发者、是引导式的教学者和学生心目中的榜样；[①] 多重角色的转变与适应对教师的教育教学水平提出更高的要求与挑战。

（3）教师须注重教学方式与教学理念的变革。在实施探究式教学的过程中，学生愿意去开发自己的潜能，但需要一名能去激励他们、引导他们、具有发掘他们潜能的教师。这对教师的专业水平之外的综合能力提出新的要求。

（4）教师要实现由经验型到研究型的转变，要不断提高自己教育教学方面的科研能力。知识探究的开放性、研究型的特点，单靠教师积累的传统经验很难有效地实施探究式教学。为此，教师首先必须是一名学习能力较强的学生，不断提高自身综合素质。[②]

4.2.3 高校大学生尚未转变学习方式与方法

自21世纪初施行素质教育新课程改革以来，学生在基础教育阶段的综合素质与能力有了明显的提升，但是在面对高考压力时，一切的素质教育又再度转变为应试教育，高强度的学习令教师、学生无暇顾及学习方式、学习技巧、知识结构等方面，全社会更多关注于产生应试教育效果固化的结果。学生由高中基础教育阶段走入大学高等教育阶段，不仅是上学的物理空间的变化，更多的是在学习方式、学习技巧、学科类型、知识结构等方面的改变。以知识探究学习方式为例，高校大学生初识“知识探究”时定会遇到问题与阻挠，具体表现在：

---

① 李水金，侯静．大学本科实施探究式教学的实证研究——以首都师范大学“探究式学习研讨班”为个案［J］．教育与教学研究，2011（1）

② 刘智运．论高校研究性教学与研究性学习的关系［J］．中国大学教育，2006（2）

（1）高校大学生学习方式亟待转变。在高中阶段，高中老师进行“填鸭式教学”，青春期的学生在这种教学模式下存在一定的抵触情绪，学习存在被动性。进入大学后，失去高考目标的指引，没有及时确定清晰的目标，习惯于被动式学习，学生学习习惯较难转变。学习的主动性，恰是知识探究成功与否的重要因素之一，大学教师、辅导员、教学管理人员都有责任与义务帮助、引导学生形成恰当的学习方式。

（2）高校大学生学习技巧有待提升。知识探究对学生的学习技巧有着比较高的要求，不仅需要传统的温故知新和预习书本知识，更需要学生在面对陌生知识领域的主动探究，包括对课程内容的宏观把握、教师引导下的问题探索、利用“互联网”等现代媒体技术获取信息、团队合作等方面。初入高校的学生在多样性的学习技巧方面是欠缺的，不利于学生适应知识探究的学习。

（3）高校大学生知识结构面临调整。大学属于高等教育，学生在此之间接受的属于基础教育，是一种通识教育，以前所学的知识相较高等教育而言更似工具。从知识结构的层面看知识探究，学生不仅是学习一种知识，而是学习多种学科关联交错的知识。因此，学生必须耐心梳理自己所学，构建自己的知识体系、知识结构。

（4）高校大学生人际交往、团队合作意识有待提升。在问题为导向的知识探究教学面前，学生一己之力无法达到绝大多数学习环节的标准，知识探究对学生的人际交往、沟通、团队合作等能力提出更高的要求。

4.3 安徽财经大学大学生知识探究的做法

安徽财经大学作为一所安徽省重点建设的地方特色高水平教学研究型大学，始终坚持培养高层次应用型人才，围绕高等学校人才培养的根本任务，进行了一系列的创新工作，围绕“以学生为中心”教育理念在探索教师知识探究教学和学生知识探究学习方面进行大胆的尝试与改革。经过多年的探索和实践，初步形成了较为系统、完整的“以学生为中心”的“知识探究、能力提升、素质培养、人格养成”的育人体系。这一体系在一定程度上对培养谁、培养成什么样的人、如何培养人、为谁培养人以及培养效果如何等五个核心问题进行了实践和探索，试图回答这些人才培养的根本问题。这一体系充分践行了“以学生为中心”的理念和主线，从人才的社会需求和学生的个性成长出发，以办学理念和教育教学思想为指导，确定合适的育人目标，融合学术事务和学生事务，整合校内外资源和力量，着力加强学生的知识探究、能力提升、素质培养、人格养成，为社会培养完整的人、全面发展的人。

4.3.1 合理定位“知识探究”在人才培养中的作用

知识作为人类认识世界和改造世界的理论成果，在能力、素质和人格的形成和发展中处于基础性地位。知识是能力提升、素质培养、人格养成的基础，知识必须经过实践活动才能转化为能力和素质，凡是不以知识为基础的能力只能是本能或低级的能力，在掌握一定知识的基础上经过实践锻炼才能形成能力。

知识在形成人的综合素质方面有着不可替代的基础性作用，掌握大量先进知识往往可以使素质提高得更快。知识对人格养成具有重要的支撑作用，缺乏知识的人其人格养成就难以达到完善和健全。着力构建学生自发地学习知识、自主地探究知识的环境和体系。加大改革人才培养模式、课程体系、教学方法、考核评价体系的力度，激发学生主动参与教学过程的热情，培养创新思维和意识，引导学生学会自主构建知识体系。在知识探究过程中，充分利用现代信息技术，发挥第一课堂、第二课堂（校内活动）、第三课堂（校外活动）、第四课堂（利用网络开展活动）联动作用。充分利用学科竞赛、社会实践活动、学生社团活动等形式，将课堂学习与课外实践结合起来，使学生主动进行探究学习。实践证明，学生只有通过动手实践、自主探索得到的知识才会更深刻，掌握才会更牢固。让学生经历知识的探索过程，学生才能在获得知识的同时，逐步获得探索与创造的感性经验，理解和掌握科学的思想方法，从而逐步培养创新意识，形成初步的探索和解决问题的能力。

4.3.2 梳理“知识探究”内涵形成七大平台课程体系

安徽财经大学在长期的探索实践中，突破传统知识内涵的外延，对学生学习的知识范畴不再单纯的局限在传统的书本知识这一传统领域，而是从人才培养“四位一体”的视角去逐步形成拓宽知识的领域。2011 年，安徽财经大学首次在人才培养课程体系中加入《大学生心理健康教育》和《大学生安全知识》两门课，尝试拓展知识的外延。2013 年，安徽财经大学对人才培养方案进行了一次大规模的调整，将原先的公共基础课模块、专业必修课模块、专业限选课模块、公共限选课模块和公共任选课模块的人才培养方案调整为全面凸显“宽口径、厚基础、强能力、多样化发展”要求的通识教育平台、特色平台、基础课平台、专业课平台、创新创业平台、实践育人平台和个性化学习平台等七大教学平台，将知识的种类由原先的书本知识进行扩大化处理，囊括大学生社会实践活动、学科和科技竞赛、参加技能培训、参加教师科学研究项目、劳动锻炼、科技发明与制作、独立申报科学研究项目、大学生社团活动、大学生志愿者活动、设计性研究性试验项目和各种专业、技能等级（水平）证书等。

在拓宽知识外延的基础上，安徽财经大学逐步拓展学生对知识“探究”的途径与手段，形成包含传统课堂教学、网络新媒体教学平台、本科生导师制、学科竞赛、三下乡等全过程、全领域、全方位的探究方式方法。2015 年，出台《安徽财经大学学生社会责任教育与社会实践活动学分认证暂行办法》，对学生主动出击进行知识探究的行为与活动给予学分认可，激励广大学生开展知识探究活动。2016 年，修订完善的《安徽财经大学普通本科学生课外教学学分制实施方案》明确了每一位本科生必须修满 3 个志愿服务学分、2 个社会实践服务学分和 5 个课外教学素质拓展学分，共计 10 个课外教学学分，明确学生在向书本学知识之外要向社会探索知识、要向大众学习知识，完成“知识学习”到“知识探究”的过渡。

4.3.3 改革人才培养模式推进知识探究

为了提高学生的学习兴趣，提升人才培养质量，扩大学生的专业选择权，2015 年安徽财经大学在招生和培养制度上进行重大改革。招生按照学校专业类实行大类招生，分别在一年级和二年级进行学科分流和专业分流。2015 年的招生，安徽财经大学按照经济学类、金融工程类、财政学类、经济与贸易类、工商管理类、金融学类、管理科学与工程类、公共管理类、会计学类、新闻传播学类、法学类、统计学类、应用数学类、计算机类、设计学类、美术学类进行招生的优化，同时为了体现专业特色，安徽财经大学将会计学、会计学（注册会计师专门化）、金融学、金融学（国际金融）、商务英语、日语等 6 个专业按专业招生。

学生在进入大学前对各个专业具有模糊的认识，但不了解每个专业的社会需求情况。在“大类招生、中期分流”的模式下，学生可以暂时不考虑这方面的问题，减少困惑。在进行相应的通识教育、公共基础教育后对每个专业的社会需求有了相应的了解，再选择具体的专业学习，使学生的专业选择更加适合社会需求。社会需求量大的专业，就业前景较好，自然能够得到学生的认可。在进入高年级时，由于有了对就业方向有了较清晰的认识，明确今后学习和努力的重点方向，使专业选择和社会需求结合起来，激发自己的学习兴趣，增加了学习的积极性和主动性，在一定程度上也减少了专业与社会需求脱节的问题，有利于学生就业水平的提高，增加学生对专业的认同感。以此为基础，学生对自己的专业舒适度、职业发展情况等有了较好的认识，为知识探究教学打下坚实的基础。

4.3.4 优化人才培养方案做实知识探究

安徽财经大学在人才培养过程中贯彻“三分”理念：分类培养、分层教学和分流发展。根据学生禀赋、兴趣和爱好，给学生提供多样化选择的机会，落实“强化基础、拓宽口径、彰显特色、因材施教”的培养方针。将人才培养方案制定、修订工作与社会人才需求调查、毕业生就业质量调查、学校教育教学改革等工作有机结合。通过组织用人单位、学生家长、学生及学校教学工作委员会、学院教授委员会等主体全面参与，每四年全面修订和每两年部分调整相结合，系统构建、有序运行人才培养方案的制订机制，2009年人才培养方案全面修订，突出创新人才培养模式，强调对学生学业的指导，建立本科生导师制；2011年人才培养部分调整，探索构建学生合理的知识结构，拓展素质教育，强化学生创新精神和实践能力，注重学生个性发展；2013年人才培养方案全面修订，全面凸显经济、管理、法学三大学科专业优势和特色，构建“知识探究、能力提升、素质培养、人格养成”育人体系；2015年根据大类招生的需要，人才培养方案部分调整，一二年级按大类打通培养，进一步落实“四位一体”育人体系。

高层次应用型人才培养过程中，突出课程体系设置的“应用性”和“创新性”。注意处理理论课程和实践环节与应用型创新人才所需的知识、能力、素质与人格要求之间的对应关系，要求每门课程都要承载知识增长、能力提升、素质增强、人格健全的具体任务。按照“夯实基础、强化能力、提高素质、发展个性”原则构建课程体系、安排教学内容，优化设置人才培养方案。依据学校自身优势与特色，开设富有地方特色及学校优势的课程。实施“平台+模块”课程结构体系，淡化专业（方向），加强学科基础课程平台和专业基础课程平台。柔性设置多个不同专业方向课程，加大选修课程学分比例。把培养学生的探索精神、综合能力、创新意识和创新能力作为教学的主旨，大力倡导探讨式、启发式、参与式、互动式、案例式教学。

4.3.5 加大扶持教学改革激励知识探究

教学方式与方法改革，突出强调“以学生为本”，始终把培养学生的探索精神、综合能力、创新意识和创新能力作为教学的主旨，根据学生特质设计教学目标及教学模式，大力倡导探讨式、启发式、参与式、互动式、案例式教学，合理开展研究性教学，真正将学生的主体性与教师的主导性结合起来，激发和增强学生的自主意识、创新精神。为了更加有效全面提升广大教师教学能力和水平，切实推进教学方式方法改革，坚持开展主题性教学竞赛，如青年教师教学基本功竞赛、翻转课堂教学竞赛、示范课程主页设计大赛等；学院层面年度专题研讨，如经济学院的年度“专业建设与教学改革研讨会”、金融学院的“应用创新型人才培养中教学方法问题”等专题研讨会，以及政策激励导向的评优评先，如“我最喜爱的老师”评选等；成立了“教师教学能力发展中心”，邀请国内教学名师进行主干课程培训、组织教师结合本科教学工程项目开展专题研究，注重提升教师的实践能力。制定实施《安徽财经大学中青年教师参加社会实践实施办法》等管理制度，要求广大教师努力做到科学研究促进和服务教学——科研成果融于教学内容，科研方法贯穿教学过程；社会服务引导和支持教学——鼓励和支持教师积极通过编写系列研究报告等形式开展社会服务，并在社会服务过程中改变对于知识、能力、素质和人格的理解和认识，进而优化和改进教学方式与方法。重点加强实验课程的设置，构建涵盖“实验、实训、实习”三个环节，公共基础课实验（实训）、学科基础课实验（实训）、专业课实验（实训）、专业拓展课实验（实训）四个模块，课程单项性实验、课程综合性实验、专业综合性实验、跨专业综合性实验和创新创业实践五个层面，面向全校所有学生开放，与理论教学紧密衔接的实践育人体系。通过突出加强实践教学环节，各专业结合自身性质与特点将这一实践教学体系全流程、嵌入式融于人才培养全过程，为学生实践应用能力、创新精神与意识的培养和提高提供宽阔平台。

传统的以闭卷笔试为主的考核方式已难以适应新形势下对高层次应用性

人才培养的需要。丰富考试形式，将课程考核贯穿到课程教学全过程，在考核学生对基础知识、基本理论和基本技能掌握情况基础上，突出对学生分析问题和解决问题能力、动手能力的考察，重视学生实践能力、创新意识和学习能力的培养，促进学生全面发展。课程考核方式向多样化转变、考核内容向注重综合能力考核转变、成绩评定向综合性转变，推行多种形式、多个阶段的考核制度改革。实现考试改革倒逼教学内容和方法手段的改革。课程考核改革要着眼于科学全面地评价学生的综合素质，强化知识应用能力和创新能力的考核，坚持能机考不纸考、能开卷不闭卷、注重平时考核，把注重考核学生实际能力、全面考核、过程考核等理念贯彻到课程考核改革中，将教学过程考核与期末考核有机结合，将考分分解到课程教学的整个过程，重视学生个性化的发展和创造力的培养，使课程考核真正起到检验学生学习效果的作用，用考试改革的方式反推学生知识探究的能力和能力提升的效果。

4.3.6 以创新创业项目建设和学科竞赛促进学生自主探究

为落实立德树人根本任务，推动大众创业、万众创新，学校积极营造创新、创业、创意、创造的氛围，以“四创”促进学生全面发展，着力构建创新创业教学、竞赛、培训、实践、研究和保障“六位一体”创新创业教育体系，增强学生的创新精神、创业意识和创新创业能力。

安徽财经大学2013年首创的创新创业平台课程，与现如今提倡的“万众创新、大众创业”不谋而合。学校设立并加强大学生创业孵化基地，自2013年创立至今，已先后入驻75家项目组，有将近370余名大学生开始自主创业，鼓励孵化项目积极参加各项创新创业类比赛，获国家级奖项17个，省级奖项24个。目前在孵项目46个，平均月营业额达5000余元，培养学生实践动手探究解决问题的能力。积极组织学生申报国家级、省级大学生创新创业训练计划项目，2016年完成国家级项目结项265项、省级项目结项351项，组织2016年创新创业训练计划项目的申报，成功申报国家级项目462项，省级项目307项，立项数在全国地方高校中位列第一，在全国高校中位列第二，连续四年在全省高校排名第一，在第九届全国大学生创新创业年会中，安徽财经大学 2015 年大学生创新创业训练计划项目中有两项成果最终入选，参加全国交流。同时，学校科研处设立大学生科研基金项目，在实践类探索之余鼓励学生积极开展科研活动，进一步加强大学生自主探究知识领域的宽度、广度和高度，借此检验学生知识探究、能力提升、素质培养、人格养成四个方面的效果。

4.4 高校大学生知识探究的经验与启示

4.4.1 激励教师开展知识探究等教学方式方法的改革

随着《安徽财经大学关于推进“四位一体”育人体系建设的实施意见》的实施，安徽财经大学在指导思想、实施原则、总体目标、建设内容和具体措施等方面提出落实“知识探究、能力提升、素质培养、人格养成”四位一体育人体系的实施意见。该实施意见是校级层面提出的宏观战略性指导意见，是学校在人才培养改革探索迈出的坚实步伐，但是却存在具体措施过于空泛等其他实施意见均具有的问题，这需要学校牵头统筹各教育教学管理部门齐心合力，协抓共管制定与之相匹配的具体制度措施，确保教师开展探究式教学等其他尝试时与学校整体战略布局保持一致性、措施具有针对性、实效具有推广性等，确保在学分制管理体制下学生在参与知识探究学习等其他教学改革性活动时能取得学校的学分认可、丰富自己知识库与探究能力的同时保障顺利毕业。

4.4.2 提升教师教育教学研究与实践运用的能力

随着我国高等教育的发展迈入新阶段，以往的师资培训机制已较难适应教师职业发展的要求。教师发展从学历补偿到质量提升乃至教师专业化的发展转向是国家对教师发展质量内涵认识的应有转变，提升教师教学能力、教学学术研究水平及其成果应用转化的能力就显得愈加重要。① 根据《国家中长期教育改革和发展规划纲要（2010—2020年）》提出的“提高教育质量、建设高等教育强国”的战略主题安排，《教育部财政部关于“十二五”期间实施“高等学校本科教学质量与教学改革工程”的意见》中提出“引导高等学校建立适合本校特色的教师教学发展中心”，各高校应成立专门的“教师能力发展中心”，应对教师对自身能力发展提升的要求与诉求，在借鉴外国经验的同时，应立足国情、省情、校情，对其功能和性质恰当定位，处理好与以往分散培训职能部门之间的关系，建立良好稳定的运行机制。

4.4.3　加大知识探究教研项目扶持力度

自实施本科教学质量与教学改革工程以来，现已形成了国家级、省级、校级三级质量工程体系、十多类项目的格局。在校级项目层面，学校应从本科教学质量与教学改革工程的总盘子划拨一定用于专项资助类似知识探究性质的教学改革理论、实践研究，如教师在翻转课堂教学竞赛中有良好表现的项目直接给予后续研究资助。在省级项目层面，应积极与省教育主管部门接洽，对在校级项目中取得一定研究成果的项目给予自设项目的立项，或推荐优秀成果申报教学成果奖。在相关制度未晚上前，通过本科教学质量与教学改革工程鼓励教师积极投入教学研究与改革实践。

4.4.4　构建基于互联网的自主探究式学习

网络教学平台作为正常教学的重要辅助工具之一，逐渐得到广大教师的接受与认可，但是作为一种新兴的教辅工具，却未能发挥应有的作用，功能效度未充分展现。安徽财经大学网络教学平台（AUFE e-learning）自推行以

① 李小娃．高校教师发展中心建设的制度逻辑与理论内涵［J］．中国高教研究，2013（12）

来，通过校级示范课程项目建设、课程主页设计教学竞赛等措施已获得较好的推广，但是在运用该平台进行实地教学时依然存在接受度不高、教学融入度不够的现象。网络教学平台为开展自主知识探究式学习提供了有利的条件，教师须提升自身对新兴教学工具的使用能力，构建基于互联网的自主探究式教学。

4.4.5 促进学生主动进行知识探究学习

打造四大课堂，以第一课堂、第二课堂为基础，发挥第三课堂、第四课堂作用。通过第一课堂，夯实基础知识，掌握专业知识，了解理论前沿，形成较为系统的理论体系和操作技能。将学生的素质教育活动纳入培养方案中，在培养方案中增设了创新创业平台，在通识课程平台中增加了素质教育课程。通过第二课堂，激发学生专业兴趣和学习热情，丰富校园文化，普及专业知识，强化团队协作意识，培养学生勤于钻研、乐于思考、勇于开拓、善于创新的精神。广泛开展了以社会调查、志愿服务、公益活动、企事业单位实习实践等活动为主的第三课堂。优化知识结构，强化能力培养，提高创新精神和实践能力，学会做人做事，促进学生主动适应社会，开创美好未来。建立了以慕课、视频公开课、手机报、虚拟第三学期为主的第四课堂。充分发挥校园网络平台作用，利用网络、手机等新媒体，主动掌握学生思想动态，占领网络舆论宣传主阵地，引导学生成长成才。

5

“四位一体”育人体系的探索：能力提升

5.1 能力提升概述

5.1.1 能力提升的内涵

1. 能力的含义

能力，是完成一项目标或者任务所体现出来的素质。人们在完成活动中表现出来的能力有所不同，是指顺利完成某一活动所必需的主观条件。能力是直接影响活动效率，并使活动顺利完成的个性心理特征。能力不是知识和技能，但和知识、技能有着密不可分的联系，能力总是和人完成一定的实践相联系在一起的。离开了具体实践既不能表现人的能力，也不能发展人的能力。能力的分类一是能力、才能和天才；二是一般能力和特殊能力；三是认知能力、操作能力和社会交往能力；四是模仿能力、再造能力和创造能力。是个体达成一个目的所具备的条件和水平。

2. 能力提升的内涵

“能力提升”是“知识探究、能力提升、素质培养、人格养成”四位一体育人体系的外在表现，其终极目标是培养学生追求幸福的能力，根据社会和用人单位对财经类高校毕业生的能力需求，主要归纳为四种能力：表达能力（书面、口头、仪表等）、解决实际问题能力、创新能力和社会担当能力。这四种能力是以学习能力、实践能力、社会适应能力、交流能力、思维能力、推理能力等为支撑的。表达能力（书面、口头、仪表等）是指运用语言阐明自己的观点、意见或抒发感情的能力，主要包括口头表达能力和书面表达能力。解决实际问题能力是把所学的理论知识运用于工作实际中，善于发现和解决实际问题，这既是实际工作对我们的要求，也是学生本人顺利成长的基本条件。创新能力是指人们产生新认识、新思想和创造新事物的能力。它涉及一个人的认知能力、观察能力、判断分析能力、记忆能力、想象能力、实践动手能力等在内的多方面能力，是一个人综合素质的客观表现。社会担当能力是一种追求，一种精神，一种境界。它要求一个人首先敢于担当，善于担当，还要有担当的能力，是一个人的责任和行动力量。

5.1.2 高校人才培养中重视能力提升的重要性

高校人才培养越来越强调“以学生为中心”，从能力提升来看，重点是关注培养学生的学习、适应、创新创业等的能力，这些能力的提升在人才培养中有着不可或缺的作用。

（1）学生全面发展的需要。近年来，在科技迅速发展、信息资源共享的时代背景下，高校大学生呈现出了愈加明显的能力层次差距大、各种能力发展不均衡的问题，甚至导致了部分高校大学生的心理障碍、就业困难等现实问题。每个大学生都承载着一个家庭的期望，每个受过高等教育的大学生都需要实现自己更高的人生价值与理想。而在高校中综合能力提升的程度会直接影响到大学毕业生的人生观念、处世为人态度、就业及工作的层次、社会对他的认可度甚至个人终身的发展方向。

（2）高校教育教学改革的需要。大学生的培养质量一直是高校人才培养的核心内容，大学生能力提升更应被视为“高等学校的生命线”。在当前高校改革的时代背景下，高校亟待树立以国家和社会需求为导向，以追求更快更好的特色发展为前提，以提高大学生能力为本位的新教育理念，充分利用校内外教育教学资源，在育人管理与教学中强调能力提升的重要性。也只有培养出符合时代需要的合格的大学生、职场人、建设者，高校才能迈出实质性发展和改革的步伐，同时提升自身的竞争力和影响力。

（3）实施科教兴国的需要。当代国际竞争的实质是以经济和科技实力为基础的综合国力的竞争，而无论是经济还是科技实力说到底都是人才之争，人才资源是第一资源，世界性的人才争夺达到了白热化的程度。一个国家如何应对与参加这场国际竞争，在相当程度上决定着国家的命运与前途，在这样的以综合性人才竞争为导向的时代发展特征下，社会经济科技现代化发展的外部环境决定了高校大学生的能力提升刻不容缓。

5.1.3　高校能力提升的现状

高等教育每年培养数以万计的各专业、层次人才，有力地支撑了国家经济、政治、社会、文化、科技等方面的发展，在人才竞争的时代，国内一流高校都在高校大学生能力提升方面的内涵拓展及举措实践方面不停地进行探索、改革，以提升高等教育人才培养的质量。

1. 北京大学以创新创业能力提升为主的大学生能力提升

在当前“大众创业、万众创新”的时代背景下，北京大学注重对大学生学习能力、创新创业能力的培养与提升。主要做法有：

健全创新教育的课程体系，在学校开设全校公选课，如“创业基础”“模拟创业”，在一些学院完善创新创业双学位及专业课程；大力改进课堂、课下教学方法。广泛开展讨论式、问题启发式、师生共同参与式教学，将专业和所授课程的国际前沿学术理论、专业发展方向、实践实验成果在课堂中呈现。北京大学在开设创新创业的同时，为了提升大学生的社会责任感，将学生的社会能力与创新能力相结合，还推出公益创业教育。开设了“创业大讲堂”在线课程，率先启动中国高校慕课平台，建设“创业慕课”平台，服务全国有创业梦想、渴望提升创业知识与实践能力的青年；夯实科研支撑基础。以“国家级创新创业训练计划”为契机，帮助学生的创业项目与高校的教师科研项目与成果对接结合，提供技术与资金支持。

在创新创业理论能力提升的同时，帮助提升大学生创新创业实践能力。成立大学生创客空间、创业咖啡角、创业模拟沙盘等，通过虚拟经营企业，熟悉创业流程，提高创业实践能力；同时通过举办一系列的国际、国家级别的创业、创新竞赛，为有创新创业梦想的学生搭建实战平台，帮助学生增强创新意识、提升创业能力，同时推进北大创业训练营、孵化基地的建设，积极通过校友资源与多家知名企业建立创新创业实践基地，完善创新创业扶持机构的设施功能，帮助优秀的大学生创业者和学生创新创业项目成长壮大。为了帮助高校创业学生提升合作、协作能力，建立“北大清华 TMT 校友创投联盟”“中关村数字健康产业联盟”等资源共享专区，锻造了学生们开放性的心态与开拓性的思维，同时注重提升学生的国际化水平与能力，积极与美国常春藤盟校联合开展创业实践活动。

建立了坚实的创业保障体系。北京大学设立了专项的创新创业工作经费，努力加强与政府、企业、高校及国际组织的合作交流，很好地实现了高校资源与政府、企业经济发展的多边互助与协同创新；在学分管理制度上，及时调整更新，如：探索创新创业学分积累与转换制度，为给创业学生提供更好的环境与平台，放宽学生修业年限，允许调整学业进程；为了更好地激励大学生提升创新创业热情，设立了创新创业奖励基金和奖学金。

2. 清华大学的大学生综合能力提升

为了大学生综合知识、自我管理、自我学习、解决问题、社会责任感等能力的提升，清华大学每周都会举办多场讲座论坛活动，内容涉及政治、经济、文化、艺术、体育等各个领域，如比较有影响力的讲座品牌包括时事大讲堂、时代论坛、巅峰对话、西阶论坛等，极大丰富了同学们的课余生活；举办一系列专家主题论坛，与大师直接对话，启迪清华学子的科学精神和创新思维。

清华大学一直注重在学生培养中的主题教育活动，如“从我做起，从现在做起”“我的事业在中国”“我伴祖国共辉煌”等主题教育口号曾引领着无数清华学子投身祖国建设，在更广阔的舞台上书写自己的人生价值。目前，结合中华民族伟大复兴中国梦和清华大学新百年建设中国特色世界一流大学的新征程，清华大学开展了以“行健新百年，共筑中国梦”为主题的教育活动。同学们围绕自己的成长发展需求，结合时事热点和专业背景，探讨改革背景下的发展机遇、依法治国中的青年责任以及如何以社会主义核心价值观为指导传播正能量、树立新风气。培养提升大学生深厚的家国情怀和强烈的社会责任感。

科技创新教育是清华大学育人工作的重要一环。多年来，清华大学积极营造校园创新氛围，注重引导学生个性发展，充分发挥课外创新实践的优势，在培养“高素质、高层次、多样化、创新型”的拔尖创新人才方面形成了独具特色的工作体系，也是服务于学校培养“兴业英才”的重要平台。同时，清华大学对当前创业教育体系进行改革，积极探索工作的新思路和新方法，以创意激发、创新培养、实践训练、实战支持和因材施教五个阶段为主体，形成了独具特色的创新创业教育工作体系。

总之，各大高校如今都非常重视大学生能力提升工程，针对不同的能力内涵，目前主要集中于学习能力、创新创业能力、就业能力、社会责任能力、解决问题能力、合作协作能力、实践能力等方面，开展了有针对性的工作和提升举措，都取得了较好的成效。

5.2 高校大学生能力提升面临的问题

就目前而言，除了取得的成绩和令人欣慰的现状，作为高等教育的学生管理工作者，也应该直视高等教育培养的大学生们能力提升方面呈现和面临的很多问题，如高校人才培养能力与社会领域需求结合不够，学生自我的能力提升意识不足、学生综合能力参差不齐，能力提升方面缺乏健全的评价体系和保障政策，学生的能力提升国际化视野不足，高校针对学生能力提升的师资专向指导力量不足等问题。

5.2.1 高校人才培养模式的供给与社会需求结合不够紧密

主要体现在对人才知识结构与实践能力等方面综合能力的需求变化的敏感性不够，尚未形成对社会各行业、各领域对人才实际能力需求的更新机制。高校难以瞄准专业、行业实践对大学生能力的核心需求，进而出现能力提升的培养目标与社会实际需要的错位，导致难以培养出直接能被社会各行各业需求的具备良好职业素养与就业能力的优秀大学毕业生。

5.2.2 学生自我的能力提升意识不足

在很多学生能够积极参与学校举办的各种辅助能力提升活动的同时，也有部分学生表现出了冷眼漠然的态度，缺乏能力提升的意识。从社会政策角度分析，自1999年开始，高校扩招政策实施之后，高等教育（包括大学本科、研究生）不断扩大招生人数，导致高等教育质量下滑，大学生能力提升不足甚至出现了很多社会问题。从学生个人角度看，从小学到高考的传统应试教育方式，使得很多学生仅仅以分数唯是论、金榜题名为衡量自我能力的标准，加之很多初高中的老师灌输给学生大学里是自由的，没人再去管你看书不看书，课程很少，游戏时间很多的观念，使得很多学生到了大学，松懈不前，或者突然发现大学生活原来并不是之前自己理解或者老师引导的那样，就会产生一系列的负面情绪，如迷茫、挫败、失望等，这样是不利于大学生在大学期间完成能力提升的重要转型的。

5.2.3 学生综合能力参差不齐

这种参差不齐，一方面反映在学生整体层面上，有的学生在大学期间，积极努力地通过努力，参加学校的课程专业学习、社会实践活动、丰富多彩的社会活动、学科竞赛、学生团体工作等，提升了自己的核心能力，但是也有的学生，四年期间不仅没有提升能力，就综合能力提升方面而言，实在堪忧；另一方面，这种参差不齐体现在学生自身个体方面，我国高校学生学习能力较强，但是自我独立能力、创新创意能力、实践能力、团队协作能力等方面呈现出明显不足。这也与我们国内的家庭观念和传统教育观念有关，父母习惯为孩子倾其所有，孩子也“理所应当”的享受着父母给予的各种恩赐。当孩子进入大学，离开父母，独自面对所有的事情时，孩子的独立性、自我保护的能力将在新的环境下接受严峻的考验，呈现出明显不足。

5.2.4 能力提升方面缺乏健全的评价体系和保障政策

目前，在国外，对于大学生能力提升的具体要求、各项能力的指标量化、能力提升教育质量评估，以及针对大学毕业生质量的评估体系已经比较健全。而我国高等教育虽然在大学生能力提升方面已经开始重视并采取相应的举措，但还是呈现出一些对人才培养独特性的认识不够深刻，重知识、轻能力的传统教育思想的束缚，在高校学生的能力提升方面，没有形成专门的、系统的、健全的一套通用评价体系，也未建立起培养符合社会变革、行业转型实践需求的专业教育人才培养机制。国家、社会和高校本身也没有针对大学生能力提升出台专门的政策扶持和规章制度保障等条文，这就使得很多时候，当学生能力提升工作与传统的课程教学、教育观念发生冲突时，呈现出不够专业化的弊端，不便于寻求政策的扶持。因而大学生能力提升的教育评估体系及国家、学校的政策保障和支持对于大学生能力提升的发展而言是必要的，有着很好的监督和激励作用。

5.2.5 高校学生的能力提升教育国际化视野还相对缺乏

在经济全球化的推动下，我国高等教育对大学生能力提升的界定国际化要求还稍显不够。高等教育亟待加大改革力度，顺应时代发展和社会实际需求，加大高素质人才培养改革创新力度，尽快培养能够适应和支撑社会产业发展、拥有社会责任感和生态意识、具备国际竞争力、终身学习能力的综合能力强的高等人才。

5.2.6 缺乏优质的师资

要想提升大学生各方面的综合能力，教师必须先学一步，自身在教学方式方法、内容、能力方面综合提升，才能够在思想引导、教育实践中更好地指导和引领学生实现能力提升。但目前的情况是，我国高等教育的教师在这方面意识和能力均较为缺乏。

5.3 安徽财经大学大学生能力提升的做法

安徽财经大学作为安徽省内一本招生院校，在大学生能力提升方面通过积极探索和归纳，形成了符合校情、贴近学生特点的五个平台，即打造“思想引领平台”“组织建设平台”“实践教育平台”“科技创新平台”“素质拓展平台”。通过五个平台的建设促进学生综合能力提升。通过改革现行人才培养模式，培养应用型人才，注重四种能力的培养。改革现行课程体系，增加实践教学比重；改革传统教学模式，倡导使用参与式、讨论式、案例式、探究式等教学方法；改革现行考核评价机制，增加形成性考核比重，减少结果性考核比重。将课外实践学分、社会实践学分、社会责任学分与课程学分形成有机整体，纳入人才培养方案。探索使用实践学分替代课程学分。将能力提升与知识探究、素质培养、人格养成形成有机统一。

5.3.1 打造思想引领平台

全面贯彻党的教育方针，加强社会主义核心价值体系教育；不断创新国防教育形式和内容，培养学生爱国主义意识；利用新媒体平台，探索创新思想政治理论教育的内容与形式；加强法律基础课程建设，强化学生法律意识；以基层团组织建设为抓手，围绕“社会主义核心价值观”“四进四信”等内容积极开展主题团日活动；通过学生党校培训、“青年马克思主义”培训班、学生干部培训等，加强学生党员和学生干部队伍培养和教育力度，打造精品学生党建项目。

近三年来学校举办“青年马克思主义者培养工程”大学生骨干培训班，有136名学生被评为优秀学员、928名学生被评为合格学员；开展“加强文明礼仪教育，提升文化素养”“学习贯彻习近平总书记系列重要讲话精神‘四进四信’”等主题团日活动近30次，覆盖面达95%以上。2013年组建了网络文明志愿者、网络宣传员队伍，平均一年发布正能量帖子14427条；2014年组建了网络安全监察员，安排值班，对团属媒体平台和相关贴吧进行舆情监督；2014年，组建了网络评论员队伍，对重要的会议召开节点发表评论。建立了校、院、班级三级微信体系和微博体系；充分利用校、院两级团属媒体和官方网站、微博、微信、QQ、手机报、APP网络平台等新媒体，掌握舆论主导权，开展“一月一主题”的推送，如三月雷锋月、四月读书月、五月使命月、六月毕业季等，截至2016年6月，安徽财经大学团委新浪微博粉丝数达10605人，微博影响力排名在安徽省同类高校团委微博中长期位居前三位，2016年多月位居安徽省前三，在全国同类高校团委微博影响力排名一直名列前茅；团委微信账号“青春安财”关注人数已达43408人，累计推送次数达330次。在共青团中央公布的全国团组织微信公众号排行榜中最好的名次位于全国第14名，腾讯微校2015年11月排行榜中位于中部地区第三名，全国第九名。2017年5月，在全校范围内开展了“寻找青年好网民”活动，通过线上线下评选，评出10名“校园青年好网民”。

5.3.2 完善组织建设平台

充分利用校院各级学生组织，开展学生社团“百千万”计划，为学生提供组织平台，培养其综合能力；每年都举办校院两级学生干部培训，充分发挥学生组织自我教育、自我管理、自我服务的功能；成立学生网络工作站、学生维权服务中心，依托“青年之声”平台，做好学校与学生之间联系的桥梁和纽带。学校成立“四位一体”育人体系建设指导小组。指导小组由校领导牵头，成员包括党委宣传部、人事处、教务处、学生处、研究生处、国际交流中心、科研处、校团委、实验实训中心、各学院（部）负责人等，负责对育人体系建设的实施给予指导和监督；学校每学期召开一次“四位一体”育人体系专题工作会，对育人体系建设的相关工作进行总体安排和部署。

5.3.3 建设实践教育平台

安徽财经大学早在20世纪80年代，就已经有了学生课外社会实践，校内校外都有了较为成熟的课外社会实践活动形式。在校外，组织学生深入周边农村，参加农村的抢收抢种，利用暑期，组织学生到相关企业调研；在校内，开展每周三下午校园大扫除活动。1996年12月，中央宣传部、国家科委、农业部、文化部等十部委联合下发《关于开展文化科技卫生“三下乡”活动的通知》，1997年，“三下乡”活动在全国正式开展，安徽财经大学也于同年暑期组织了“三下乡”活动团队深入农村、企业开展学生课外社会实践活动，并连续14年获得全国暑期社会实践先进集体称号。2003年，安徽财经大学成立了学生青年志愿者协会，组织学生注册志愿者并积极开展校内外志愿服务活动。2010年，为进一步加强学生对课外社会实践活动的选择权和自主权，学生暑期社会实践采取平台申报管理，学生可跨学院、跨专业自由组织实践团队，开展丰富多彩的校外社会实践活动。

2013 年学校制定了《安徽财经大学实践育人实施方案》，提出了以“完善制度、构筑平台、拓宽渠道、创新形式”为原则，分层分类，全面推进实践育人活动，逐步建立起一个校内校外相结合、课内课外相结合、专业实践与社会实践相结合、具体与虚拟相结合的立体式实践育人体系。同时，学生课外社会实践也形成了“以学生为中心”，以寒暑期主题社会实践为重点，志愿服务、社团活动和创新创业为补充，融组织文化为一体的课外社会实践格局。2015 年，制定了《安徽财经大学学生社会实践管理办法》，在办法上明确了专任教师指导学生实践团队的工作量认定，与学校教务处、研究生处一起制定了《安徽财经大学社会责任教育与社会实践活动学分认证暂行办法》，明确了社会实践和志愿服务的学分和认证流程，为学校这项工作的开展奠定了基础。三年来，共收到网上申报暑期社会实践团队 1607 个，逐年呈递增趋势，今年就收到网上申报团队 647 支，组建校级重点团队 322 支，每年都组织评选表彰，先后 8 个学院荣获优秀组织奖、40 支团队获得优秀团队奖、46 个项目获得优秀调研项目奖、20 支团队获得优秀摄影奖、17 支团队获得优秀宣传报道奖、16 人获得个人社会实践优秀成果奖、140 人获得优秀个人奖、76 人获得优秀指导教师奖；推荐优秀团队和优秀调研成果参加安徽省和全国的评选，8 支团队的调研报告获省级奖项，3 支团队获省级优秀调研团队。

加强实验、实习、社会实践和毕业设计（论文）等实践教学环节；完善人才培养方案与课外实践学分的顶层设计，不断完善课外学分制，通过使用大学生成长服务平台，落实第二课堂成绩单制度；通过加大校内外实践基地建设，积极拓展校外实践基地，进一步做好大学生创业孵化基地建设，充分发挥校内各类实验中心的作用，依托实践基地不断提升学生实践能力。

5.3.4 推动科技创新平台

以创新创业推进年活动开展为契机，完善创新创业相关制度；继续加强大学生创新创业项目组织实施工作，做好对大学生创新创业项目立项申报、中期检查、结项审核等相关工作；充分发挥创业学院、创业孵化基地的作用，积极组织学生参加各类学生创新创业竞赛活动，使学生在实践中不断增强创新意识，提高创新能力；进一步做好各类学科竞赛活动，将专业课堂教学与学科竞赛有效融合，争取在“挑战杯”等国家级重要赛事方面取得新突破。

5.3.5 落实素质拓展平台

进一步加强学风、教风建设，从制度建设、院风建设、班风建设、考风建设等不同层面，不断提升学生业务能力素质；加强学生美育教育和公共艺术教育工作，加大公共艺术教育系列课程、传统文化课程、礼仪课程建设力度，提升学生人文审美素质；加强校园体育文化建设和心理健康教育工作，不断提升学生身心健康素质。

（1）拓宽多种渠道，培养学生表达能力。表达能力包括书面表、口头、仪表仪态表达能力。书面表达能力主要体现为学生的写作能力、文字处理能力、PPT 制作能力。这就需要以第一课堂教学为主，开展各类写作、演讲与口才等课程，奠定学生表达能力培育的基础；以第二课堂活动为补充，开展现场写作大赛、各类征文比赛、演讲赛、辩论赛等活动，其中演讲赛和辩论赛已经逐渐形成了“班级—学院—学校”三级比赛模式，已经连续举办了十一届校级辩论赛，此类活动已经覆盖了绝大多数学生，是培养学生表达能力的有效途径；以学生社团为重点，打造品牌活动。成立文学社、演讲与口才协会、思辨社、主持团、记者团等多家社团，开展龙湖文学奖评选、超级演说家、新生辩论赛等品牌活动，成立学生辩论队，多次参加省内及全国多项赛事，其中在全国“揘阖杯”辩论赛安徽赛区中取得了亚军和季军的成绩，在全国演讲赛中，多名学生获奖，其中，2015 年 4 月，在由中国演讲协会、湖北演讲协会、《演讲与口才》杂志社和共青团襄阳市委共同主办的中国襄阳“梦想与担当”全国大学生演讲大赛中，全国共有 200 余所高校 500 余名选手参加，安徽财经大学法学院马乐荣获一等奖，工商管理学院许宸荣获二等奖，安徽财经大学获得团体优秀组织奖。

（2）注重理论与实际相结合，培养学生解决实际问题能力。重点加强实验课程的设置，构建涵盖“实验、实训、实习”三个环节，公共基础课实验（实训）、学科基础课实验（实训）、专业课实验（实训）、专业拓展课实验（实训）四个模块，课程单项性实验、课程综合性实验、专业综合性实验、跨专业综合性实验和创新创业实践五个层面，面向全校所有学生开放，与理论教学紧密衔接的实践育人体系。通过突出加强实践教学环节，各专业结合自身性质与特点将实践教学体系全流程、嵌入式融于人才培养方案，为学生实践应用能力、创新精神与意识的培养和提高提供宽阔平台；通过开展各类学科竞赛，将专业课堂教学与学科竞赛有效融合，通过竞赛培养学生解决问题的能力。近两年来，安徽财经大学共组织学生参加各类省级以上竞赛近600 项，获省级以上奖项达 1037 人次，其中获国际级奖项 48 人次、国家级奖项 92 人次、省级奖项 897 人次；结合相关专业特点，在各学院开设一院一品活动，该项活动已经成功举办了五年，每年各院结合专业开展的活动达60 余项；结合专业，建设校外实习实践基地，开展各类实践活动，截至目前，安徽财经大学共建有实习实践基地 296 个，校内基地主要包括省级大学生创业孵化基地 1 个，以各类实验中心为主的校内基地 14 个，校外基地 281 个，各类基地可同时容纳学生 15000 余人。

（3）开展各类社会实践和志愿服务，培养学生社会担当的能力。结合专业开展多种形式的社会实践活动。开展社会调查、参观访问、勤工助学、社区服务等；利用课余时间（如各种纪念日、双休日、法定节假日）组织开展各种校外社会实践和志愿服务活动。暑期社会实践主题重点围绕教育关爱、理论政策、深化改革、文化艺术、科技支农、圆梦中国、“一带一路”、四个全面观察等进行，2013 年收到网上申报暑期社会实践团队 482 个，2014 年收到网上申报暑期社会实践团队 575 个，2015 年共收到网上申报暑期社会实践团队 550 个。鼓励学生组织团队，评定校级重点资助团队，并根据活动开展情况进行评比、表彰。连续十多年获得安徽省大中专学生志愿者暑期“三下乡”社会实践活动优秀组织奖、全国大中专学生志愿者暑期“三下乡”社会实践活动先进单位称号。举办各类校友论坛、青年论坛、创业论坛、徽商大讲堂等专题活动，提高学生的自身责任意识，增强社会担当能力。

（4）加强学生创新创业教育，培养学生创新创业能力。制定实施《安徽财经大学关于推进创新创业教育工作的意见》《安徽财经大学大学生创新创业训练计划项目管理办法》《安徽财经大学大学生创业孵化基地管理办法》等系列管理制度，将创新创业教育融入人才培养方案，设置创新创业平台模块（开设“创业基础与案例分析”“就业指导”“创业实践活动”“创造力和创新思维”“创新文化”“创新实践”等课程），要求每名学生本科阶段至少要修满 6 个学分。另外，成立安徽财经大学创业学院（虚体），依托校团委、工商管理学院、创业与企业成长研究所的师资和网络资源，设计实施“创业课程、创业竞赛、创业训练、项目孵化”创新创业教育长效机制，以课程培训、创业实训为抓手，以学分认定、毕业论文替代和孵化基金奖励等为激励，服务于学生创新创业素质的提升。2013 年 5 月，建立了占地面积达 1400 平方米的大学生创业孵化基地，成功入驻 20 家项目组，有近 90 余名大学生开始自主创业。2014 年，该基地被评为安徽省 A 级大学生创业孵化基地。2015 年，孵化基地二期工程投入使用，创业企业达到了 60 余家，占地面积 4200 平方米。成立大学生创业协会举办各类创业大赛。2013 年，在“褒禅山杯”第三届安徽青年创业大赛决赛中，安徽财经大学项目成功晋级全省八强，并成为所有入围项目中唯一来自高校学生的创业项目。2014 年，安徽财经大学获得 2014 年“创青春”全国大学生创业大赛金奖，第九届“挑战杯”大学生创业计划竞赛铜奖，基地“乐享动漫”项目组负责人张洋洋、“闹闹音乐栈”项目组负责人陈昱阳荣获蚌埠市“创业之星”荣誉称号。两年来共获得省级以上奖项达 1037 人次，其中获国际级奖项 48 人次、国家级奖项 92 人次、省级奖项 897 人次；共申报立项国家级创新创业训练计划项目 458 项，省级创新创业训练计划项目 1216 项，在全省名列前茅。

5.4 高校大学生能力提升的经验与启示

正如1960年代初期，经济学家舒尔茨提出说“学校教育是最大的人力资本投资。这一命题的含义是，人们拥有的经济能力绝大部分并不是与生俱来，也不是进入校门的时候就已经具备。这些后天获得的能力可以是任何一种，但非同小可。其能量之大，可在根本上改变储蓄和资本形成的数量。”①

可见高等教育在大学生能力提升中承载着不可忽视的重要作用。高等教育通过传授知识技能，使得受教育者获得让他们能够受益终身的能力，包括认知和非认知能力，这些能力在大学期间得到有效的提升，能够产生较大的用于社会生产和服务的能力就会产生作用于个人、社会的无限功用，使接受较高教育程度的大学生获取人生更多的价值。因而，总结归纳适用于各高校的经验做法是有必要，也是具有深远意义的。

5.4.1 能力提升需要一生去养成

一个人的能力提升不是高校四年的生活学习就能完成的，只是说这几年的提升能够产生更明显、有效、长远的影响。但是一个大学生能力的提升，是需要用一生去完善的。

首先，瞬息万变的社会已经对大学生的综合能力与素养提出了新的高要求，要求他们必须充分发挥自己的综合能力与素养，不断用丰富的知识、创新的技能逐渐减小对各种资源的消耗而达到最大的效益。相关学科知识与技能更新速度的加快，也要求学生必须具备较强的学习能力，并树立终生学习、积极学习的观念。

---

① 李文利．高等教育之于学生发展：能力提升还是能力筛选？［J］．北京大学教育评论，2010（1）

其次，教育不是割裂的，不同教育阶段对一个人产生的影响是具有一脉相承的惯性的，这就意味着，如果要高校的大学生能力提升工作更加有效，那么小学教育、初高中教育也是同样需要注重学生能力的塑成和启蒙的，包括自主学习的能力、独立处理问题的能力、辩证思维的能力、语言表达的能力、与他人合作的能力、动手能力等等。当然，从我国开始在初等教育中实施素质教育之后，大城市的学校已经开始在各方面对学生的综合能力有了关注和举措，但是在一些教育发展比较落后的地区，教育还是以升学和分数为目的，这其中就忽视了对学生很多能力的启蒙教育和发展培养，这样进入大学之后，能力方面的落差会带来很多问题，如大学生的矛盾、心理问题、学习障碍等。所以，要使大学生的能力提升取得更有效地实质性发展，不同阶段的教育都要为此做好铺垫工作。

5.4.2 能力提升需要分层分类的设计

国内外高校赋予能力提升一定的内涵之后，就会根据不同方面能力的提升，设定不同的活动，搭建有针对性的平台，为实现大学生该方面能力有针对性地有效提升。如：提升学生的语言表达能力，首先明确口头表达与书面表达两个主要方面，然后通过相关的针对性培训、讲座等让学生意识到语言的魅力，语言表达能力对生活、学习的重要性。然后通过征文比赛、文学作品赏析、创作大赛等训练书面文字表达能力，还有演讲比赛、辩论赛等锻炼口语表达的能力。

此外，我们要客观立足于我国大学生的一些能力的短板，有针对性地给予提升和弥补。如：中国学生从小接受了太多的成功主义教育，但是却缺少了享受学习过程乐趣的能力；填鸭式的传统教育模式带给学生固化的思维，使得大部分中国大学生缺乏辩证的讨论意识，被动接受知识远多于主动理解知识，探讨问题和学习知识缺乏深入挖掘和横向拓宽的意识；“分数至高论”让他们缺乏合作与团队精神，不能够客观认识自己，不能明确自己在一个团队中的角色和位置，不了解自己的优势，无法在团队中扬长避短地发挥才智，与他人配合去共同完成一件事。从家庭到学校，从个人到社会过多地强调了成败、结果、竞争，却忽视了一个人的力量是有限的，也从未教育过孩子在竞争中也要学会合作，只有学会合作，找准定位，擅长发现别人的优势，这样才能达到一种事半功倍、1 +1 >2 的合力效益。所以，高等教育需要客观地对大学生进行分析，并针对他们的优缺点，有目标有针对性地采取可行性措施。如：现在很多的比赛，就在有意识地让大学生组建团队，发挥团队成员各自的优势能力，并在其中发现自己哪些能力强、哪些能力还有待于通过有效途径获取提升。

5.4.3 能力提升需要搭建合理的平台

高校在大学生能力提升方面还要注重高等院校自身的配套软硬件建设，如校园的图书馆、教室、实验室、创业孵化基地、实习基地、创客中心、大学生活动中心、体育馆、心理健康中心、就业指导中心等的实际建设，软件建设包括大学校园文化的建设、推进科技与人文的融合、各种相关的政策规章的建立健全、师资的实力、学风的塑造等等。

搭建平台的合理性，需要高校客观地根据学生的能力提升定位标准，自身能够达到的实际水平，多层面多角度不断提升学生业务能力素质，提升学生人文审美素质、学生身心健康素质。在培养专业人才的同时，更加重视大学生综合能力的提升，平台的搭建要充分考虑被大学生接受，让大学生受益的各种活动、比赛，激励培养学生的自主学习、语言表达、解决问题、创新与实践、社会担当等能力，并取得了积极的成效。

平台搭建的同时，高校也要走出校园，多与地方政府、企事业单位、学生家庭取得联系，寻找帮助，形成较好地合作互动机制，这样多方位地对学生能力提升会产生更有效、更实际、更深入的帮助和影响。毕竟，高校大学生的能力提升中，家庭、社会、学校、政府都有不可或缺的作用和意义。

5.4.4 能力提升需要全员全过程

首先，教师应当改变传统的教育方式，树立国际眼光。作为一位大学教师，应该时刻关注国际教育前沿的优秀理论与成果，用兼容并蓄的胸怀对待高等教育和大学生们，比如慕课教学、课堂讨论、翻转课堂等，真正地让大学生拥有能力提升的氛围与大环境，积极参与到大学生能力提升工作中，而不是仅仅做好“教”的工作，更重要的是“教”“学”相长，更不应把大学生能力提升工作规划为行政部门的事情。

高校在大学生能力提升工作中，应进一步汲取优秀经验，将各项能力的提升细化到不同的专门机构，而不能只笼统归属于教务部门或某个学生部门管理。同时，培训一批有针对性能力提升教育经验的师资力量在不同的专项能力机构更好地服务于学生。形成全员全方位的格局，建立健全专业的心理健康中心、文化素养能力提升中心、创业创新服务中心、就业指导中心等，更为对口地帮助大学生提升自己的能力会使得工作达到事半功倍的效果。如：要解决高校现在大学生就业能力弱的问题，就要将大学生职业素质培养的教师队伍建设作为一个重要工作，努力提高职业素质培养教师队伍的专业化和职业化水平，培养一批了解大学生的就业政策、就业管理业务、职业素质培养教育方法的师资。师资力量具备了合理的知识结构，才能切实地帮助大学生去提升相关能力。

6

“四位一体”育人体系的探索：素质培养

6.1 素质培养概述

6.1.1 素质内涵

1. 什么是素质

从字面上理解，素质一词的本意为白色的质地。《现代汉语词典》将素质解释为事物本来的性质以及人的神经系统和感觉器官的先天特点等。从高等教育的角度来说，素质指大学生在自身生理条件的基础上，受环境、教育等因素的影响所形成的较为稳定的、内在的身心特点及行为特质，主要包括思想政治素质、身心素质、文化素质、业务素质和创新（创业）素质等。顾明远（1998）在《教育大辞典》中将素质定义为“素质是个人先天具有的解剖生理特点，包括神经系统，感觉器官和运动器官的特点，其中脑的特点尤为重要。他们通过遗传获得，故又称遗传素质，亦称禀赋①。”

① 顾明远．教育大辞典（增订合编本）[M]．上海教育出版社，1998

素质对于个人的习惯、气质、性格等的形成有着重要的影响，有利于个人的成长成才。从素质的形成过程来看，主要包括两个环节：一是先天形成的，比如人的身体所具备的身体器官、神经系统，特别是脑部的结构与特点，这些特质是人与生俱来的，是一个人素质形成的先天条件；二是在周围环境的影响下，通过一系列的学习、教育等形成的文化素质、国民素质等某些具体品质。如果没有后天的努力学习与教育实践，一个人即使先天条件再优越，也难以成为具备良好品质与优秀专业能力的人才。

2. 大学生素质培养的内涵

学校人才培养工作的任务是全面培养提升学生的素质。思想政治素质在一所大学需要培养的学生的素质中处于核心地位，身心素质、文化素质、业务素质、创新（创业）素质与思想政治素质相辅相成，相互作用，共同形成了大学生素质培养的内涵。

思想政治素质培养。思想政治素质包含了思想素质与政治素质两个方面，思想素质主要是个体在思想道德方面所拥有的人生理想与人生态度。政治素质主要是指个人的理想信念，民主法制意识，政治觉悟以及对党的路线、方针政策的理解与态度。思想政治素质的培养目的在于帮助大学生树立正确的人生理念与政治追求，为中华民族伟大复兴的中国梦提供精神保障。

身心素质培养。身体素质培养和心理素质培养构成了身心素质培养的主要内容。身体素质主要指个体的体格和机能以及精神状态，心理素质指个体在面对外界条件变化时所表现出的抗压能力与自我调节能力。当代社会竞争激烈，健康的体魄和心理是大学生素质培养的重要环节。高校一方面要努力创造条件加强大学生身体素质的培养，另一方面也要强化大学生心理健康教育，提升大学生心理素质，保证大学生全面健康的发展。

文化素质培养。文化素质的培养包含了科学文化素质与人文素质的培养两部分，在大学生素质培养中起基础作用，是大学生成长成才的必要条件。科学文化素质指个体在科学知识和文学素养方面所具备的基本素质，人文素质指个体在人文领域所具备的知识水平及综合能力。良好的科学文化素质会帮助大学生在实践过程中将科学文化知识转化为内在的动能，并能进一步将这种动能转化为实践的成果；良好的人文素质会直接帮助个体形成正确人生理念和生活情趣，可以有效推动大学生身心健康发展。

业务素质培养。业务素质培养是高校素质培养的核心内容，也是素质培养的关键。业务素质包含了学生在校期间通过学习所掌握的专业知识与能力，其包含了所具备的专业知识储备、发现问题、解决难题的专业性能力等。良好的业务素质不仅是大学生今后就业的重要保障，还是衡量高校人才培养质量的重要指标。

创新（创业）素质培养。创新创业素质是个体在准备创新创业过程中所具备的知识与能力，创新创业素质的培养包含了对学生创新创业意识与创新创业能力的培养两个方面。创新创业意识指个人在适应社会发展过程中所产生的创新创业动机或意向，是个体开展创新创业活动的前提。创新创业能力指创新创业过程中个体所具备的分析判断能力、决策能力、组织能力等。

6.1.2　素质培养的重要性

1. 加强素质培养是时代发展对高校提出的必然要求

新时期下，党和政府对我国高校人才培养提出了新的要求。在 2010 年发布的《国家中长期教育改革和发展规划纲要（2010—2020 年）》中，首次将素质教育上升到改革发展战略主题的高度。在 2013 年发布的《中共中央关于全面深化改革若干重大问题的决定》中，将全面提升学生素质作为高等教育改革的重要方面。加强学生素质培养，是时代发展下党和政府对高校提出的要求，成了我国高校人才培养的重中之重。

2. 加强素质培养是实现中华民族伟大复兴的中国梦的需要

党的十八大以来，习近平总书记提出并深刻阐述了实现中华民族伟大复兴的中国梦，强调实现中华民族伟大复兴的中国梦需要我们每一个人付出艰苦努力和辛勤劳动。作为新时代下成长起来的新青年，大学生的素质如何将会直接决定中国的未来，决定是否能够实现中华民族伟大复兴中国梦的宏伟目标。

3. 加强素质培养是全面提升高校人才培养质量的关键

现如今，市场竞争日益激烈，社会对高校人才的培养有着更高层次和更深层次的要求。国务委员刘延东同志曾指出：“衡量高等教育质量的第一标准就是看人才培养水平①”。素质培养在推动高校教育教学改革、提高人才质量等方面发挥了重要作用。加强素质培养，强调的是以学生为中心，重视学生的全面发展，重视知识与能力的统一。对人才培养质量的考察不再仅仅关注学生的某一方面，而是综合考察与评价思想政治素质、业务素质、身心素质、创新创业素质、文化素质等，综合素质的高低直接决定了高校人才培养的质量。

6.1.3 高校大学生素质培养的现状

1. 思想政治素质培养现状

总体来看，当前我国对高校大学生思想政治素质的培养非常重视，各校都将思想道德修养作为大学的必修课，并通过开展“四进四信”、社会主义核心价值观教育等活动加强对在校大学生的思想引领工作。他们有着强烈的民族自尊心，有着强烈的民族自豪感，对祖国和人民无比的热爱，对实现中华民族伟大复兴中国梦无比坚定；他们渴望公平、正义，他们愿意为实现中华民族伟大复兴的中国梦奉献自己的青春力量。

---

① 郭大成．改革创新大学素质教育　全面提高人才培养质量［J］．大学（学术版），2013（6）

根据教育部最新公布的我国大学生思想政治状况调查的结果显示①，向上向好、积极健康的良好形势仍是当前大学生的思想主流，他们对党的执政地位和执政能力给予高度的认同，以习近平同志为核心的党中央在大学生心目中的形象更加鲜活、更加丰满。广大高校学生衷心拥护党的领导，拥护社会主义制度，对全面建成小康社会和实现中华民族伟大复兴的中国梦充满信心。

2. 身心素质培养现状

《国家中长期教育改革和发展规划纲要（2010—2020 年）》中提出，要“坚持全面发展，牢固树立健康第一的思想，加强心理健康教育，促进学生身体健康、体魄强健、意志坚强，重视安全教育、生命教育、国防教育、可持续发展教育”。在身体素质培养方面，张坚毅（2007）的调研显示，40%多的学生在学习强度大时，会有身体上的不适感；有一半左右的人体力较差，有 30% ~40% 的学生达不到体育锻炼的标准。谢雪妮（2014）的调研显示，44% 的大学生有过碰伤，有 43.7% 的大学生有生理不适等症状，有 40.5% 的学生认为健康问题是在大学期间遇到的主要身心健康问题。王海菲（2015）的调研显示，认为有 61.82% 的大学生表示大学身心健康教育对自己有帮助，有 79.03% 的大学生认为大学体育课程可以对自己的身体健康起到有益的作用。在心理素质培养方面，三人的调研虽然时间空间都不同，但反映出一些共同性。如在对影响心理影响较大的调查中，三人的调查结果都显示学业问题是大学生遇到的主要心理问题，人际交往也是影响大学生心理健康的重要因素，除此之外，影响大学生心理健康的因素还包括了恋爱问题、就业问题等等。在遇到心理问题时，朋友和同学是大学生首选的求助对象。

① 教育部．2016 年大学生思想政治状况滚动调查表明大学生思想主流积极健康、向上向好［EB/OL］. http：//www. moe. gov. cn/jyb _ xwfb/gzdt _ gzdt/s5987/201605/t20160531 _ 247095. html，2016 - 05 - 31

3. 文化素质培养现状

文化素质培养是我国高校素质教育工作的重点。培养学生的科学文化素质可以培养学生对问题的探究兴趣，帮助学生通过树立批判意识从而可以抵御社会上的不良风气；培养学生的人文素质有利于培养学生人文理论常识与审美情趣，帮助学生实现精神的升华。高校要培养符合当今社会发展所需的高水平人才，文化素质培养是其中一个重要环节。文化素质培养工作的开展成效对推动我国高等教育改革的深入有着重要意义。1995 年起，教育部开始在部分高校推行“大学生文化素质教育”实验，1999 年又批准北大、清华等一批高校设立了大学生文化素质教育基地，在文化素质培养方面做出了有益的探索。

在对文化素质重要性的认识方面，各高校都开始重视文化素质培养在学生综合素质培养中的地位，以往将专业知识和技能作为衡量人才唯一标准的观念已经发生转变。在课程体系设置方面，各高校呈现多元化的发展态势，主要的课程设置类型包括分块化课程模式、核心课程结构模式、分散型课程设计模式以及分布要求课程设计模式等。在文化氛围营造方面，各高校都开始将打造特色的校园文化环境作为促进高校人才培养目标的重要手段，新媒体的崛起使得传统的封闭式教育模式逐步发生转变，大学生的自我意识正逐步觉醒，文化素质培养的方式也朝着开放化、个性化、多元化的方向转变。

4. 业务素质培养现状

提高学生业务素质培养质量是时代发展对高等教育提出的必然要求。从高校大规模扩招开始，我国高等院校在数量、办学规模、入学率等方面都较之前有了巨大的提升，随着经济社会的发展，以苏联为借鉴的传统高校业务素质培养模式已经不能适应高等教育发展的需要。教育部从 2001 年起先后出台了多个文件强调提高本科教学质量（如《关于加强高等学校本科教学工作提高高等教育教学质量的若干意见》《关于进一步加强高等学校本科教学工作的若干意见》《关于实施高等学校本科教学质量与教学改革工程的意见》）。

经过多年的改革发展，我国高校在提升学生业务素质培养质量方面做了大量探索，学科专业分类进一步细化，课程设置进一步多元化，随着高等教育学分制度在各高校的愈加完善，学生的学习自主性、学习内容自主性等方面较之前有了较大的提升，高校在对学生进行业务素质培养时的灵活性逐渐显现，以学生为中心的个性化培养方式逐渐成为主流，学生的业务素质水平不断得到提升。

5. 创新（创业）素质培养现状

自20世纪七八十年代开始，伴随着改革开放的不断深入，国家越来越关注大学生创新创业素质的培养。教育部出台的《面向世纪教育振兴行动计划》明确提出了创新创业教育的目标和要求。

进入21世纪以来，高校的创新创业素质培养环境得到了进一步的改善。2002年，教育部确定国内9所高校为创新创业教育的试点院校。2010年和2015年，《关于大力推进高等学校自主创新创业教育和大学生自主创业工作的意见》和《国务院办公厅关于深化高等学校创新创业教育改革的实施意见》相继出台，这些政策极大地促进了我国高校大学生创新创业素质的培养工作，传统“应试教育”模式下束缚学生创新创业能力的状况在不断得到改善，学生的创新思维模式及创业实践意识得以不断增强①。

6.2 高校大学生素质培养面临的问题

6.2.1 新的时代对大学生思想政治素质培养提出了更高要求

2016年12月7~8日，习近平总书记出席全国高校思想政治会议并发表重要讲话，凸显了党和国家对高校思想政治工作的高度重视。总体来看，当

① 童晓玲．研究型大学创新创业教育体系研究［D］．武汉理工大学，2012

代大学生的主流价值观是不断进取、总体较好的，但需要看到的是，西方个人主义、功利主义、拜金主义的价值观以及资产阶级价值观的渗透同样影响着高校大学生。大学生对个人利益的重视一方面使得他们在精神和生活上更加追求自我与独立，另一方面也导致了一部分大学生对他人以及公共利益的漠视，集体意识与服务意识淡薄，把个人利益作为个人行为的唯一准则，甚至做出伤害集体和国家利益的事情；功利主义的冲击使得部分大学生过于急功近利，急于求成，往往因为一些眼前小利而偏离了远大的人生理想；在拜金主义的影响下，部分大学生追求新潮，贪图安逸，推崇及时行乐，相互攀比，生活奢靡；部分大学生受到西方资产阶级自由化思想的影响，盲目崇尚西方政治形式，等等。这些都对高校大学生思想政治素质培养提出了新的要求①。

此外，新时期下网络新媒体的发展也对高校大学生思想政治素质培养产生了巨大影响。由于大学生往往辨别能力较差，在面对网络诱惑时往往难以自拔，或是沉迷游戏，或是受网络上负面新闻的影响，思想偏激，内心抑郁。以微博、微信等为代表的新媒体平台在传播谣言甚至一些不健康思想内容方面也起到了推波助澜的作用。

6.2.2 身心素质下滑是大学生素质培养面临的重要问题

国内已有的研究表明，大学生身心素质下滑已经成为大学生素质培养面临的重要问题。调查显示，在我国高校大学生中，因心理问题而退学的学生人数占退学总人数的一半以上，有将近三成的大学生患有不同方面、不同程度的心理问题，这其中有将近一成的大学生存在较严重的心理问题②。由于“90后”大学生绝大多数都没有兄弟姐妹，从小养成了以自我为中心的生活习惯，依赖性较强，自控能力差，在遇到问题时往往缺乏解决方法，容易在

① 杨晓. 90后大学生综合素质培养研究［D］. 陕西科技大学，2014

② 常鹏. 大学生素质教育研究［D］. 山西农业大学，2014

学习、情感等问题上产生挫折感，深陷其中难以自拔。同时，“90 后”大学生成长于网络时代，手机、电脑已经成为他们生活的一部分，这造成了他们户外运动较少，不良的生活习惯影响了他们的身体素质。

受理论研究滞后、发展起步较晚、编制紧张等问题的影响，国内高校身心素质培养的效果普遍不佳。我国的现代心理健康教育研究起步于 20 世纪 80 年代，虽然国内对大学生的心理素质的重视程度与日俱增，但受各方面条件的制约，目前国内的心理健康教育尚处于学习借鉴西方模式的探索借鉴阶段，并且缺乏具有高素质的专职从业人员，这些都限制了我国高校大学生身心素质培养的成效。此外，国内高校都属于事业单位编制，受编制人数的限制，专职从事大学生心理健康教育的教师数量较少，在高强度的工作压力下，工作效果也有限。从身体素质培养的角度，虽然政府部门已经从战略层面加大了对大学生身体素质培养的重视，并出台了一系列制度文件，但在具体操作时受各高校管理部门重视程度的影响，在执行方面也存在一些问题①。

6.2.3　传统人才培养模式导致了高校大学生文化素质欠佳

传统的人才培养模式以课堂授课为主，教学形式较为单一，在文化素质培养方面主要以选修课为主，主要依托于校园文化活动对学生的文化素质进行培养，传统的应试思维仍影响着高校的教学安排，重专业课，轻文化素质培养，导致了不少大学生在大学学习期间除专业课之外很少关注自己文化素质的提升，甚至对祖国的历史文化知之甚少，文科生不懂基本的理化常识，理科生表达能力、写作能力不足，缺乏基本的文学素养。

此外，对文化素质的培养国内尚没有一套科学明确的考核机制，使得对学生文化素质培养的检测较为困难，无法对高校学生的文化素质水平进行评

---

① 杨路. 加强和改进大学生身心健康教育的战略意义及对策 [J]. 辽宁大学学报（哲学社会科学版），2016（1）

估，这也使得高校在进行文化素质培养时，往往流于形式。同时，高校在开展文化素质培养时，通常将大学生作为被动接受的一方，很难发挥学生的积极主动性，这也限制了高校大学生文化素质培养的效果①。

6.2.4 传统教学方法与手段限制了高校大学生业务素质提高

虽然各高校当前都在尝试教育教学环节的改革，但是原先的课堂讲授方式仍是主流，学生在课堂上被动接受了大量的专业知识，但在独立剖析问题、运用所学解决问题的实践能力仍有待进一步提高，考前靠突击复习、死记硬背来学习的情况仍比较普遍。如在文科类院校的专业课程中，学生学习的许多课程的考核方式仍是围绕书本出题，封闭式问题较多，开放式问题较少，学生往往通过考前突击的形式集中复习，这种考核形式对大学生对所学知识的实际掌握程度的考核比较有限，难以保证教学效果。

此外，当前高校专业素质培养的实践教学环节仍有待提高。虽然各高校都设置了专业实践课程，但受场地、环境等条件的制约，实践的效果也难以把控，特别是某些科学性很强的专业，如果仅采用课堂教学的形式，结果就导致了大学生只了解一些公式、定理，而无法将其运用在实践中尝试去解决具体问题，等等这些都限制了高校大学生专业素质的提高②。

6.2.5 对大学生创新（创业）素质的培养水平有待提高

首先，我国部分高校仅将创新创业教育其作为大学生毕业的一个环节，学生培养方案中的创新创业类课程设置不合理不完善，创新创业课程体系未构建或者构建不合理，此类课程与专业课程结合度不强；其次，从根本上来说，学校对创新创业教育的关注度、重视度不够，在创新创业活动的经费和

---

① 谢定国．当代大学生人文素质教育研究［D］．武汉大学，2005

② 常鹏．大学生素质教育研究［D］．山西农业大学．2014

人力上缺乏支持，相关活动比赛形式单一、缺乏趣味性，导致学生参与度较低，教育活动的实施效果达不到预期水平；再次，创新创业素质培养的专业师资队伍发展不健全，特别是缺乏校外有实际创业经验的导师的指导；最后，创新创业实践环节较弱，部分高校受场地资金、技术设备等条件的制约，缺乏面向全体在校生进行创新创业素质培养的实践训练环节的教育，创新创业素质培养呈现重理论轻实践的态势①。

6.3 安徽财经大学大学生素质培养的做法

6.3.1 围绕思想引领加强大学生思想政治素质培养工作

（1）紧扣时代发展脉搏加强思想政治素质教育的内容。安徽财经大学于2016 年 12 月底发布了《安徽财经大学贯彻落实〈普通高校思想政治理论课建设体系创新计划〉建设实施方案》，从推进统编教材使用与研究、提高专职教师队伍整体素质、改革创新教学方法、强化实践教学体系、加强马克思主义理论学科规范化建设、健全完善评价标准、加强保障体系建设等多个方面，对加强高等院校思想政治理论课建设提出了详细可行的实施方案。此外，学校紧密结合时代发展的特点，在校内开展了形形色色的思想引领活动，通过开展“青年论坛”，邀请杰出青年代表进校与大学生面对面交流互动，用积极的正能量引导青年；通过实施大学生青年马克思主义者培养工程，培养学校中的青年马克思主义者，实现线上线下学习双结合，2010 ~ 2015 年先后有 2000 余名大学生参加了培训，选送了近 30 人参加了安徽省青马班；通过开展各类主题教育活动，丰富思想政治素质培养的内容，先后开展了“理论热点面对面”“知校、爱校、荣校”“培育和践行社会主义核心价值观”等主题教育活动，收到了良好的效果。

---

① 葛长娜．关于高等院校创新创业教育体系建设的思考［J］．新课程研究．2016（8）

（2）结合学生特点创新思想政治素质培养的形式。安徽财经大学结合QQ群、微博、微信等新媒体平台的建设工作，以学生喜闻乐见的形式把大学生的思想政治素质培养工作落到实处。学校还于2012年成立了学生网络工作站，统筹学校的团属校园网络媒体平台建设，目前已建立了三级微信体系、四级微博体系，在大学生思想政治素质培养方面发挥了积极作用。此外，学校通过编印《新生指南》《新生家长寄语》，印发《安财青年报》、制作校园手机报、校内橱窗等传统方式加强思想政治素质培养工作。

（3）加强典型事例宣传注重思想政治素质培养成效。安徽财经大学通过开展各类评优评先活动，注重发掘在校大学生的各类典型，2010~2015年共表彰优秀团支部327个，优秀团员3586名，优秀团干2000名，优秀学生干部3185名；通过“我们身边的好青年”评选、安徽省“十佳大学生”、中国大学生“自强之星”、安徽省“向上向善好青年”等评选，先后涌现了以会计学院代响铃同学为代表的一批优秀青年。学校通过举办“青春榜样导师团”系列报告会、专题报告会等形式，将这些青年典型在校园内加以推广，努力使思想政治素质培养工作取得实际性效果。

6.3.2 结合当代大学生特点开展大学生身心素质培养工作

（1）完善身心素质教育课程体系构建。加强大学生心理健康教育和安全教育，在大一学生中开设“大学生安全教育”“大学生心理健康教育”，成立相应课程教研室，在培养方案中的必修课程中加入大学生心理健康教育，理论学分1个学分，17个学时，面向全体学生开展校园心理剧比赛、心理健康讲座等教育活动，心理健康教育的活动形式不断创新，心理健康教育的渠道进一步拓展，心理健康教育的氛围得到良好发展。保证学生在校期间都能接受心理健康课程教育，使心理素质教育在人才培养的过程中都有体现。鼓励学生加入学生组织、参与活动以及参加社会实践、各类竞赛活动等，建设校内同学之间、师生之间的互动平台。为了确保教学秩序正常运行和教学质量不断提高，安徽财经大学建立了“心理健康教育”课程督导制度以形成学校四个自我的教学运行目标，加强教学过程的监督检查，建立听课、评课制度，并有听课记录。听课的内容包括以下方面：①课程教学的出勤率、课堂教学的秩序性等；②教师讲授课程的目的性、准备程度和实时更新性；③课程讲授的手段、方法以及教学的效果等；④教学评估内容应包括学生对知识的理解和掌握程度，以及学生心理调适能力的提高等方面，以学生解决实际问题的能力为评估重点。

（2）加强身心素质培养保障体系建设。资金保障是心理健康教育保障体系的重要内容，为保障各项工作的顺利开展，经安徽财经大学校长办公会研究决定，在学校预算加入心理健康教育经费项目，按每生每年 10 元计算提取，用于学校大学生心理健康教育的专项支出，实行专款专用。制度保障是心理健康教育保障体系的重要环节。围绕心理健康教育和咨询机构的规范管理、心理危机预防与干预、心理健康教育课程教学、心理健康教育从业者职业道德规范等内容，建立健全各项规章制度，主要包括建立心理咨询值班、预约、重点反馈、个案记录及档案管理工作制度、建立预约回访制度、建立保密制度等。师资队伍建设是心理健康教育保障体系的重要内容。为培养学校心理健康教育师资队伍，安徽财经大学一方面强化心理健康教育教师的选拔推荐工作，每年五月开展心理健康教师的申报工作，并在通知中明确申报教师应至少具备硕士学历，同时还应拥有心理专业资格证书；另一方面，选派老师参加省内外交流，学习外校先进经验。

（3）加强身心素质培养服务体系建设。为做好高校大学生的身心素质培养工作，安徽财经大学 2004 年就成立了心理咨询中心，为全体在校学生提供心理咨询、心理测试、心理分析与对策、心理辅导、心理健康辅助等服务，通过讲座、测试、咨询等途径促进大学生形成正确的心理健康观，指导大学生提高心理保健意识及增强大学生心理调适能力，帮助大学生更好地认识自我，发展自我。此外，学校还建立明确的责任分工，重点打造三级（校、院、班）心理健康教育工作网络，相互协调，积极开展心理健康教育工作。学校层面成立由分管校领导任组长的领导小组，学院层面成立由学院分党委书记任组长的领导小组，在班级层面，设立了专门的班级心理委员，协助辅导员、班主任、协助学校心理咨询中心、协助学院心理健康教育工作联系人，使得心理健康教育在班级内部得以宣传扩展。

6.3.3 以校园文化活动为载体加强大学生文化素质培养工作

人才培养方案中通识选修课设有文学、艺术等模式，加强文化素质和科学素养的培养。

（1）打造安徽财经大学特色品牌活动。一是在全校范围内积极推广“一院一品”活动。目前“一院一品”活动已连续举办了157次活动，形成了45项具有相当影响力的品牌活动，如金融学院的证券投资大赛、会计学院的会计技能大赛、法学院的模拟法庭公演等。二是结合安徽地方以及淮河流域文化，开展了一系列的校园品牌文化创建活动，形成了黄梅戏、坠子戏、花鼓灯、淮北大鼓等具有浓郁地方文化的品牌活动，每年以项目形式资助。经过多年努力，安徽财经大学在品牌活动创建方面取得了一系列优异的成果，在全省乃至全国的比赛中屡获佳绩，屡创辉煌。

（2）加强学生社团建设，营造百花齐放的社团文化。2010～2015年，安徽财经大学的社团数量由48家增加至100家，各类社团结合文明校园、文化校园、社团文化的建设主题，开展了大量的社团文化活动，如“书香安财”经典诵读月系列活动、青春使命月主题教育活动、“地球一小时”和“绿色离校”等环保系列活动、“感恩母校”毕业生音乐晚会等，受到了在校青年学生的广泛好评。

（3）循序渐进的开展各类文化素质培养活动。近年来，安徽财经大学先后开展了学风建设年、创新创业推进年等年度主题活动，围绕各大主题，开展各类文化素质教育活动，将文化建设贯穿于各类活动中，通过开展“人文大讲堂”“徽商大讲堂”“青年论坛”“创业论坛”“财经论坛”等人文素质教育活动，引导、培养学生提高自己的文化修养与自身素质，引导青年学生将青春梦与中国梦的有机结合；通过组织开展“高雅艺术进校园”和“徽风皖韵进校园”等具有较高艺术水准和地方特色的大型活动，一方面做好传统地方曲艺项目的传承与推广，另一方面培养在校大学生的人文修养；通过成立大学生艺术中心、建立花鼓灯艺术团，在广大学生中培养艺术骨干，以点带面，全力做好学校的校园文化工作。2010 ~ 2015 年，安徽财经大学共举办各类活动 4029 项，其中校园“十大歌手”比赛、“校园之星”青春风采大赛、舞蹈大赛、大学生辩论赛等活动已颇具规模，形成了以品牌活动为主导，各类活动百花齐放的局面。

6.3.4 以服务大学生成长成才为目标做好创新（创业）素质培养工作

（1）以制度建设为先导，营造创新创业教育良好环境。学校制定实施《安徽财经大学关于实施学生工作创新工程指导意见（2012 ~ 2014 年）》《安徽财经大学“创新创业推进年”活动实施方案》等系列规章制度，积极鼓励在校大学生创新创业。

（2）以项目为依托，全面树立学生创新创业意识。学校鼓励学生结合专业，认真研究，踊跃申报国家级、省级大学生创新创业训练计划项目，累计 1219 项国家级项目、2299 项省级项目获准立项。连续四年在全国高校、省级高校项目立项数名列前茅。为做好项目申报工作，安徽财经大学专门设计并使用了项目管理的网络平台，以便于学生申报、校院两级审核等工作的开展实施。此外，学校起草制定了《安徽财经大学大学生创新创业训练计划项目管理办法》，从组织管理、申报立项、项目管理、经费管理、结项验收、保障机制等方面对学校大学生创新创业训练计划项目进行了规范。在第八届全国大学生创新创业年会中，安徽财经大学大创项目成果作为安徽省唯一一篇入选论文参加全国交流；在第九届全国大学生创新创业年会中，安徽财经大学 2015 年大学生创新创业训练计划项目中有两项成果最终入选，参加全国交流。

（3）以活动为介质，积极开展创新创业教育。一是在学校成立创业学院，积极开展创新创业教育工作。2014 年学校依托“创业与企业成长研究所”的科研资源，依托“工商管理学院”的创新创业教育课程与师资，依托

“大学生创业孵化基地”的实践孵化平台，整合多方资源成立了安徽财经大学创业学院；并于 2015 年正式面向全校招收“大学生创新创业教育试验班”，首批 31 名学员已正式开始授课。二是加强与地方人社部门联系，举办 SYB 创业培训，此外学校还组建了 KAB 俱乐部，进一步在学生内部开展创业经验交流与创业能力培训。三是举办创业论坛，邀请已经创业成功的先行者走进学校，与在校学生面对面交流，引导在校大学生创新创业。四是积极组织开展创新创业类比赛，修改完善《安徽财经大学学生创新创业竞赛活动管理办法（试行)》，对获得省级以上奖项的学生及指导老师按获奖级别给予一定的奖励，有效激发了在校大学生参与创新创业竞赛的兴趣。

（4）以大学生创业孵化基地为平台，提升学生创业实践能力培养。为进一步贯彻落实国家及省政府关于促进大学生创业的文件精神，安徽财经大学于 2013 年 5 月整合了多方资源，建立了安徽财经大学大学生创业孵化基地。作为安徽省 A 级大学生创业孵化基地，拥有作为营业或办公场所的 55 个房间，建筑面积广阔，配套设施完善，并已有 70 个学生创业项目入驻园内，带动学生就业人数达到 500 余名。入驻项目涵盖服务业、服装业、广告业、教育、计算机、美容、法律、体育运动、艺术、咨询等，各项目组成员结合自己的专业，开展创业项目，把书本理论知识有效运用到创业实践中。大学生孵化基地已成为汇聚大学生创业培训和实践、孵化和服务于一身，在省内高等院校中具有示范引领作用的省级创业孵化基地。在孵化基地的日常管理中，通过组织大学生创业导师团，建立项目“双导师”制管理，组织开展“创业沙龙”搭建学习交流的平台，鼓励学生创业，并在这些项目中遴选优秀项目参加安徽省大创会。

6.3.5 以课外教学活动学分制改革为重点狠抓综合素质培养效果

安徽财经大学 2009 年起开始实施课外教学学分制管理，起草制定了《安徽财经大学普通本科学生课外教学学分制实施方案》，实施方案中对学生的多方面实践拓展能力提出了具体要求，细化为单项具体分值。2013 年，学校开始在学期中间实施素质拓展周计划，计划中，学校和学院整合师资力量、校友资源以及校企实践平台等，开展学术讲座、创业讲座、学科竞赛、社会实践等多方面的素质提升活动。每个学生须取得课外教学素质拓展10学分方可毕业和获得学士学位。

2015年，安徽财经大学自行开发“爱安财”系统，对学生活动实施集中管理，具体程序为学生组织负责人发起活动，挂靠部门审核活动，学生参与活动并扫码签到，学生组织负责人申请完结活动以及学校和挂靠部门两级的完结审核，最终完成学分发放的系统性、标准化管理。为了更好地服务第二课堂建设，学校在原有的方案基础上，进行改革，先后起草制定了《安徽财经大学学生社会责任教育与社会实践活动学分认证暂行办法》与《安徽财经大学普通本科学生课外教学学分制实施方案（修订）》，方案强调了大学生志愿服务和社会实践的重要性，要求学生毕业之前必须修满社会实践的两学分和志愿服务的三学分，以及其他方面的五学分，对提升在校大学生的综合素质起到了积极的促进作用。

6.4 高校大学生素质培养的经验与启示

6.4.1 思想道德素质培养工作

习近平总书记在全国高校思想政治工作会议上对我国高校思想政治工作提出了新的要求，他强调，“高校思想政治工作关系高校培养什么样的人、如何培养人以及为谁培养人这个根本问题，坚持把立德树人作为中心环节，把思想政治工作贯穿教育教学全过程，实现全程育人、全方位育人，努力开创我国高等教育事业发展新局面”①。做好高校思想道德素质培养工作应做好

① 吴晶，胡浩．习近平出席全国高校思想政治工作会议并发表重要讲话［OL］. http://www.mod.gov.cn/leaders/2016-12/08/content_4766073.htm，2016-12-08

以下几点：

（1）加强思想政治理论课程建设，充分发挥第一课堂建设在高校大学生思想政治是培养中的作用。不断丰富思想政治课程课堂教学内容，将习近平总书记系列重要讲话精神融入课堂，将党的方针政策融入课堂，不断拉近当代大学生与党和国家的距离，加深大学生对党性的理解，来提高素质培养的效果，提升学生的思想政治水平。

（2）创新思想政治素质教育形式。不断创新教学与考核形式，加强师生互动，创新工作载体，实现思想政治素质培养的两个结合，即课堂教学与课外活动相结合，网上教学与网下教学相结合，通过多种形式增强大学生接受思想政治培养的积极性与主动性，提升思想政治素质培养效果。不断拓展课外素质教育基地，鼓励大学生通过实践切身体验红色文化与革命精神，在实践中让大学生体验艰苦朴素、踏实奋斗的革命精神。此外，通过充分利用新浪微博和微信等新媒体平台，使用大学生喜闻乐见的形式进行思想政治素质培养，在教育教学的过程中增强与大学生的互动，使大学生能够切实参与到素质培养的过程中来。

（3）加强思想政治教育师资队伍培养。一方面加强学校师资队伍的培训与交流，鼓励教师通过加强学习提升自身的教学科研水平；另一方面，鼓励全体教师积极参与大学生思想政治素质培养工作，在课堂上结合专业，宣扬积极健康的三观理念，帮助大学生树立对党和国家的坚定信心与无比热爱。

6.4.2 身心素质培养工作

（1）加强身心素质培养课程体系建设。高校应丰富身心素质培养的内容，在身体素质培养方面，除传统的篮球、排球、足球等传统课程外，还可以结合学生的特点增设健美操、太极拳等课程，在心理素质培养方面，可以增设“社交心理学”“健康心理学”“爱情心理学”等课程，让大学生了解掌握基本的心理生理常识，学会科学的分析、解决所面临的问题，通过加强课堂教育，丰富大学生身心素质培养的内在涵养。

（2）不断丰富课外教学手段，引导大学生自觉主动地加入身心素质提高的过程中来。充分发挥学生组织的力量，通过组织丰富多彩的校园活动，于活动之中培养广大学生的组织能力与协调能力，调动大学生的积极性，从而起到提高大学生身心素质的目的。同时，学校还应加大对校园体育环境建设的投入力度，为大学生开展校园体育活动创造良好的环境。

（3）有目的性的开展心理健康教育。一方面高校要营造良好的校园氛围，让广大学生不仅从根本上了解心理健康教育，更要具备一定的心理健康意识；另一方面，要完善大学生心理健康的预警机制，及时了解当代大学生的心理健康情况，把提高心理素质作为一项长期工作来抓。此外，高校可以通过给大学生举办讲座，利用新媒体平台等多种形式的媒介广泛宣传，让大学生了解自己的心理状况，并学会各种心理调节技能，即分析和解决问题、应付挫折、表达思维和情绪的能力，学会各种心理求助的能力。

6.4.3　文化素质培养工作

（1）提升文化素质培养的理念。大学生是文化素质培养的对象，又是文化素质培养效果的最终体现者。文化素质培养如果使用应试教育的方法去推行，则达不到文化素质培养的最终目的。因为文化素质的知识可以靠死记硬背的方式加以灌输和强化，但是，文化素质的运用，尤其是人文气质、文化修养和文化精神的提升，却只能靠受教育者对所受教育内容的真正理解领悟、接纳认同和长期习惯并内化，才能形成。

（2）重视文化素质培养课程的设置。各高校应当从文化素质培养的多重教育目标和根本宗旨出发，结合我国高校大学生文化素质培养的具体情况，整体设计规划出全面、完整、科学、有效的课程设置体系。增设《论语》《大学》等传统文化经典课程。在教育目标方面，应研究制定具有科学性和可行性的文化素质培养目标，对每门文化素质教育课程的教学培养目标都有明确的计划。

（3）优化校园文化环境。大学的校园文化活动实际上是最好的文化素质教育，它的多样性具有强化文化素质的导向作用。学校要加大力度支持大学生的校园文化活动，在保证学校传统特色文化活动延续的情况下要不断创新，并提供一定的资金和其他方面的支持，要加大活动的参与面和辐射面，做好宣传工作，使得好活动取得更大的人文素质教育感召力和影响力。

6.4.4 专业素质培养工作

（1）通识教育与专业教育的协调发展。大学的专业性教育和通识性教育相辅相成，具有平等的地位，二者缺一不可。大学通识教育的目标应注重学生的全方面、立体式发展，培养大学生创见的思维，实现培养能够在当今日新月异的社会发展中较好成长的一流人才之目标。大学的专业教育服务于受教育者的个人职业，专业教育的目标是通过学习课程培养方案内的专业基础课、专业核心课、专业拓展课等，结合专业实训课程提升专业技能，实现培养具有讲好的知识结构和解决实际专业问题能力的人才之目标。

（2）构建科学的学生专业素质评价体系。在广泛征集评价指标的基础上，运用专业方法构建科学的学生专业素质评价体系。结合学生个体不同的情况与专业课程不同的性质，将评价由学生学业成绩决定转变为注重学生全面素质，注重学生素质形成的过程性评价。通过对学生的课程专业知识、学习专业技能、动手实践能力的综合考察及评价，起到了积极推进广大学生专业素质整体显著性提高的导向作用。

6.4.5 创新（创业）素质培养工作

（1）提高对大学生创新创业素质培养的重视。各级政府教育主管部门和普通高等院校要在思想上予以高度重视，明确自身定位，协同服务，切实加大对创新创业教育的支持，从根本上认识到创业创新教育在培养高素质人才和提升高校教学水平的重要意义。在学生培养方案中将学科专业的课程与创新创业教育相互融合，形成教育质量水平显著提高的工作局面，确保创新创业教学目标的实现。

（2）加强对创新创业素质培养方式的改革。高校要完善人才培养质量标准，融合创新创业相关内容，进一步修订本科生、研究生培养方案以及学位授予标准。加强复合型师资队伍建设，以培养学生的创新创业能力为导向，依托学校重点学科和特色学科打造优秀教研团队和精品课程，建立“创新创业导师专家库”，鼓励学校导师带领学生做项目、攻课题、培育复合型人才，要定期对导师的工作量和工作效果进行考核与监督，形成良好的工作机制。

（3）强化在创新创业素质培养实践环节的建设。高等院校要结合自身的实际，依托特色学科和重点学科，建设创新创业教育基地和实践基地，不断完善校企、校地以及国际合作的机制与模式，吸引校外资源以及国际资源对校内创新创业教育的投入，实行产学研一体化合作。继续完善创新创业工作，依托暑期“三下乡”和寒假社会实践做好创新创业的实地调研，加大对学生参与竞赛活动的奖励力度，鼓励学生参加高水平、高标准、高要求的创新创业竞赛。形成学生走出寝室，走出课堂，走出校园，走进企业，走向社会的新局面，提升实践创新能力。

7

“四位一体”育人体系的探索：人格养成

7.1 人格养成概述

7.1.1 人格养成内涵

1. 人格的内涵

“人格”（personality）一词源自希腊文 persona，从字面上理解，人格的含义是“面具”（mask）。之后又被西方学者扩展为以下含义：“个体留在他人脑海中的印象；个体在社会生活中所扮演的角色或身份；特指一些品质优异的人；人们的尊严与声望。”在这之后，产生了许多相关的人格定义和理论。柏桦认为，人格的内在组织非常复杂，它包括人的思想、兴趣、态度、潜能、气质、人生哲学以及体格和生理特征等。人格体现了个人的社会化。① 齐爱兰认为，人格即人的性格或者个性，人格即如何做人。② 费斯特认为，

---

① 柏桦．人格——确定自我魅力［M］．北京：西苑出版社，1999：18

② 齐爱兰．大学生知识、能力与人格和谐发展研究中国农业大学学报（社会科学版），2000（4）

人格是指某人身上那些使人的行为比较稳定的、相对持久的特质、倾向或特性模式。人格的构成要素包括德育、智育、体育、美育，主张通过教育使人得到全面的发展。

在某种程度上，人格具有先天遗传因素，但与后天的教育和培养更加密切相关。在传统教育中，人们更多地会提及人格教育，但在目前应试教育的大环境下，提及人格教育，人们往往首先想到的是学校教育。这种想法折射出人们对于人格形成的惯性思维，这种惯性思维认为“完善的人格是学校教育的结果”。这是一个亟待澄清的问题，这个问题涉及人格完善的基本起点与长期效果。

自15世纪以来，对于人格的概念，哲学、心理学、教育学及生物学等方面专家给出了一百余种解释。本书观点的来源是马克思主义关于人格的定义。马克思指出，人格反映了人的本质，是人与动物相区别的内在规定。人格存在的前提条件是人的存在，人的本质决定了人格的本质。马克思说：“人的社会特质是‘人格’的本质。”他认为“主观性是主体的规定，人格是人的规定”①，主观性作为主体存在，人格作为人存在。②“人格如果与人脱离，就会成为一个抽象的东西，人也只有存在自己的种类中，才是人格的现实理念”。马克思认为，社会赋予了人格的特点，人格一旦离开了社会便不复存在。自然因素和社会因素都会在人格的形成过程中产生影响，但最主要的因素是社会因素。如果人的“吃、喝、性”等本质机能与其他活动脱离，这些机能就会成为动物的机能。③ 马克思认为，“动物只是按照它所属的需要来建造，而人却明白按照某种尺度来进行生产，并且他们知道如何将内在的尺度运用到外在对象上去，因此，人按照美的规律来进行建构。”由此可见，马克思所描述的人格，就是按照美的规律来构建自己，从而不断实现自我全面发展的过程。这个过程按照“美的规律”推进，并最终实现人的全面自由发展。

---

① 马克思恩格斯全集：1卷［M］. 人民出版社，1956：232

②③ 马克思恩格斯全集：1卷［M］. 人民出版社，1956：272

2. 人格养成的内涵

“人格养成”是“知识探究、能力提升、素质培养、人格养成”“四位一体”育人体系的目标，包括独立精神、批判思维、健全心智和公民意识。理想性、建构性和社会性是马克思所指的人格，包括的三个典型特征。即：人格的理想性、人格的建构性以及人格的社会性。不断接近理想目标、实现人全面自由发展的过程就是人格的形成过程，即人格的理想性；人格形成依照“美的规律”不断建构，并在某些阶段表现出较为稳定的特质，即人格的建构性；人格的本质是人的社会特质，人的社会属性决定人格的内容，人格的形成会受到社会环境的影响，即人格的社会性。本书所持的观点是人格是养成的。主要依据如下：人格的后天培养是可能并可行的，后天影响因素决定着人格的形成；人在实践中主动地进行人格的建构，人的主体性在人格养成中起着极其重要的作用。因此，我们开展教育培养的最终目标是让主体积极参与到人格发展的过程中。由此可知，“人格养成”的表述更为精确，其基本含义为：作为个体的人依照“美的规律”积极主动地对自我进行建构，以实现人的自由全面发展。蔡元培先生在《中国人的修养》中对培养健全的人格、塑造合格的公民提出了具体而明确的要求。蔡元培认为，决定孩子一生的不是孩子在校期间的学习成绩，而是健全的人格修养。[①] 大学期间是学生人格养成的重要时期，需要引起家庭、教育者以及社会的高度重视。一般认为，健康独立的人格包含以下几个构成要素：独立精神、批判思维、健全心智与公民意识等方面的内容。人格养成的着力点在于将学生培养成具有独立精神与自由思想的人。

7.1.2 人格养成的重要意义

近年来，经济发展水平和科技发展水平成为各国竞争力的重要影响因

---

① 近代革命家、教育家、政治家蔡元培（1868～1940年）中国近代民族学研究的先驱，中华民国首任教育总长，1916～1927年任北京大学校长，在北大开“学术”与“自由”之风。

素。在实质上，人才是各国综合实力竞争的决定因素，大学生的素质是一国人才发展水平的代表。所以，为提高社会群体的综合素质，就必须要提高人力资源水平。现在认为，人的素质早已不是单纯的智力问题，也不是单纯的道德品质的问题，而是人格特质的问题，著名科学家爱因斯坦认为：学校的培养青年人的目标应当是让他作为一个和谐的人离开学校，而不是作为一个专家离开学校。[①] 无论是大学生还是国家，都应将“为学”与“做人”放在同等重要的位置（见图 7－1）。

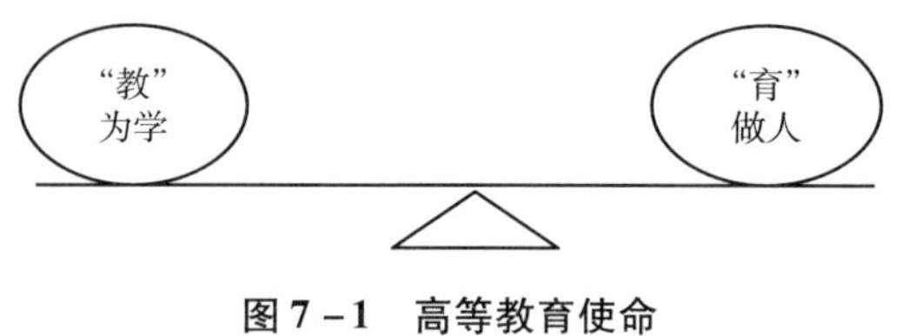

图 7－1　高等教育使命

（1）健全大学生的人格、培养有较高人文素养的人是我国高等教育改革的需要，大学生的人格养成工作与高校思想政治教育紧密相关，想要对大学生从思想层面产生积极效果，就必须把深层次的人格养成作为切入点。原因有以下几个方面：第一，人格影响着个体人生价值观念的形成。一个人的心理与人格状态必须统一并且稳定，这是人的价值观念必须统一和稳定的客观要求。否则，分裂的人格将会导致分裂观念的产生。第二，特定的世界观、人生观的内在心理依据由人格形成。世界观源于对世界的认知，虽然正确的世界观源自正确的理论指导和学习，但是缺少良性的人格状态，外在教育就难以发挥应有的效果。第三，人格是推动特定道德素质的主要动力。人格的重要特性之一是品质型。不同的质地与不同的道德倾向相互适应，从而使得良性的人格建立变得更加容易。

（2）人格养成是大学生全面发展的需要。大学生身心发展正处于逐步成熟期，包括身体机能素质、理性思维素质、道德品质素质等。个体的素质高

① 爱因斯坦．爱因斯坦文集：3 卷［M］．商务印书馆，1979：146

低与人格有着密切的关系，个体的综合素质已经成为当代社会衡量个人竞争力的重要标准。在知识探究、能力提升、培养素质与人格养成这四大育人体系中，人格养成处于核心的地位，探究知识、提升能力与培养素质的最终目的就是使学生培养健全人格，成为一个大写的“人”；同时，健全人格的养成对于学生的知识探究、能力提升与素质培养还有能动的反作用，如果知识、能力、素质没有培养全面，那么人格与理想也就成为了空谈。只有拥有了健康的人格，无论素质水平高低、能力水平强弱，都可以成为一个有益于他人与社会的人（见图7－2）。

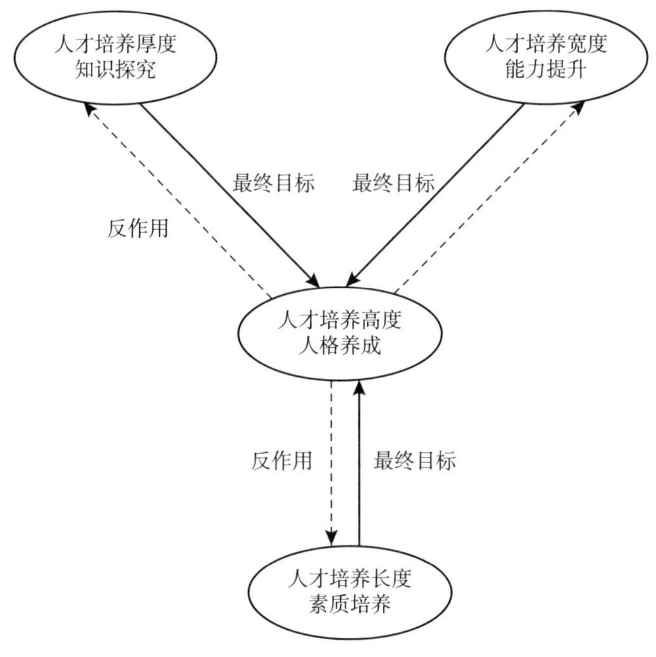

图7－2 “四位一体”育人体系

（3）人格养成对社会主义现代化建设具有重要意义。想要有效地驾驭国家这个巨大且不停在运作的机器，现代国家各方面的管理机构要求其工作人员需要具备与工作岗位相适应的现代化品质。当公民在意识和行为等方面成为具有现代人格的人时，国家的现代化才能更好更早的实现。社会现代化的本质是人的现代化，接受高等教育的大学生是中国社会主义现代化建设的生力军和后备力量，他们作为公民，是否具有现代人格关系到国家的未来和民族的希望。因此，高校需要给予大学生一定程度的指导教育，帮助大学生进行自身的人格塑造。

7.1.3 人格养成的现状

人格养成对于高校的人才培养具有重要的意义。目前国内高校对于人格培养方面做了很多有益的尝试，通过比较、归纳与提炼，目前笔者认为大致有以下几种方式：

1. 榜样示范促进人格养成

心理学家班杜拉认为，当某人目睹他人的某种行为获得奖赏和赞扬的时候，就易于促使人们模仿进行相应的行为与养成相应的态度；相反，当目睹他人的某种行为遭受了严重的惩罚时，则在无形之中会促使人们产生远离这种行为的倾向。这即是我们一般所提到的榜样或者模仿学习。纵观国内高校在榜样示范方面的做法，通常选取的榜样有：

（1）选取大学生作为榜样促进人格养成。目前国内高校多选取班级、学校内存在的在学习与工作上产生的优秀大学生作为榜样。

（2）选取先进教师作为榜样促进人格养成。通过先进教师的榜样示范力量，在教书育人的过程中通过言传身教促进学生人格养成。

（3）选取革命领袖或者当代社会的先进人物促进人格养成。通过展现这些人物身上的人格魅力，让学生产生敬佩之情，促进学生人格养成。

2. 自我教育促进人格养成

大学生完善人格的养成，不是在周密的教育与严格的督促下形成的，更重要的是在平时的生活中，通过严于律己，从点点滴滴的自我习惯养成做起，开展自我反省、自我锻炼与自我约束。目前国内知名高校包括山东大学、浙江大学、西安交通大学、北方民族大学等高校都开展了养成教育，通过积极规范日常行为，大力优化育人环境使学生在体验、参与和实践中，实现自我管理、自我教育，真正做到知行统一。

3. 环境熏陶促进人格养成

环境熏陶促进人格养成即主动运用良好的校风对大学生健全人格的养成起到正面强化的做法。目前国内高校通过提升物理与精神环境，学校与学校周边的环境，帮助学生养成健康的道德心理，帮助学生形成良好的道德人格。同时，开展丰富多彩的艺术活动，通过文学、美术、戏曲、舞蹈等形式，依靠艺术的巨大感染力，帮助学生塑造健康向上的人格。营造平等、和谐的师生、同学关系，使得学生建立正向的情感体验，从而形成健全的心智。

7.2 高校大学生人格养成面临的问题

7.2.1 人格教育地位精准性欠缺

人格教育在高校德育工作中有非常重要的作用。但是，就目前情况看，人格教育在高校的教育系统中并未取得相应的地位。

我国高校教育体系的侧重点主要在知识教育、技能教育等可量化的教育方面，而将人格教育、道德教育、人文教育等不可量化方面统一归入德育的范畴。我国各级高校没有在学校育人体系中特地加入人格教育环节，也没有提出一种标准的可行的人格培育理念。如果高校教育被局限在“两课”教学的方式，会模糊人格教育与道德教育、人文教育之间的界限，从而导致有些教师和大部分学生不明白人格教育的内容是什么、目标是什么，这最终会导致高校乃至整个社会，都不能科学地认知人格教育。

7.2.2 人格教育体系完整性欠缺

人格教育是一个系统工程，包括三个方面，分别是家庭、社会、学校人格环境。教育内容包括一个人的情绪、行动表现、价值观等几个方面。具体来说包括道德素质教育、情绪情感教育、价值观培养与行为方式培养等方面。由于我国高等教育受到传统教育的影响与高校改革滞后的制约，因此更侧重于道德素质教育与价值观教育，忽略了行为方式的培育以及情绪情感培养。道德素质教育主要侧重于价值观灌输，对道德意志教育、道德体验等内容缺乏必要的重视。高校人格教育具有培养学生优良的情绪控制力以及意志力等任务，目前大学生人格教育需要面对和处理的问题就是确立系统的人格教育目标与内容，充分重视人格教育子系统的作用，从而让大学生实现从理论到实践的转变（见图7－3）。

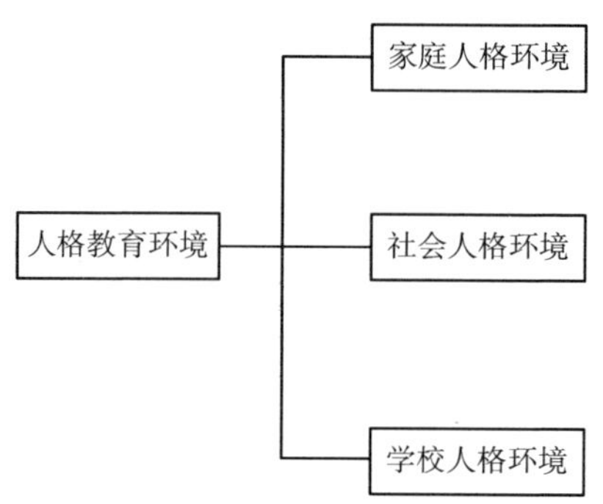

图7－3　人格教育环境系统

另外，学校人格教育环境只是整体环境系统的一部分，如果只是重视学校内部作用的发挥，而忽视家庭人格环境与社会人格环境，则很可能导致系统内部无法有序运行，从而使得学校人格教育的功能发挥不充分，如果学校人格教育的小环境在社会大环境面前想要改变目前苍白无力的现状，则需要全面整合人格教育体系。

7.2.3 人格教育资源针对性欠缺

就目前来看，高校人格教育的教师队伍组成较为复杂，以辅导员与思政课教师“兼职”教学为主，缺乏专职的人格教育方面的教师。但是我们在一定角度上也能把大学生本身当作教育者，因为相当一部分的大学生通过自我教育进行着人格塑造。据一位学者的统计，在“您所在学校开展人格教育的人员”的问卷调查（可多选）当中，当选项中分别包含“思政教师”“辅导员”“专职人格教师”“教辅人员”“学生自身”“无”的情况下，47%的人选择了“思政教师”，46%的人选择了“辅导员”，36%的人选择了“教辅人员”，值得关注的是选择“学生自身”的高达58%，此外，还有14%的调查参与者认为自己学校没有开展人格教育的人员（图7-4）。

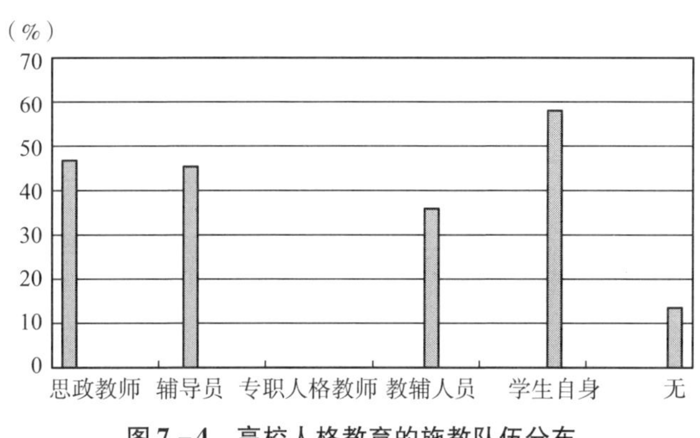

图7-4　高校人格教育的施教队伍分布

7.2.4 人格教育方式合理性欠缺

目前，人格教育的内容较为单一，形式不够丰富。在“当前学校在人格教育方面的主要内容”这一个调查问卷当中，测试结果或许能说明一些端倪：如图7-5所示，31%的人选择了“教你如何遵守纪律”，29%的人选择了“教你如何做人”，22.4%的人选择了“教你热爱学习”，与此相对应的，选择“美德教育”的仅仅只有8.1%，9.3%的“没有实施人格教育”选择比例也不容小觑。数据表明了我国的高校在人格教育当中出现了一定的偏好——管理性和约束性为主，激发性和引导性目前来说比较薄弱，有待日后加强重视。①

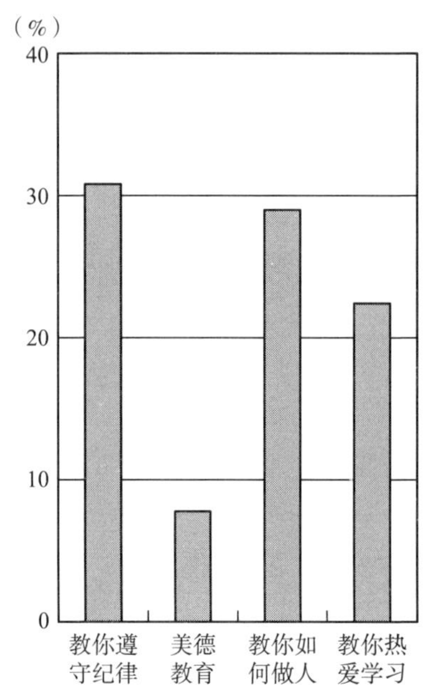

图7-5 当前高校人格教育的主要内容

除此之外，当前人格教育还是较为偏向于理论教育和口头教育两种形式，而在实践当中寓教于乐的做法则十分稀少。如图7-6所示，在调查“当前学校进行人格教育的主要形式”当中，34%的参与者选择了“口头教育”，39%的参与者选择了“理论教育”，选择“学生自我教育”和“实践教育”的比例分别是9%和8%，10%的参与者选择了学校没有开展过类似的人格教育活动。②

①② 陈绍珍. 当前我国高校人格教育存在的问题与对策研究［D］. 华东师范大学，2009

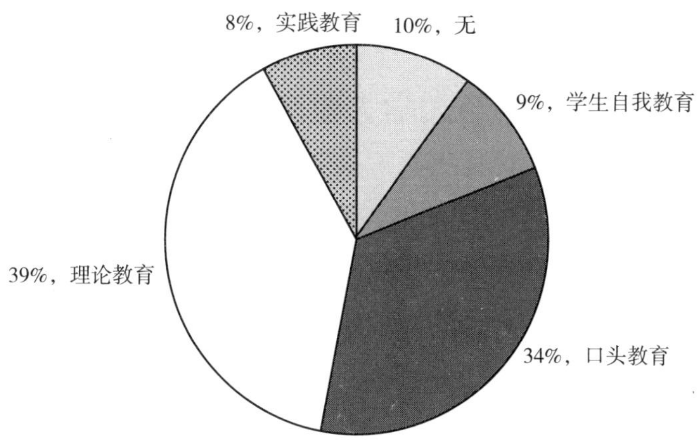

图7－6 高校展开人格教育的主要形式

7.2.5 人格教育评价体系的及时性欠缺

我国的人格教育体系缺少可量化的衡量标准，导致其教育效果难以量化，难以产生系统科学的评价体系。例如，大学生的道德行为达到何种层次、道德水平发展到何种程度等问题，无法及时地得到评价反馈。此外，因为人格教育缺乏可量化的评价标准，一些学生认为人格教育是“假大空”，他们没有充分认识到人格养成的重要性，认为大学里重要的是考研考证、托福雅思等，甚至以应付的态度来对待专业课，上课玩手机现象普遍，不愿意花费时间在自身的人格塑造上。

总之，我们认为缺乏深入系统分析研究是大学生人格教育目前存在的主要问题。尤其是在系统分析人格与人性、情感、道德、家庭、社会等内在关系的基础上，联系大学生所体现的社会地位、文化结构、心理状况、生理特点等因素，对部分大学生存在问题的多层次、多角度系统研究还不够。从大学生人格教育问题研究的发展趋势来看，我国已开始从贯彻落实科学发展观的角度与现实工作的需要，基于社会主义核心价值观理论体系的根本要求，运用人格理论研究的新成果，进行了系列研究。

7.3 安徽财经大学大学生人格养成的做法

蔡元培先生认为，教育的基本功能是让人养成健全完整的人格。教育有四个构成要素，分别是智育、体育、美育、德育，他认为教育能够使人得到全方位的发展。高等学校是培养高素质人才的重要场所，健全大学生的人格、培养有较高人文素养的大学生是我国高等教育改革的需要，更是大学生全面发展的需要。人格养成的着力点在于将学生培养成为具有独立精神和自由思想的人。大学教育不能让学生成为“就业机器”，大学教育更为重要的功能是把学生培养成独立思考的个体，成为和谐发展的人。通过课内与课外、校内与校外的有机统一，培养学生用批判性精神和创新性思维认识世界和社会。通过引导学生培养良好习惯、丰富文化知识、参与社会实践、确立奋斗目标，使得学生学会做人、学会做事、学会生活、学会学习，努力实现学生的健康成长、愉快学习，未来成为快乐工作、幸福生活的普通劳动者和合格社会公民。安徽财经大学遵循教书育人和学生成长规律，坚持以学生为中心、以学生为主体，进行顶层设计和实践探索的有机结合，创新体制机制和育人体系，鉴于大学生成长中健全人格不足的现状，安徽财经大学加强对于人格养成的重视，着力培养学生健全的人格，主要包括独立精神、批判思维、健全心智与公民意识等方面的内容。

7.3.1 注重顶层设计，培养健全人格

高等教育的价值是在大学前教育奠定的基础上培养学生健全的人格。因此，高校在人才培养过程中必须注重犹如人之两足双脚的“为学”与“做人”，任何一个人如果偏废其一，都将无法走稳行远。安徽财经大学在人才培养方案的设计上，注重培养学生的独立精神、批判思维、健全心智与公民意识。这样的人才培养侧重点充分体现了以学生为中心的教育教学理念，为

达到这一目标，2013 年，安徽财经大学对人才培养方案进行了一次大规模的调整，将原先的公共基础课模块、专业必修课模块、专业限选课模块、公共限选课模块和公共任选课模块的人才培养方案调整为全面凸显“宽口径、厚基础、强能力、多样化发展”要求的通识教育平台、特色平台、基础课平台、专业课平台、创新创业平台、实践育人平台和个性化学习平台等七大教学平台，将知识的种类由原先的书本知识进行扩大化处理，囊括大学生社会实践活动、学科和科技竞赛、参加技能培训、参加教师科学研究项目、劳动锻炼、科技发明与制作、独立申报科学研究项目、大学生社团活动、大学生志愿者活动、设计性研究性试验项目和各种专业、技能等级（水平）证书等。在进行顶层设计的时候，除了强调学生对书本知识的学习，开设心理健康教育、安全教育课程，还注重从人才培养“四位一体”的视角去逐步形成拓宽人才培养的领域。将“为学”与“做人”并重的思想贯穿其中，充分打造学生的独立精神、批判思维、健全心智与公民意识。

7.3.2 多渠道持续发力，培养学生独立精神

一个人的独立精神包括独立思考的习惯、是非判断的能力、承担责任的勇气和源自内心的力量。安徽财经大学采用多种渠道，全方位培养学生独立精神。

1. 开展启航教育、养成教育活动

“启航教育”是安徽财经大学针对本科新生实施的一项旨在帮助新生尽快适应大学学习生活、激发专业学习兴趣、培养独立自主学习能力的一项系统性、基础性教育工程，是全面深化教育教学改革，培养学生独立精神的探索与实践。各学院通过大会宣讲、主题班会、座谈会、演讲、征文、考试、开学典礼等多种形式对学生进行理想信念教育、爱国爱校教育等为主要内容的思想政治教育，帮助新生树立独立思考的习惯与是非判断的能力；开展以校纪校规教育、安全稳定教育、心理健康教育等为主要内容的行为习惯养成

与环境适应教育，帮助新生树立独立思想，顺利发展、健康成长；开展以专业学科教育、学业发展规划教育和职业生涯规划教育为主的发展规划教育，帮助新生树立独立、健康、向上的发展观和成才观，让学生的大学生活步入科学发展的轨道。

“养成教育”是安徽财经大学针对培养学生独立精神为目的开展的一系列系统性、基础性教育工程，从行为训练入手，综合多种教育方式，全面提高学生的素质，从而达到培养其独立精神的目的。通过开展“自觉遵守纪律行为习惯教育”“自主学习习惯教育”“自我管理习惯教育”“卫生劳动习惯教育”“体育运动习惯教育”五大模块，培养学生自主生活、学习、人际交往的能力，为培育独立精神打下基础。

2. 开展价值观教育

安徽财经大学在价值观教育上着力做到知行统一，努力实现三个“贯通”。首先在教学方面，实现思政课与专业课贯通。安徽财经大学摈弃独立精神靠思政课单一的教学模式，将独立精神有机地融入到专业课教学中，并结合经济、理工、人文、艺术等专业课提点，将独立精神的基本内涵、主要内容等融入整体的教学布局与课程设置中，做到价值观教育与专业课教育共融共进。其次在资源整合上，充分做到校内外资源贯通，在充分利用校园文化、校纪校规、办学传统的基础上，充分吸收学校所在行业、地域的资源，挖掘其在独立精神价值观上的功能作用。最后在实践载体方面，将价值观教育与社会建设相贯通。号召学生积极参加当地创建文明城市、重大赛会等活动，使大学生在社会实践中深化对独立精神的理解。

3. 发挥教师的言传身教作用

通过教师在课堂内外表现出的精神风貌，引导和感染学生培养独立思考的习惯与独立决断的能力，发挥学校教职工在人才培养方面的引导和助推作用。通过教师对待科学独立思考的态度来对学生起到引导和感染的作用。针对每门课程，开列有关必读书目，重视课堂教学的启发和课后习题辅导，启发学生开拓思维，从而培养其独立思考、是非判断的能力。除了思想道德修养与法律基础、毛泽东思想概论、马克思主义哲学、英语、体育、计算机等必修课外，在通识教育课中，开设了法学、经济与管理、文学艺术与教育学等模块。另外也开设了创新创业平台、个性化平台、特色平台为学生提供多种选择。学生可以根据自己的情况灵活地选修。教师用自己的情感体验营造一个和谐的课堂环境，引起学生狂热的求知欲望、强烈的内心体验与积极的思维活动。师生以包容、对话、共享的关系相处，自由自愿、独立自主地表达自己的见解、看法与主张，互相尊重、互相信任、互相合作，在和谐的气氛中进行教学任务，让学生真正成为自主、独立的学习主体，教师做到由“独奏者”走向“伴奏者”，通过自身的人格魅力与道德行为，言传身教引导学生寻找独立思考、明辨是非，实现价值追求，塑造健全人格。

4. 发挥学生榜样示范作用

在独立精神培养的众多实施方法中，榜样示范法是最贴近实际而又行之有效的方法。安徽财经大学利用大学生身边的先进典型形象、生动、具体、直观地用自身的榜样力量影响学生。安徽财经大学在校园主干道两旁，食堂、宿舍、操场等人流密集处设立宣传橱窗，橱窗中展示历史上拥有独立意识的先进人物，2012～2016 年，每年都进行“我们身边的好青年”评选，选出 100 余名具有独立向上精神的好青年，印制宣传册进行宣传；同时，利用新媒体平台，对“什么是独立意识”“怎样培养独立意识”等问题开展讨论，引导学生讲出自己的观点，起到引导学生塑造独立意识的目的。组织学生观看独立奋斗的人物传记、电视剧等，形成培养大学生独立意识的校园氛围。

7.3.3 持续推动第二课堂活动，培养学生批判思维

1. 大力开展社团建设

批判思维作为健全人格的重要组成部分，包括独立思考的习惯、是非判

断的能力、承担责任的勇气与源自内心的力量这几个方面。大学生学生社团作为校园文化的有效载体，在培养广大青年学生批判思维方面起着重要作用。安徽财经大学历来注重以学生为中心进行社团建设，社团种类丰富，覆盖人群广，学生参与热情，活动规格较高。在学校文化建设的总体规划下，各社团结合自己的特点打造了各具特色的院级文化活动品牌。五年来，社团数量由48家增加至102家，各类社团结合文明校园、文化校园、社团文化的建设主题，开展了大量的社团文化活动，在培育批判思维的同时，也充分体现了“以学生为中心”，充分尊重学生的选择权（表7-1、图7-7）。

表7-1　　学生社团类型与批判思维培养侧重点一览

序号	社团类别	数量	典型社团	批判思维培养侧重点
1	理论学习型	10	邓小平理论研究会、安财哲学社、安财学园、安财读书会等	通过学习、传播和践行先进思想和文化，培养学生独立思考的习惯与是非判断的能力
2	地域文化型	13	国际交流协会、清雅戏曲社、茶艺社、龙舟协会等	通过传承传统地域文化，帮助学生培养承担责任的勇气
3	公益志愿型	7	绿in社、大学生绿色同盟、手语协会、安财法律服务社等	通过环保公益活动，培养学生的承担责任的勇气与源自内心的力量
4	实践促进型	18	安财思辩社、论恒学社、起床协会、农耕社、演讲与口才社等	通过开展实践类活动，培养学生独立思考的习惯于是非判断的能力
5	体育竞技型	21	乒羽协会、健身协会、武术协会、轮滑爱好者协会、网球协会、棋牌协会等	通过组织开展健身体育运动，培养学生独立思考的习惯
6	文化娱乐型	21	DIY手工社、音乐爱好者协会、拍客E族协会、街舞社等	通过活动的策划与开展，培养学生独立思考的习惯
7	学术科技型	12	电子爱好者协会、大学生保险研究学会、大学生营销研究会、企业模拟运营协会等	通过活动的策划与开展，培养学生独立思考的习惯、是非判断的能力

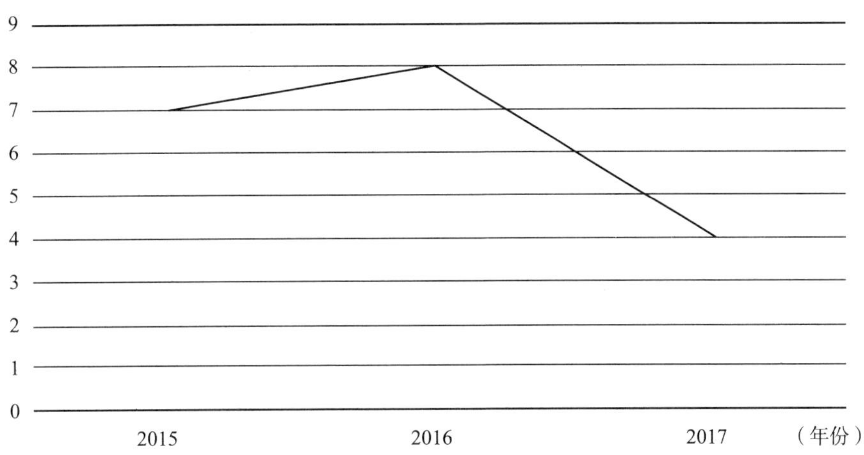

图7－7 培养批判思维的“思辨社”2015～2017年开展活动情况

注：2017年统计到7月。

2. 设计品牌文化艺术活动

大学之大就在于大学“无所不包”（universal）。通过开展各种各样的讲座、音乐、电影、戏剧和各种各样的文化艺术活动，在开展活动的过程中有丰富多彩的信息出现、有知识与思想的流动、碰撞与传播，在思想与观点的交锋与碰撞之中，给学生提供充分的选择，让他们在组织、参与活动的过程中启迪思考与探索，滋养智慧，培养批判思维。安徽财经大学开展丰富多彩的学生文化艺术活动，通过活动的设计、组织与开展，不断培育学生的批判思维。目前安徽财经大学在全校范围内积极推广“一院一品”活动，已连续举办了157次，形成了45项具有相当影响力的品牌活动，比如金融学院的证券投资大赛、会计学院的会计技能大赛、法学院的模拟法庭公演等。学生自己策划活动、亲身参与活动、事后总结活动，在这些过程中，充分培育了学生的批判思维。

加强传统文化教育，充分利用国家庆典、重大传统节日活动、升旗仪式、人文大讲坛、校友论坛、安徽省校园大舞台——徽风皖韵进高校、校园大舞台——徽风皖韵进校园经典诗歌朗诵会、高雅艺术进校园、校园文化艺术节、一院一品等平台和活动，用中华传统优秀文化资源来滋养师生，让“爱国”从书本上走入学生的日常生活中，增强社会主义核心价值观教育的实效性，推进社会主义核心价值观的传播，促进了批判思维的成长。

3. 搭建自主实践平台

学校对于营造有益于培养学生批判性思维的环境与氛围承担着主要责任。安徽财经大学引导学生参加各种研究性学习兴趣的学生组织，学生通过设计开展多样化的活动使自身的潜能与禀赋得到充分的发挥。为全面培养学生的批判精神，学校开发了大学生成长服务平台（爱安财），引导学生独立自主设计活动、自主选择参加活动，学生通过学生成长服务平台发起活动，经过学生申请、教师审核等操作过程直接完成活动并计入系统，通过平台累计发起活动已达1800多场，累计参与学生人数达到近40万余人次，充分发挥了活动育人功能，是培养学生批判意识的一次质的飞跃（见图7－8）。

图7－8　大学生成长服务平台（爱安财）平台截图

7.3.4 创新渠道，培养学生健全的心智

健全的心智就是身心健康，智慧用在正道。健全的心智包括以下特征：会自我批评，有意志力，有原则，创造愉悦，敢于承担责任，敬业，要做就做最好，细节成就大事，勤奋努力地去对待每一件事，拥有感恩的心。具体来说，就是心理和谐、情绪管理、自我调控、感恩情怀、珍爱生命、诚信意识、自我修养、真善美追求、友善他人、团队精神等。安徽财经大学围绕学生健全心智的培养，做了一些尝试。

1. 全面开展大学生心理健康教育

第一，加强组织领导，完善心理健康教育保障体系。为全力做好大学生心理健康教育工作，安徽财经大学成立了由分管学生工作的副校长任组长的心理健康领导小组，小组成员包括学生处、组织部、宣传部、团委以及各学院党委书记。领导小组下设办公室，学生处副处长任办公室主任。学生处下设心理健康教育教研室，统筹全校心理健康教育课的开设。

第二，依托心理咨询中心建设，完善心理咨询体系。早在2004年，安徽财经大学就成立了心理咨询中心。2010～2015年来共接待来访学生667名，对其中的45例严重心理危机的同学及时给予了心理疏导。该中心始终秉承自愿、平等、尊重、保密的服务理念为全体在校学生提供心理健康教育与咨询服务，帮助大学生形成正确的心理健康观，更好的认识自我（见图7-9）。

第三，创新工作形式，打造心理健康教育三级网络。2011年，安徽财经大学根据省教育厅《普通高等学校学生心理健康教育工作基本建设标准（试行)》的通知要求，制定颁布了《安徽财经大学大学生心理健康教育工作实施方案》和《关于成立院级大学生心理健康教育工作小组的通知》等文件，重点打造校、院、班的三级心理健康教育工作网络。

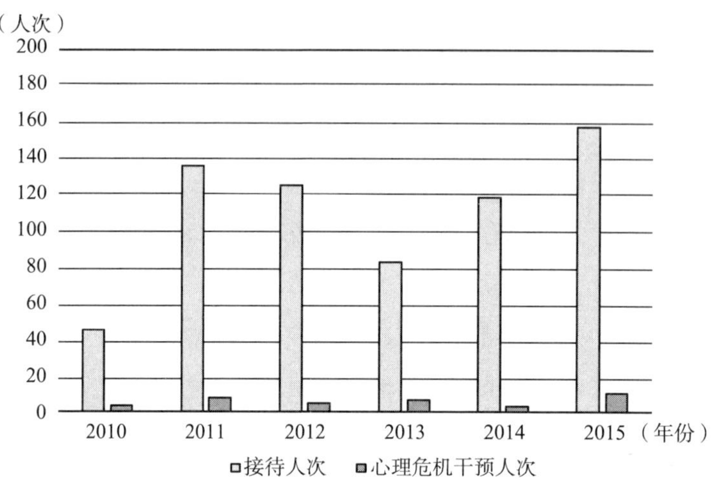

图7－9　安徽财经大学心理咨询中心接待人数及危机干预人次2010～2015年

第四，科学设置心理健康课程，加强教学体系建设。心理健康教育课程在安徽财经大学为必修课，理论学分1个学分，17个学时。以2015年为例，开设“心理健康教育”课程，安排授课教师36人，开课班级106个班，为了确保教学质量，加强教学督导，组织课堂观摩，安排132人参与听课工作，并及时反馈督导信息。此外，安徽财经大学专门设计了心理健康课程教学满意度调查表，用于学生对教学的评价，提升教学质量。

第五，加强心理健康普查，完善心理危机预防与干预。安徽财经大学心理咨询中心每年都要对大学新生进行心理健康普查，建立心理健康档案。心理测试普查内容涵盖了学生人际交往、强迫症状、精神状况、饮食睡眠等多个方面。测试后，心理咨询中心将对测试结果进行筛查、分析、汇总，并有针对性地开展心理随访，及时实施心理危机干预，消除心理隐患。2010～2015年来安徽财经大学对37706名新入学大学生进行心理健康普查，对1491名分值较高的学生有针对性地进行心理随访。通过心理健康教育，使大学生能心理和谐，学会情绪管理、自我调控、珍爱生命（见图7－10、图7－11）。

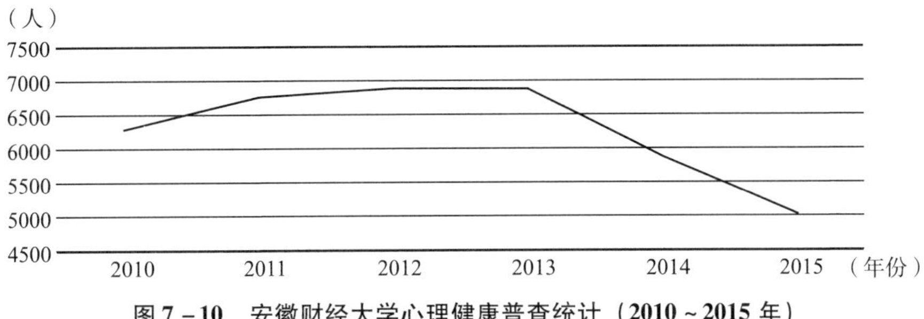

图 7－10 安徽财经大学心理健康普查统计（2010～2015 年）

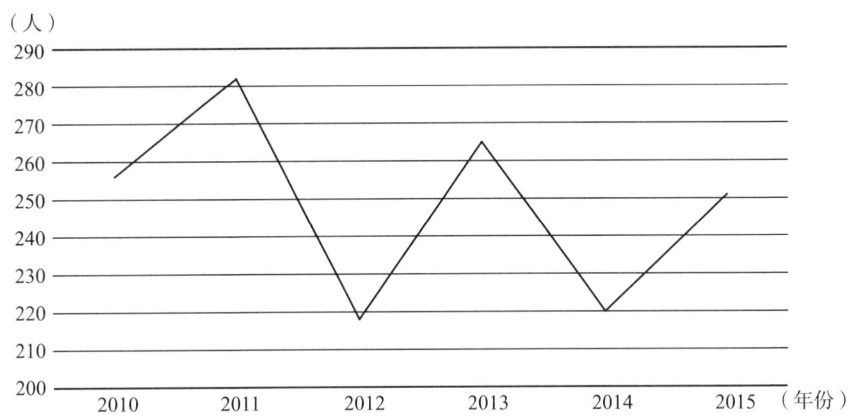

图 7－11 高分值随访人数（2010～2015 年）

2. 组织开展诚信教育，引导学生追求真善美

健全的心智，其中最为重要的是诚信意识，提高自我修养，学会友善他人。对财经类高校来说，“诚实守信”更是学生根本的职业操守和职业生命。鉴于此，安徽财经大学始终将“诚信立人”放在首位。为帮助办理助学贷款的学生树立诚信意识，学校与人民银行进行合作开展学生资助诚信教育专题讲座，诚信教育主题活动，通过校园网、宣传条幅、诚信倡议书、主题班会、征文、观看诚信教育专题片等多种多样的形式，对全校学生进行全方位、多层面的诚信教育。这些措施进一步改善了大学生思想政治教育，倡导讲文明树新风，强化大学生的诚信意识，引导学生加强自身道德修养，努力做到自重、自省、自警、自励，求真务实、言行一致。

2017年是安徽财经大学的诚信教育推进年，2016年12月，学校在前期广泛征求意见的基础上，起草下发了《安徽财经大学“大学生诚信教育推进年”活动实施方案》，以“诚信”主题教育促进学生全面发展，努力实现诚信教育与大学生思想政治教育、学生全面发展相结合，引导青年学生树立“说诚信话，办诚信事，做诚信人”的诚信理念，养成诚信待人、诚信做事、诚信学习、诚信立身的良好习惯，自觉践行社会主义核心价值观，共建和谐校园。从营造校园诚信之风、建立完善诚信教育制度、创新开展各类诚信教育活动、开展诚信志愿服务建设、加大对不诚信现象的惩戒及宣传力度、建立学生在校期间的诚信档案六个方面入手，努力营造诚信的校园文化氛围。自实施方案公布以来，先后开展了“我与诚信有个约定”主题征文比赛、诚信考试主题班会、“诚信考试”党员示范岗、三行诚信宣传语合影征集、“弘扬中华美德，做诚信公民”主题升旗仪式、“薪火相传、诚信分享”之学习经验交流活动40余场，覆盖上万人。

3. 组织开展感恩教育，培育大学生感恩情怀

感恩是一种生活态度，是一种美德，是一个人健全心智的重要表现。感恩应该是社会上每个人应该有的基本道德准则，是做人的起码修养，也是人之常情。目前社会上一些腐朽落后的思潮和不良信息的传播，正逐步腐蚀着人们的心灵，一味地索取不知回报使得一些年轻人变得自私冷漠，道德水准滑坡。对广大青年来说，感恩意识绝不是简单回报父母的养育之恩，它更是一种责任意识、自立意识、自尊意识和健全人格的体现。

首先，学校将感恩教育作为学生资助工作的目标。在学生资助工作中，学校始终坚持“育人”这一根本目的，有效地将学生的资助工作和感恩教育工作相结合。2012年，制定《安徽财经大学受助学生感恩教育活动实施方案》，组织学生开展以“自立自强、励志成才、报效祖国”为主题的演讲比赛；参与“助学·筑梦·铸人”主题征文系列传播活动，倡导学生参加学校公益活动、将受助学生每学期参与一定量的志愿服务等作为刚性规定写入学生手册等，使受资助的学生积极参加志愿服务活动，逐步实施受助学生的素质拓展、能力提升和受助学生感恩回馈等育人工程，培养学生树立爱党爱国意识、奋发进取意识、自立自强意识、诚实守信意识、勤俭节约意识、感恩奉献意识。其次，开展各类主题教育活动。在一月一主题的活动中，每年六月的教育主题是感恩教育月；通过母亲节、父亲节等节日开展各类线上线下活动，引导学生感恩父母；通过校庆、教师节等重要的日子开展感恩学校、感恩老师等活动；每年学校针对毕业生都会发布开展毕业生文明离校主题教育活动的通知，在通知中强调开展各类感恩教育，如2017的毕业生主题教育活动的主题是“感恩于心　扬帆起航”。通过各类活动的开展，培育学生感恩情怀，健全其心智。

7.3.5 扎实推进社会责任感教育，培养学生公民意识

1. 拓宽志愿服务，培育学生社会责任感

志愿服务活动的开展对于培养学生的公民意识有重要作用，对学生责任担当、社会责任感的培育意义重大。2015年，安徽财经大学先后颁布了《安徽财经大学学生社会责任教育与社会实践活动学分认证暂行办法》与《安徽财经大学普通本科学生课外教学学分制实施方案（修订）》，明确将社会实践和志愿服务作为必修学分单独列出，学生在校需修满2个社会实践学分和3个志愿服务学分方可毕业，以制度化的形式保障了学生公民意识的培育，促进健全人格的养成。

五年来，安徽财经大学以提高学生社会责任感为依托，积极开展各类志愿服务活动，积极组织开展“学雷锋主题教育月”活动，成立“安财雷锋服务站”，推动学雷锋志愿活动的常态化、长效化，大力弘扬勇于奉献的高尚品德，营造和谐的校园文化；校青年志愿者协会积极拓展志愿服务基地，共建基地14个，先后开展了“大手拉小手”“四进社区”“义务支教”等活动，累计开展活动504次，累计参与志愿者32420人次；在校内积极开展“文明监督岗”“爱心之家”“寻找丢失的你”“爱心进宿舍”“美化校园”

等品牌活动。学校团委在团省委的部署下每年积极开展志愿服务西部计划宣传动员选拔推荐工作，累计成功推荐30余名同学投身西部计划中，安徽财经大学工商管理学院2007级市场营销专业学生代表全省高校志愿者在2011年大学生志愿服务西部计划志愿者出征仪式上发言并接受了安徽电视台采访。安徽财经大学利用大学生参与志愿者服务活动的方式来帮助其锤炼健全人格，用志愿者活动来磨炼大学生自尊自强、坚忍不拔、开拓进取的人格意志，端正大学生严谨治学的人格态度，培养大学生求真务实的人格品质，并使其拥有胸怀天下的人格气度和良好的心理素质（见表7－2）。

表7－2　2011～2015年校青年志愿者协会校内品牌活动情况汇总

校内品牌活动名称	开展次数（次）	参加学生人数（人）
爱心之家	5	923
课桌净化	10	1807
爱心进宿舍	5	246
军训物资回收	5	1621
文明监督岗	140	10000
清除小广告	12	947
总计	177	15544

2. 开展社会实践，引导学生服务社会

现在的大学生基本全部是从高中校门直接进入大学校门，他们接触社会少，为人处世从书本知识出发是他们的通病，安徽财经大学经常组织学生参加各种社会实践活动，通过参加社会实践，让学生发挥积极性、主动性、创造性，将自己的优秀品质进行内化，转发为信念和行为习惯，让学生不断超越自我并适当人格得到检验、心灵得到升华。校团委通过开通“暑期社会实践团队网上招募平台”，将所有团队在招募平台统一申报，全校师生跨学院、跨专业、跨年级组队，实现了资源、学科、专业的有效整合，同时起草《安徽财经大学学生社会实践管理办法》，五年来累计组建各类暑期实践校级及以上重点团队398支，近9000人参与，建立大学生实践基地296个，全校累计4万余名学生参与到暑期社会实践中。立足实践，在活动开展过程中强化人格教育，在实践中培养学生的积极心态，在自主、合作、实践中塑造健全人格。

3. 推进民主管理，维护学生权益

民主意识、权利意识和法治观念是公民意识的重要组成部分，安徽财经大学在推进学生民主管理进程中，有着自己独特的做法。一是通过学生组织开展民主管理（20世纪80~90年代）。学生参与民主管理主要有两种途径，第一条途径是“班委—班主任—学生处”三级管理方式，通过这三级管理，保证学校各项政策、措施的传达、落实，解决较多的是评奖评优等工作；第二种途径是“系学生会—学校学生会—学校团委”三级管理方式，主要涉及的是校园活动、文化艺术、校园宣传等方面。二是设置了学生助理岗位（20世纪90年代）。为充分发挥学生的主动性，同时帮助困难学生勤工俭学，在学校各职能部门、学院各办公室，根据不同岗位招聘学生助理，学生助理通过一定的岗位参与学校各部门的管理工作，在工作中提出合理化建议，在校园里还先后形成了一些学生自发组织，如大学生自律委员会和伙食管理委员会等。三是不断创新途径和方式。2009年，为充分体现“以学生为中心”，落实学生的主体地位，使学校管理更符合学生实际，成立了第一届学生校长助理，这是学校实行民主管理、推进依法治校、构建现代大学制度的一种新形式，创新了学生参与民主管理的途径；2010年，为了深入了解学生情况，组织召开了“校长学生面对面，师生交流心连心”座谈会，自此，每年举办一次；2012年，为充分调动我校学生参与民主管理的积极性，培养学生主人翁意识和社会责任感，开展了学生校园提案征集工作，并开展了优秀提案评选；2014年，通过学生校长助理以创新、民主为宗旨举办了首期“校长午餐会”，进一步丰富了学生参与民主的途径；2015年，线上微信平台开通了“听你说”和意见信箱；2016年，全面建设“青年之声”平台，依托“青年之声”为学生解决更多现实问题，同时听取更多声音，并完善校院两级学生代表大会制度。通过不同时期学校学生民主管理的推进，培育了学生的民主意识、权利意识。

7.4 高校大学生人格养成的经验与启示

在现代教育中，人们越来越关注人格养成，与此同时，人格养成方法也不断地与时俱进。总而言之，教育方法主要涉及内部提升、外部环境塑造以及内外部相结合等方面，目标都在于人格的塑造。

7.4.1 优化课堂教学，增加人格教育内容

思想政治理论教育需要结合教育内容的特点以及学生的实际情况选用恰当的教学方法。讲授式的教学方法可以帮助学生系统化地获取知识，但单一枯燥的教学方式可能会造成学生学习兴趣低下进而丧失学习的自觉性。因此，在必要的讲授式教学方法条件下，还需要结合其他的教学方式，如引导式教学、活动式教学、探究式教学等。

传统的课堂教育着重于侧重于人生三观、理论知识等内容的灌输，通常只简单介绍抽象的概念和具体的事例，而忽略抽象概念的具体解释。具体内容的讲解应更符合学生的需要。道德的内涵和分类、道德行为的表现类别以及人格特点等方面的教育是人格教育的重要组成部分，应该得到重视。

7.4.2 强化理论认知，健全人格知识结构

大学生理论认知的强化，需从社会变革的角度对马克思列宁主义、毛泽东思想和社会主义核心价值体系进行学习和领悟。

马克思主义理论是引导学生树立正确的世界观、人生观和价值观的指导思想。马克思主义更多地从思维方法、价值观等方面表现出来，需要随社会

的不断进步而发展。在马克思主义的教育中，不仅要注重结论，更要使学生深刻体会其中的寓意，使学生学会用辩证的方法认识社会，并增强学生的学习兴趣。

在我国的社会转型时期，特别要重视社会主义核心价值观在人格教育中的具体阐释。首先是在社会主义核心价值观的指导下，正确理解各种思想间的冲突，以减少大学生在思想意识方面的困惑。其次是在社会主义共同理想的号召下，帮助大学生树立高尚的理想以及坚定的生活信念，不断进行自我人格的完善。最后在社会主义核心价值观的规范下，提升学生的道德选择能力和价值判断能力，强化学生的道德规范意识与行为价值取向。

知识结构是人格的必备基础，大学生应增强理论知识学习的同时，把握好知识结构来防止人的思维狭隘。目前各高校单一的管理方式使得学生过度专注于专业知识，而忽视了其他课程，对于一些人文素养不高的理科生来说，如果他们仅仅通过专业的线性思维去了解自己和认识社会，很容易丧失判断能力进而走入认知误区。高校人格养成则需要开展素质教育和通识教育，帮助不同类型的学生弥补知识缺陷。这样既拓宽了学生的视野，又可以满足学生对不同知识层面的需求。健全的知识结构有利于完整全面知识体系的构建，形成正确“三观”，有利于大学生人格的发展和完善。

7.4.3 注重隐性氛围，强化教师人格示范

人格养成是一种自我塑造。高校人格养成要遵循学生人格发展的自我要求，以客观的教育元素来促使学生优良人格的构建。校园的各种建设在大学生人格养成中都发挥作用。同时也要关注人的影响力，因为大学生很容易去相互模仿。高校的人格教育需要把握好大学生的这个特点，教师就可以成为大学生学习以及模仿的对象。作为与学生接触最多的教师群体，辅导员能够引导大学生树立正确的价值观，辅导员正确的价值观，对教育事业的热情，对待不同类型学生的公正心，充足的知识储备和全面深刻的思维方式等人格

内容，都在无形地影响着大学生[①]，甚至促使大学生将其作为自身人格发展的模范，学会勤于学习、勇于拼搏。这为大学生的全面发展和人格塑造提供重要的方式。

7.4.4 健全思维方式，养成乐观情绪

从道德角度来看，思维属于道德认知层面，健全科学的思维方式会影响一个人道德乃至人格的发展。大学生的思维方式是人格结构的重要组成部分，因为思维方式不仅反映了人们的价值观，同时也制约和体现着人们的价值观。这在中国传统价值观念的形成与发展方面表现得尤为明显，中国人价值观的形成由传统社会经济、政治、文化的宏观因素决定，同时也受到了中国传统文化核心思维方式的影响。中国传统文化的整体思维，坚持用全面和过程的观点来看待事物，这在一定程度上体现了辩证的思维观念，但具有笼统性和保守性的缺点。中国人以经验为基础的轻理论重实用的思维方式，在一定程度上也阻碍了中国人对自然世界规律的研究。

建立系统化的思维模式，即以理性思维为主，以经验、直觉以及形象思维为辅是当代我国大学生思维方式的培养目标。大学生只有在掌握了正确的世界观和道德理念才能不断发展自我，取得成功。理性认知中的思维方式、感性认知中的情绪情感都是系统化思维。结合部分大学生的情绪状况以及“消极教育”所产生的不良影响，我们认为对大学生开展乐观情绪的教育是十分必要的。消极情绪在每个个体上都会有所体现，教育应该通过合理的方式让学生学会调控自己的情绪、宣泄不良情绪，从而保持积极向上的精神面貌。

7.4.5 增强情感体验，培育角色意识

大学期间是学生情感的快速发展和成熟期，高校人格教育需要突出情感

---

① 唐善梅．辅导员人格特征对大学生道德人格的影响［D］．南京师范大学，2006：43

在大学生人格发展中的重要性。在日常教育活动中，通过营造不同的情感氛围来增强其对自我情感、他人情感以及社会情感的体验。而情感的体验与培养角色意识是分不开的，只有在一定角色意识的影响下，大学生才能真正体会到自己对于外部世界的情感支持和接纳。总之，大学生需要强化角色意识的培养。

大学生主要在家庭、学校以及社会扮演角色，所以大学生需要培养在这几种场合下的角色意识。正确的学校角色意识能帮助大学生更好地度过校园生活，家庭角色意识和公民角色意识也是如此。因此，角色意识培育的主要作用在于引导大学生与社会发展相适应，促进其形成系统性的角色意识和行为模式，进一步树立主人翁意识和强烈的社会责任感。

角色意识培养的主要内容包括以下方面：首先是对家庭角色的认知，主要是理解家庭的社会结构、家庭的社会功能、家庭成员间的血缘关系、伦理关系以及情感状况，从而体会自己在家庭生活中需要承担的责任。其次是对学校角色的理解，这包括理解学校的性质、职能、学校的结构、管理方法、师生以及同学间的关系、作为一名学生的权利与义务，以及自己应有的学习习惯、学习态度、学习方法等。最后是公民意识的养成，即理解一名社会公民所享有的权利以及应当履行的义务，从而形成积极的现代社会秩序理念。

7.4.6 重视环境熏陶，引导自我修养

个体人格的完善直接或间接地受到了周围环境的影响，高校人格养成也在通过环境来影响大学生的人格。环境熏陶最有效的方式是挖掘内部精神的环境，从而实施更有效的人格养成。高校人格养成需要将侧重点放在培育角度，例如在美术课程的教育中，鼓励学生学习传统的书法艺术和国画，举办丰富多彩的艺术讲座、文学艺术品展等活动，提高审美情趣。

环境熏陶的隐性化，既是高校引导学生进行自我教育的前提条件，同时也有利于学生进行自我修养、自我提高。因此我们要充分重视环境熏陶，以

此来提高大学生自我修养。人格的形成，是个体自觉选择和自主行为的结果，会受到环境因素的影响。环境因素在主体的自我调节下才能发挥其对人格的塑造作用，因此，高校不仅要重视环境的熏陶，同时也要加强培育学生的自我修养方式。

在提高自我修养方面，高校人格养成要着重培养学生的自我反省意识和慎独能力，既要通过自我反省来分析自身得失，摒弃错误观念，完善自身，从而达到提升自我的目的，同时也要加强慎独意识，要求学生即使是在没有其他人的环境下，也能够依照道德的标准来约束自己的行为，遵循道德规范，提高自控能力，培养学生的理性人格。

7.4.7 加强实践锻炼，提升生活技能

马克思在《关于费尔巴哈的提纲》里，提出了革命实践的观点，“一定要通过群众的革命实践来改革社会，使人在革命实践中接受教育，人的才能、智慧与创造力在实践和教育相结合的过程中得以不断提高，于是人格也日臻于完善。”[①] 由此可知，理想人格的实现关键在于日常生活中的亲身实践。每个人只有在亲身实践的过程中发展人与人的社会关系，才能实现自身的价值。因此，大学生需要不断将理想人格的认识付诸实践，因为只有通过实践，大学生才能加强对理想人格的理解和认知，进而促使理想人格理论的完善与发展。鲁迅先生曾说：现在青年最要紧的是“行”，不是“言”，[②] 此说法仍然适用于当代大学生理想人格的实践。目前高校也在通过各种活动的展开不断加强大学生的社会实践锻炼，如各类志愿服务活动等，但在如何引导、规范和训练大学生的日常生活技能方面，却一直未能形成完整的体系，因此大学生有必要增强日常生活技能的训练，增强对生活的认知和体验程度。成为一个受人欢迎的人是大多大学生的想法，但却不知道从何做起，或

---

① 唐国忠．人格调控原理［M］．哈尔滨工程大学出版社，2007：59－60

② 李萍．塑造现代人格——现代化进程中思想政治教育的重要课题［D］．南京师范大学，2005：29

者不清楚自己怎样的行为才会受人欢迎。出现此类状况主要是因为我们平时的教育过于注重知识教授和道德劝导，忽略了日常生活技能培训和日常礼仪教育。心理学研究发现，依靠教育和指导并不能够对大学生的道德意识及行为产生较大的约束，必须在日常生活的实践中不断巩固，形成习惯。如古时孩童年幼期间的扫洒应对，再到孔孟仁义的教导，都能看出我国自古以来就十分重视日常行为习惯的养成和人际交往能力的提升。而在当今社会，教育孩童往往从宏观的“爱国主义”“共产主义”“英雄主义”起步，再着眼于基本的文明礼仪、人际交往等素质能力，与传统方式完全颠倒了次序，使得孩子自幼就缺乏道德意识及行为的约束，没有养成良好的行为习惯，面对突发问题时往往缺乏一定的处理能力。

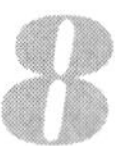

“四位一体”育人体系建设的实践：以经贸类专业人才培养为例

《国家中长期教育改革和发展规划纲要（2010－2020年）》中明确提出要坚持以人为本、推进素质教育，要求全面贯彻党的教育方针，促进学生全面发展，强调要培养学生树立服务国家人民的社会责任感、具备积极探索开拓的创新精神和能够独立分析问题和解决问题的实践能力。以学生为中心，深化教育教学改革，坚持“知识、能力、素质、人格”并重，培养信念执着、品德优良、知识丰富、本领过硬的高素质专门人才和拔尖创新人才，是创新型国家建设的战略需求，也符合市场对新型人才的基本要求。面对国际经济环境新变化和国内经济发展新要求，社会对于高素质经贸类人才的需求日益强烈，亟须大量懂理论、精业务、通外语的应用型经贸人才，然而与此同时高校经贸类相关专业的人才培养与市场需求存在脱节现象，传统经贸类人才培养模式面临巨大挑战。随着国家提出进一步完善对外开放战略布局，按照“加快构建开放型经济新体制，推动更深层次更高水平的对外开放”的部署要求，积极构建经贸类人才培养新模式，按照“知识＋能力＋素质＋人格”的专业人才培养要求，提升人才培养质量，打造人才培养特色，培养符合社会需要的复合型、创新型、外向型、应用型经贸人才，适应经济社会发展对经贸类人才的新要求，具有十分重要的现实意义。

8.1 “四位一体”育人体系下的专业人才培养概述

“四位一体”育人体系要求在专业人才培养过程中，首先要转变教育教学理念。注重“以学生为中心”，强调知识、能力、素质和人格培养并重。首先，在教育教学活动中，实现“以教师为中心”向“以学生为中心”转变，注重发挥学生在教学过程中的主动性和能动性，激发学生主动参与教学活动，引导学生自主开展知识探究；在培养过程中，从学生全面发展的需要出发，修订人才培养方案，优化教育教学内容，改革教学方式方法，系统设计课内课外活动，注重学生综合能力的提升，全面培养学生素质，注重学生人格的养成教育。

其次，要明确专业人才培养目标。专业应根据学校办学定位和经济社会发展趋势，细致剖析国家、社会和市场对专业人才知识、能力、素质和人格的要求，结合学生学习特征、成长规律和发展需要，制定符合社会市场需求的专业人才培养目标。

最后，要系统优化专业人才培养流程。要按照“四位一体”育人体系要求，修订改革专业人才培养方案，细化构建人才知识、能力、素质和人格的具体培养目标体系，统筹课内课外教学资源，整合校内校外育人平台，优化设计课程体系，更新教学内容，加大教学改革力度，构建“知识、能力、素质、人格”“四位一体”的专业人才培养模式。

8.2 安徽财经大学“四位一体”经贸类专业人才培养做法

安徽财经大学贸易经济专业、国际经济与贸易专业、国际商务专业培养的是高级经贸人才，其中贸易经济专业从1959年开始招生，在经贸人才的培养方面具有悠久的历史和丰富的经验。为应对社会需求、高等教育形势的迅速变化和我校办学定位的调整，进一步提高人才培养质量，学校不断进行人才培养模式的探索和创新，以加强理论知识培养为基础，以提高实践能力和综合素质为重点，以市场需求和社会需求为导向，以教学为中心，通过理论教学与实践教学相结合、课内学习与课外学习相结合、教学活动与科研活动相结合，形成了特色鲜明的经贸人才培养模式。

多年来，围绕我国对外开放和经济社会发展对人才需求的变化，安徽省“皖江城市带承接产业转移示范区”“合芜蚌自主创新综合配套改革实验区”，以及开放型经济发展对复合型、创新型、外向型、应用型经贸人才的需求为依据，培养具有国际视野、经济分析决策与实务能力、经贸实践技能以及较强跨文化沟通能力的应用型经贸人才，按照“经贸专业知识扎实、分析解决问题能力突出、商务环境适应能力出众、商务活动管理能力卓越、个人素质品质优良”的专业能力要求，要求学生系统掌握现代经济学和管理学基本理论，具备经贸专业业务知识和专业技能，通晓商务活动惯例、相关国际法规和跨文化管理知识，具有良好的英语水平以及开阔视野和创新精神，按照“知识+能力+素质+人格”的专业人才培养模式，使学生能在企事业单位或政府部门从事商业经营、进出口贸易、贸易投资和策划、贸易管理以及相关研究工作。

学校不断发挥经贸类专业建设的积极性、主动性、创造性，强力推进培养模式、教学团队、课程教材、教学方式、教学管理等专业发展重要环节的综合改革，适时调整人才培养方案，创新人才培养手段和方法，进行课程体系、教学内容、教学方法等方面的具体改革，使专业建设达到教育观念先进、改革成效显著、特色鲜明的目标，促进专业人才培养水平的整体提升，为安徽和全国开放经济发展、企业“走出去”战略的实施提供有力的人才支持、智力支持以及创新与决策支持。

8.2.1 人才培养方案改革

1. 明确专业人才培养目标

培养德、智、体、美全面发展，掌握系统的经贸专业理论知识，外语运用能力强，信息技术运用能力强，能直接参与国际竞争与合作的复合型、创新型、外向型、应用型高级经贸人才。毕业生能够胜任政府部门、跨国公司等多种企业、事业、行政部门的经贸业务和管理工作。

2. 构建人才知识能力素质人格体系

（1）知识结构要求。具有扎实的经贸理论功底与业务能力，较高的外语水平，熟悉通行的经贸业务规则、惯例和相关法规，了解各国政治、经济、文化、社会发展特点及运行机制。

（2）能力素质要求。有开阔的国际化思维与视野，有良好的沟通能力，有较高的外国语实际应用能力、营销能力、经营能力和管理能力，有独立获取知识、提出问题、分析问题和解决问题的能力，具有开拓进取精神，具备较强的社会活动能力。

（3）人格养成要求。在经贸业务活动中遵守职业道德和职业操守，树立良好的职业品质，具备较强的创新能力、应变能力和批判性思维能力，具有良好的团队合作精神和社会责任感，具有健全的身心。

3. 优化改造专业课程体系

（1）积极引进吸收国外著名高校中相关专业人才培养方案的实践成果，系统设计专业课程，实施了全英文浸入式、模块化教学。对职业岗位要求的知识、能力和素质结构进行模块化分解，将传统专业课程内容整合为四大模块：专业核心模块、专业特色模块、职业方向模块和创新实践模块。在课程体系上，专业核心模块的课程体系设置以加强基础、拓宽口径为重点，强化学生对基础知识的掌握，注重学生素质的培养和人格的养成。专业特色模块的课程体系则以结合现实需求为主，根据安徽经济社会发展和经贸业务活动实际需求设置专业主干课程，包括《International Economics》《International Business Negotiation》《Global Marketing》等专业课程，同时结合相应职业方向和创新实践模块课程，注重学生实践应用能力的培养。

（2）根据专业建设指导思想与培养目标，对现有课程进行跟进优化。在教学中重视跟踪当今世界经贸活动发展的最新动态，及时更新教学内容，增加符合时代要求和专业特色的课程。同时加强国外教材的引进工作，结合本专业课程建设的需要，通过深入调查和专家论证引进国外高质量的教材。对课程进行整合与重组。

（3）在专业改造和课程设置中，结合我校国际经济与贸易国家级特色专业平台建设中业已形成的课程优势和科研方向，充分发挥专业传统优势，调动每一位专业教师的积极性，加强网络教学资源建设，打造网络教学综合平台，完善大纲、教案、课件和习题库、试题库等教学资源，加强对课程教学方法的研究，强化经贸专业课程中专业核心模块、专业特色模块、职业方向模块和创新实践模块四个模块与外语能力培养的有机结合，适应经贸业务活动的需要，提升学生的社会竞争力。

8.2.2 教学方式方法改革

1. 全英文浸入式教学模式改革

根据经贸类专业人才培养新要求，经贸类专业开展全英文教学对完善教学目标、改进教学内容、优化教学方法有重要意义。“三四五”全英文教学方式改革将推进三个结合、四种教学方式、五种资源建设为主要内容。三个结合是指通过修订全英文专业课程体系实现“英语能力培养与业务技能培养的结合”，实际建立“双师型”教师培养计划落实“学生、教师、校外专家三个教学主体相结合”，加大合作办学力度实现“校内资源、企业资源和社会资源的结合”。四种教学方式是指以“演示、角色、实施、评价”为核心的四步教学法，“启发式、案例式、实践式、讨论式”四步方式法，“英语过渡、英语渗透、英语整合、英语主导”的四步学习法。五种资源建设是指将“教材、课程标准、多媒体课件、习题、案例”五种教学资源整合进网络教学平台，并通过网络平台推广教学游戏、网络交流论坛等新型的全英文教学方式。全英文浸入式教学模式改革旨在培养学生在经贸活动中的外语实际应用能力，注重学生沟通能力、分析能力的提升。

2. 全过程体验式实践教学模式改革

根据高层次应用型经贸人才培养要求，与校外合作企业共同研讨，系统设计经贸类专业方向课程，校企合作协同育人，实施全过程体验式实践教学。第一，以复合型、创新型、外向型、应用型经贸专业方向人才培养方案改革为基础，采取全过程体验式实践教学方式，从理论教学、实验实训等方面对专业课程的内容体系进行整体优化。第二，充分利用现代化教育技术，改革教学手段与方法，构建校企合作协同育人机制，建立理论教学、实验教学、实践教学等动态教学方法体系。在实践教学中引入启发式、探究式、讨论式、参与式教学等教学方法，注重观念引导、知识传授与技能培养的有机结合，加强对学生创新素质、创造能力的培养。第三，探索丰富多彩的创新创业实践活动，建立学生自主学习与个性发展奖励机制，组织、引导、管理社会实践课堂、网络课堂教育教学。全过程体验式实践教学模式改革通过任务驱动式自主学习模式，加强学生自主学习能力，培养学生独立获取知识、提出问题、分析问题和解决问题的能力，注重培养学生的开拓进取精神，促进学生个性发展。

3. 开展“项目教学法”改革

项目教学法是以提高应用实践能力和职业素质能力为导向，学生为主体、教师为主导的教学方法。在教学过程中，学生在一定的学习情境下通过项目引导、任务驱动，进行自主探索和团队协作，项目教学法有利于培养学生更全面的沟通协调、业务操作和学习创新能力。主要改革内容包括：第一，开发项目化课程。开发的原则以经贸业务岗位需求为原则，注重学生职业能力的培养。从课程结构来看，每个单元可设有两个模块，第一个模块首先介绍经贸业务各相关岗位必备的专业知识，随后是相关项目所要求的内容体系。第二，发布项目化教研课题。针对项目所涉及的教学内容和教学方法发布教研课题，并对课题完成、应用状况建立考核制度。第三，“双师型”

教师培养计划。通过构建校企合作协同育人机制，培养具有经贸专业理论和实践能力突出的“双师型”教学人才，并建立项目化课程教学管理制度，强化整个教学过程的监督。第四，打造一体化经贸网络实践教学综合平台，创造经贸业务活动职场化工作环境，直接对接校外实践基地企业，提供实践教学，以保证实训过程真实性。第五，实施“八步法”项目教学流程。包括了解各类经贸业务岗位要求、开发项目化课程、发布项目化教研课题、打造一体化经贸网络实践教学综合平台、评析项目教学效果、按修正后的课程体系与项目化课程再次展开项目教学、再进行总结和评价、聘请专家组对项目组的成果进行评估。“项目教学法”改革旨在通过团队协作式合作学习模式，培养学生具备良好的团队合作精神，注重提升学生的创新能力、应变能力和批判性思维能力。

4. 创新校企合作“创业实战竞赛”教学新模式

以跨境电商特色方向为例，安徽财经大学在经贸类人才培养过程中融合当今跨境电商行业的真实环境，将跨境电商平台企业、跨境电商运营企业以及学校师生进行有机关联，构造了具有现实意义的校企合作创新模式。依托跨境电商教学环境开展“跨境电商创业实战竞赛”，学生创业团队在企业辅导下独立运作，在阿里速卖通、敦煌网等跨境电商平台上开展 B2C 或 B2B 业务运营。企业负责为学生提供可分销的 SKU，学生也可以自主寻找产品，每个创业团队在经过集中培训后，自主完成跨境电商选品、产品定价、发布与优化、店铺设计与优化、营销活动、订单与客户沟通、服务等跨境电商业务运营，企业在收到学生订单后负责完成发货。学生与真实的生产厂家和跨境电商运营企业对接，在真实的跨境电商交易平台上进行真实的贸易，面对真实的国外客户，获得真实的订单，产生真实的利润，提高学生实践教学活动的参与度，提升学生的创新创业和就业能力。校企合作“创业实战竞赛”教学模式可以使得学生身处真实的经贸业务环境之中，了解经贸业务活动中的职业道德和职业操守，有助于学生树立良好的职业品质，培养学生的营销能力、经营能力和管理能力。

8.2.3 实践育人体系改革

（1）根据经贸类专业方向培养“四型”人才的目标，修订人才培养方案，构建合理的实践育人体系。应用型人才是本科人才培养的基本目标，实践能力是市场对应用型人才的客观要求，为了适应经济社会发展需要，提高学生的实践能力，在已有的实验课的基础上进一步增加课程实验、专业综合性实验、跨专业综合性实验和设计性、自选性、协作性实验，嵌入特色教学内容，形成课程实验、专业综合实验、跨专业综合实验、拓展性实验的交叉立体的实验教学体系，通过实验教学提高学生的信息处理能力、综合应用能力和创新能力，达到培养“四型”人才的目标。

（2）鼓励教师创新实践教学模式和对实验教学模式的研究，提升实验教学效果。转变教学观念，实现从知识培养为能力培养的转变，树立“能力优先”的培养目标，强调学生的动手能力，重视学生的学，而不是老师的教，注重在教与学的互动中提升学生的实践能力。在实验教学中打破传统的教学模式，采取以学生为主体、以教师为主导的教学模式。在新的教学模式下，教师是教学活动的指导者和组织者，学生是知识的主动发现者和探究者，教学内容是学生以提高业务素质为核心的学习内容，教育技术不仅是教师的教学工具，而且是学生能动学习的认知工具。在实验教学中，通过师生之间、学生之间的讨论、协作，与理论紧密结合的实践，使学生能够发现知识、理解知识、综合应用知识，形成自己的知识结构。为了提高学生的学习兴趣，通过硬件和软件的搭配，在真实的经贸业务活动环境中，让学生扮演不同的角色，通过实验掌握业务流程、掌握每个角色应完成的工作，从而提高学生在经济全球化条件下从事经贸活动所需的外语能力、跨文化沟通能力、业务操作能力、分析决策能力和创新创业能力。

（3）加强校企合作实践基地建设，打造一体化经贸网络实践教学综合平台，构建真实的经贸业务环境，实现校企合作协同参与的综合实践教学，让学生在真实的环境下开展综合实验，并做到信息共享，并且通过搭建 FTP 服务器，提升实践教学管理的信息化水平。

8.3 经贸类专业人才培养的思考

8.3.1 经贸类人才培养存在的问题与不足

1. 学科专业细化分割

高等院校学科专业设置的细化对于形成优势学科和特色专业具有重要的作用，是高校学术专门人才培养的现实需要。但细化的学科专业事实上造成了学科专业间的分割，专业间缺乏有效融合，对于应用型本科人才培养而言，不利于学生综合能力和素质的提升，高校在人才培养过程中应充分利用优势学科资源所搭建的平台，尽可能为人才培养提供便利条件。安徽财经大学自 2015 年开始在人才培养上采取了“大类招生、专业分流”的方式，首先按专业（类）招生录取，学生进校后，根据学校实际，结合学生申请实行两次分流。第一次分流在大一年级结束前，学生原则上自愿选择继续修读专业类或转入其他专业类；第二次分流是学生选择专业类内本科专业，在大二年级结束前，学生原则上根据本人志愿在正在修读的专业类内部选择专业。“大类招生、专业分流”在很大程度上解决了人才培养上“通才教育”和“专业教育”的两难困境，能够显著提升学生的综合能力和素质，实现“宽口径、厚基础”的人才培养目标，但是由于学科专业分割带来的院系设置细化，从而产生教学资源的固化，事实上对高层次应用型人才培养造成了障碍。

2. 教学理念有待更新

教育教学理念的更新对于教学改革至关重要，是推进“四位一体”育人体系建设的重要环节。在教学活动中，通过积极发挥教师的主导作用，以学生为中心，积极调动学生学习主动性，激发学生学习兴趣，才能培养实现学生自主开展知识探究，学生的创新思维和意识，提升学生综合能力和素质。但是在现行的考核激励政策下，教师缺乏教育教学改革热情，教学投入不足，缺乏不断更新教学内容，改进教学方式方法的动力。在课堂教学活动中，教师仍然存在以教材讲义为中心，以满堂灌的课堂讲授方式为主，仅仅注重知识传授，缺乏对于学生创新思维和创造能力的培养，不重视激发学生学习的主观能动性，这在很大程度上制约了经贸类人才培养目标的实现。

3. 实践教学环节薄弱

实践能力是市场对应用型人才的客观要求，通过实践教学环节提升学生实践能力，能够使得学生在学习过程中将理论付诸实践加以检验，从而提升学生学习的主动性和创造性。为了适应经贸发展需要，提高学生的实践能力，学校在已经有的实验课的基础上进一步增加课程实验、专业综合性实验、跨专业综合性实验和设计性、自选性、协作性实验，嵌入特色教学内容，形成课程实验、专业综合实验、跨专业综合实验、拓展性实验的交叉立体的实验教学体系，通过实验教学提高学生的信息处理能力、综合应用能力和创新能力。同时通过建立校企合作实践教育基地，搭建专业校外实践平台。但是囿于学校地处欠发达地区，可以利用的校外企业资源不足，难以满足学生实习实践需要，另外企业在安排学生实习实践活动时，基于商业安全的考虑，导致实习实践活动也多停留在调研参观的形式上，对于学生实践能力培养的作用不显著。

8.3.2 展望与思考

1. 更新教育教学理念

为了适应经济全球化和国际国内经济发展新变化和新趋势，我们只有进一步按照高等教育规律，转变教育教学思想，更新教育教学理念，持续推进教育教学改革，才能培养出适应经济社会发展、符合社会需求的高层次应用型经贸人才。在教育教学活动中，必须牢固树立以学生为中心的理念，促进学生在知识、能力、素质和人格上的全面发展。

2. 明晰人才培养定位

针对学校发展定位，应进一步明确高层次应用型经贸人才培养定位。在人才培养过程中，通过激发学生学习的主动性，让学生自发学习，自主探究，培养学生创新意识，提升学生独立分析解决问题能力，使得学生系统掌握经贸相关的基本理论、基本思维方法与基本实践能力，在此基础上通过整合课内课外、校内校外资源，全面培养学生综合素质，注重学生健康人格养成。

3. 修订人才培养方案

根据经贸类专业人才培养，进一步研究经贸活动对专业人才培养的新要求，遵循高等教育发展规律，体现先进的教育理念，不断改革人才培养方案，制定出符合经济发展需要的，知识、能力、素质、人格协调发展的经贸专业人才培养方案和课程体系，培养具有基础扎实、知识面宽、综合素质高的具有创新精神和创业能力的复合型、创新型、外向型、应用型人才服务。

4. 优化课程体系设计

按照高层次应用型经贸人才培养定位，优化设计课程体系，从而实现“知识、能力、素质、人格”培养的有机统一。结合“大类招生、专业分流”的培养改革和“三分”人才培养的需要，进一步优化课程体系结构，通过强化专业基础理论课程实现对于学生知识探究能力、创新思维能力和分析问题能力的培养，通过加强交叉综合课程培养学生整体认知能力和宏观思维方式，拓宽学生的知识面，提升学生的综合素质，通过优化创新实践课程培养学生的创新精神和实践能力。

5. 强化实践教学环节

结合经贸类专业特点和人才培养要求，增加实践教学比重，确保专业实践教学必要的学分和学时，在教学上，除了实施“实战式”教学模式，引进业界人士进课堂外，还鼓励学生走出课堂，走进企业，亲身体验经贸业务员的本质特性，同时根据专业课程实践教学环节要求，加强实验室、实习实训基地和实践教学共享平台建设。提高校内实验实习基地建设的规模与水平，加强与校外教学实践实习基地合作，提升校外合作教育基地的层次和联系紧密度，实行“双师型”教学模式，加强实践教学环节，提高学生的实践能力。形成先进的实践教学理念，重视实践教学，坚持不断的实训，构建以学生为主体的实践教学模式取代传统的教师主体式的模式，构建主动适应社会发展所需经贸人才的培养体系。

6. 推进教学方式改革

在教学方式上，在专业课程的教学过程中，进一步推进全英文浸入式教学方式和全过程体验式实践教学方式，提升学生的专业实践能力和外语实际应用能力。采用理论教学与实践教学相结合的手段，适当增加实践实训课比例，增加社会实践等课外教学活动的比例，增加创新性实验内容。改革专业课授课方式，从教师“填鸭式”教学为主到教师辅导为主方式转变，从“以教师为中心”向“以学生为中心”的教学方式转变。在教学过程中，重视“启发式”教学、“讨论式”教学和“分层次”教学，重视不同个体的个性特征和认识特点，注重因材施教。丰富和完善课程考试形式，根据课程实际情况将口试（答辩）、小论文（设计）、调查报告、课程论文等纳入考核体系。

“四位一体”育人体系国际商务课程建设

9.1 “四位一体”育人体系课程建设概述

高等学校专业课程建设是提升人才培养质量的关键环节，也是体现“知识、能力、素质、人格”四位一体人才培养模式的重要抓手。第一，通过明确教学目的、要求，课程重点、难点，可以帮助学生深刻理解每门课程中重点名词、主要科学规律、知识应用方法以及知识点的扩展性描述，达到清晰梳理知识脉络、熟练掌握知识要点、学会理论向实务转换，从而实现“厚基础、善分析、能应用”的知识掌握。第二，知识向能力的转换也体现在课程建设中。事实上，课程包含的能力要求就体现在知识中，不过能力体现与知识掌握的内涵与外延并不相同。一方面，能力的内容穿插多个知识点，其内涵是知识体系的重新编排与运用；另一方面，要实现课程要求的能力，学生还需要其他课程的扩展性知识体系，实现综合掌握与综合运用。由此，达到“运用知识、综合知识解决问题”的能力体现。第三，素质既是能力得以发挥的基础，也是学生知识掌握、能力体现向成长性转化的重要渠道。高等学校的素质教育就是要求课程建设改变应试教育的弊端，强调发掘学生学习潜能、学习兴趣、学习特长，通过因材施教、多样化考核，达到“特长、自信、全面发展”的素质培育。第四，高等教育除了给予学生知识、能力与素质，还担负着塑造学生良好品质的任务。这包括团队精神、责任感、意志力等。这种人格养成不仅体现在课程教学环节，更体现在围绕课程开展各项课外延展学习、特别是参与各类课程相关竞赛，通过学生团队合作培养其组织协调、责任感等良好品质，形成“敢于担当、善于沟通、愿意学习、永不言败”的人格养成。

因此，围绕“知识、能力、素质、人格”四位一体人才培养模式开展课程建设对于革新教学理念、优化教学流程、提升教学效果都有重要意义。不过，要实现这一点，需要在课程建设中做好“五个关键环节”的活动。

第一，梳理专业人才培养逻辑关系，将学院宗旨→系所宗旨→能力培养→培养模式的整个关系落实到每门课程，明确每门课程应实现的能力要求。“四位一体”育人理念强调“知识→能力”的转化，只有明确了课程要达到的能力目标，四位一体下的课程建设才能有的放矢，教学过程才能起到“知识→能力”的串联作用。第二，以课程网络化教学平台为抓手，规范课程教学材料、完善教学视频，为知识掌握提供教学材料基础。第三，突出教学方法革新，以“大班＋小班”授课方式来配合课后作业制度，实现课后作业布置、讨论、发言、解惑完整流程，为学生能力体现提供平台。第四，改变传统闭卷考试方式，强调多样化考核，持续推进考核方式改革工作，为学生素质培育提供手段。第五，围绕课外延展学习开展各项活动，培养学生团队合作、竞争精神，激励其学习欲望，为良好的人格养成提供渠道。见图9－1。

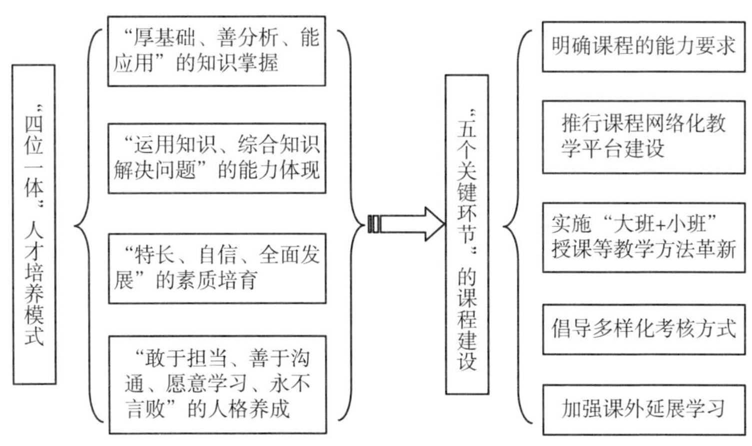

图9－1 “四位一体”育人体系

9.2 《国际商务》课程落实“四位一体”育人体系的做法

《国际商务》课程作为国际商务专业的核心专业课，一直是国贸学院加强课程建设的重点工作，目前该课程围绕“五个关键环节”已经形成了一套行之有效、操作规范、学生反响良好的课程教学体系，为落实“知识、能力、素质、人格”四位一体人才培养模式提供了一个较好范例。

9.2.1 梳理课程知识、能力体系，为落实“四位一体”培养模式提供逻辑框架

按照国际商务专业人才培养逻辑关系，将校训→学院宗旨→系所宗旨→能力培养→培养模式的整个关系梳理清楚。将“四位一体”育人理念下的能力培养归结为“商务环境适应能力、商务问题解决能力、商务活动管理能力、个人品质”四个方面。

在此基础上，总结国际商务专业人才能力要求，并区分为一级指标和二级指标，并对一、二级指标进行编码。

表 9-1　国际商务专业人才能力

一级指标	二级指标	代码
基本能力：是国际商务人才必须具备的能力		
商务环境适应能力（A）	跨文化沟通与适应力	A1
	运用外语能力	A2
	应用国际经贸法律和惯例能力	A3
	应用国内外经贸政策能力	A4

续表

一级指标	二级指标	代码
专业能力：基于基本能力，在商务活动中展现解决专业问题的能力		
商务问题解决能力（B）	应用财务与国际金融知识能力	B1
	国际市场调研与预测能力	B2
	商务策划能力	B3
	进入新市场能力	B4
	建立与维护客户关系能力	B5
	商务谈判能力	B6
管理能力：是基本能力和专业能力的延伸，是一个管理者必备的能力		
商务活动管理能力（C）	市场信息获取及处理能力	C1
	组织协调与管理能力	C2
	规避风险能力	C3
素质养成：有效开展商务活动中的个人品质		
个人品质养成（D）	创新与应变能力	D1
	职业道德与操守	D2
	团队合作能力	D3

随后，对每门课程确定相应的能力培养目标，并按照章节体系、考核形式进行归类，以明确该课程各个章节试图通过知识要点达到何种能力培养，以及其相应的考核方式。《国际商务》课程知识、能力体系的逻辑关系如表9－2所示。

表9－2　《国际商务》课程体系框架

一级指标	二级指标	代码	章节体系	考核形式
基本能力：是国际商务人才必须具备的能力				
商务环境适应能力（A）	认识理解文化差异与跨文化管理	A1	第2、3、4、10章	案例讨论、练习
	了解、认识国际商务法律环境	A3	第3、4章	案例讨论、练习
	了解认识东道国政策能力	A4	第3、4章	案例讨论、练习

续表

一级指标	二级指标	代码	章节体系	考核形式
专业能力：基于基本能力，在商务活动中展现解决专业问题的能力				
商务问题解决能力（B）	认识理解国际金融与财务知识	B1	第3、9章	案例讨论、练习
	国际市场调研与预测能力	B2	第3、4、7、8章	案例讨论、作业、练习
	商务策划能力	B3	第6、7、8、9、10章	作业、演讲
	进入新市场能力	B4	第8章	案例讨论、练习
	建立与维护客户关系能力	B5	第8、10章	案例讨论、练习
管理能力：是基本能力和专业能力的延伸，是一个管理者必备的能力				
商务活动管理能力（C）	市场信息获取及处理能力	C1	第3、4、7、8章	案例讨论、练习
	组织协调与管理能力	C2	第5章	作业、案例讨论、练习
	规避风险能力	C3	第3、4、9、10章	案例讨论、练习
素质养成：有效开展商务活动中的个人品质				
个人品质养成（D）	创新与应变能力	D1	所有章节	演讲与讨论
	职业道德与操守	D2	所有章节	提问与讨论
	团队合作能力	D3	所有章节	演讲

通过这一系列逻辑关系的梳理过程，每个课程组都能够明确地了解本课程在国商专业人才培养目标中的作用，并能够结合课程知识体系梳理清楚知识→能力转化的具体要求，并通过配合相应的考核方式，为实现这一转化提供手段。

9.2.2 强化课程网络化教学平台建设，为知识掌握提供基础

课程组建设是落实“知识、能力、素质、人格”四位一体人才培养模式的基础，而课程网络化教学平台是强化“知识掌握”的重要抓手，借助网络教学平台建设可以将“教学材料准备→材料规范→系统性整理”的全过程统一起来。从2015年起，国际商务系开始推进《国际商务》课程网络化教学平台建设工作。

1.《国际商务》课程网络化教学平台的建设方案

（1）组织课程组教师研究课程建设现状，分析课程建设与学校本科人才培养要求的差距，抓住制约专业建设与教学改革深入发展的关键问题，寻求破解难题的方法。

（2）设计符合本科人才培养要求的课程教学方案，针对教学大纲、教学内容、教学方法与手段、课堂教学与课堂延续教学的组织、课程考核方法、实践教学等教学环节，研究与细化课堂教学和课堂延续教学的内容，建立明确的课程标准，并注重建立对本门课程的质量检查和监控机制。

（3）改革课程教学内容与考核方法。适应经济社会发展要求，课程内容更新及时合理，注重引进学科发展新动态，能反映创新能力和综合素质的培养。教学内容应具有科学性、系统性、逻辑性、前沿性、合理性和实用性。

（4）改善课程教学组织，改革课程教学方法。建立课程组教师集体备课与教学探讨交流制度。积极探索现代教学范式，选取与课程教学实际最相符的教学方法，形成“以学生为中心”的教学体系，实现教与学互动，打造一套规范的、切实有效的、能够激发学生学习热情与兴趣的课堂教学与课堂组织形式。

（5）改革课程教学手段，进一步完善网络教学平台，提升课程教学的信息化水平。积极利用网络教学平台，建成全课程的视频公开课，并完成适量的微课建设。通过“翻转课堂”等网络化数字多媒体交互式教学模式改革，有效运用混合式教学模式，建立在线课堂。

建设方案的基本思路见图9－2。

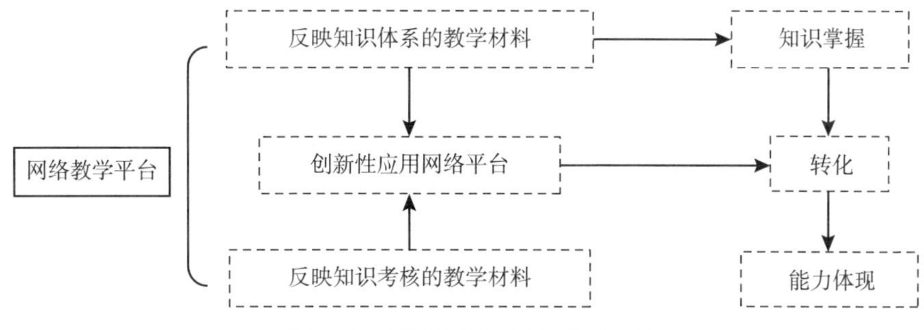

图9－2　网络化教学平台建设方案

2.《国际商务》课程网络化教学平台的建设成果

（1）围绕“知识、能力、素质、人格”育人体系，科学设定教学理念。《国际商务》课程网络化教学平台的教学理念着重定位于“系统地掌握国际商务的基本理论、基本方法和基本技巧；培养批判性思维与创新能力、口头沟通能力与书面表达能力；提升商务活动综合素养”。

（2）围绕知识探究，细化教学目标。《国际商务》课程网络化教学平台的教学目标强调4个方面的知识探究：第一，掌握国际商务基本理论。第二，了解国际商务环境及其特点，掌握国际商务环境构成。第三，熟悉国际商务战略。包括企业经营战略、国际经营战略、国际竞争力、国际竞争战略等。第四，熟悉国际商务的业务管理。包括国际生产与技术管理、国际市场营销管理、国际财务管理、国际人力资本管理等内容。

（3）完善课程教学方法，促进能力提升。第一，参与式教学法。根据本课程特点，在课堂教学中，作为授课教师，主动走下讲台，走近学生，由教学活动的主导者转变为教学活动的组织者。第二，启发式教学法。在介绍相关基本理论后，积极引导学生结合现实问题进行思考，促进学生思维和想象力的发展。第三，案例教学法。在课程讲授过程中，通过选取典型案例，加深学生对基本理论的理解和认识。第四，情境式教学法。在教学活动安排和组织过程中，要求学生自行分组，按照商务工作的需要，进行组内分工。

（4）科学设计考核方式，强化素质教育。在考核方式上，网络化教学平台通过优化设计，设置多元化、多视角的贯穿教学全过程的考核评价手段，注重学生平时课堂表现，加大平时考核的力度，通过课堂交流、分组讨论、案例分析、小组报告等多种考核形式，提高学生在教学过程中的参与度，强化学生对于国际商务基本原理和策略的掌握，力求增强学生从事国际商务活动的实际能力，改变学生为了应付传统考核形式而进行的死记硬背式的被动学习局面。

（5）细致编排课程网站，实现三大理念。《国际商务》课程网站实现了三个理念。第一，学生主体性理念。国际商务课程主页设计的基本理念是充分挖掘和发挥学生的主动性，设计教学过程，充分发挥学生的主体性作用，使学生积极主动参与教学过程。第二，过程导向性理念。学生通过“学习大纲”“学习课件”“视频观看”“参考书目阅读”“课后习题测试”等五部分分阶段完成不同任务，达到“做中学”的教学目的，教师成为任务的安排者、引导者和检查者，培养了学生自主解决实际问题的方法和能力，提高了学生的责任感和成就感。第三，构建学习观理念。学习是一个积极主动的构建过程，最好的学习是个性化学习，最好的教育的是自主教育。学生在经历一系列的课程学习任务后，让学生主动构建自己的经验和知识体系。

9.2.3 开展“大班+小班”试点，为能力提升提供平台

“大班+小班”试点采用大班授课、布置案例作业、小班进行讨论的方式进行，依托《国际商务》网络教学平台，对《国际商务》正常教学进行有益补充，根据网络教学平台上的案例作业，对自然班进行分组，围绕案例进行分析和讨论，使得学生不仅对《国际商务》这门专业核心课程有更进一步的掌握，更对国际商务专业的课程体系以及课程之间的联系有更进一步的了解。

1. 小班教学工作内容

第一，根据教学内容进行分工编写案例；第二，每周在固定的时间（每周90分钟）、固定的地点（教室或者其他可以作为教室的场所）对学生进行案例讲解和组织学生讨论（每个班级学生人数是21人或22人）；第三，批改学生的案例分析作业；第四，期末根据学生出勤情况、讨论情况和作业完成情况给出学生的平时成绩，上报课程组组长。

2. 课程组工作要求

第一，课程组教师不得无故迟到、早退或者取消课程，不得任意调整和

删减教学安排。如确实需要调换课程的，必须向课程组组长报告。第二，课程组教师必须认真记录《小班教学记录表》和《小班教学平时成绩记录表》。第三，课程组教师必须认真批改学生的案例分析作业。第四，课程组教师至少每月针对小班教学进行一次经验交流，并填写《小班教学课程组经验交流记录》。

3. 小班教学管理流程

每个小班教学老师在完成案例作业讨论后，填写《小班教学记录表》《小班教学课程组经验交流记录》，并交由组长汇总。其中，《小班教学记录表》主要包括教师、教学时间、教学内容、学生到课情况、教学执行情况说明，并由学生代表和课程组长签名；《小班教学课程组经验交流记录》主要包括交流时间、地点、讨论主题和讨论内容概要以及记录人签名。

4. 小班教学考核方式

最后，小班教学课程组按照“出勤、讨论、作业”三项考核标准，给出小班教学总成绩。本次“大班＋小班”试点中学生参与积极、作业和讨论态度良好、期末总成绩优秀。

总体来看，基于网络教学平台的“大班＋小班”授课模式较好地解决了“知识掌握→能力体现”的转化，学生通过大班授课可以获得更好的知识性传授过程，再通过小班讨论，实现对知识理解、知识应用、知识创新过程，并在团队合作下激发出更强的学习欲望和创新创造能力。通过这一创新性的教学过程，网络教学平台所提供的“知识掌握”功能与现实国际商务案例得到结合，引导学生观察现实世界发生的问题并思考、运用所学知识解决这些问题，真正将《国际商务》课程的教学目标与国际商务专业所倡导的“商务环境适应能力、商务问题解决能力、商务活动管理能力、个人品质养成”相互结合，让学生在大学阶段就开始理性思考未来工作中可能遇到的国际商务问题并摸索出解决这些问题的基本规律与具体做法。

9.2.4 强调多样化考核，为学生素质培育提供手段

虽然“小班教学”可以对《国际商务》正常教学进行有益补充，但是《国际商务》课程组也认识到“大班教学”的优劣依然是影响该课程授课效果的重要因素，有必要在“大班教学”中倡导因材施教、多样化考核，以最大限度地实现更好的素质培育。课程考核方式多样化可以避免“一考定成绩”，尽可能消除学生“考前记得快、考后忘得快”等消极现象，让学生在课程学习中结合案例讨论、作业、课堂发言等多项评分标准，充分发挥学生不同特长，实现个性化发展。

《国际商务》课程作为国际商务专业核心基础课程，是基础课程、考试课程，授课对象一般是国际商务专业本科二年级学生，开课时间是每学年的下学期，51 学时，3 学分。不过，《国际商务》课程内容较多，其知识体系几乎涉及国商专业学生大学后两年所学的全部专业课程。因此，开设该课程的目的是让学生较全面了解国际商务专业的课程体系、国际商务从业范围和内容，以及国际商务课程体系中各相关内容之间的联系。但是，传统的考试方式难以实现这些教学目的，也很难引导学生将学习注意力和主动性向这些教学目的倾斜。平时考核以及期末考试往往只是给予学生考试及格的压力，死记硬背《国际商务》教材中的相关概念，而面对一些综合性的材料题或者实际中复杂的国际商务操作，学生很难体现出综合分析能力，不能很好地将理论与实际相结合。同时，平时课堂点名也不能很好调动学生的积极性，仅仅是显现出学生到课的假象，而学生并未真正融入课堂教学。

因此，《国际商务》课程组成员在充分讨论基础上，认为传统的“平时考核 + 期末考试”有必要在内容上和结构上进行改革，以便充分调动学生学习主动性和积极性，提高学习效率。

1.《国际商务》课程考试改革的基本思路

《国际商务》课程考试改革方案主要通过设置多元化、多视角的贯穿教

学全过程的考核评价方式，注重学生平时课堂表现，加大平时考核力度，通过课堂交流、分组讨论、案例分析、商务模拟企划、实践总结等多种考核形式，提高学生在教学过程中的参与度，强化学生对于国际商务基本原理和内部联系的掌握，力求增强学生从事国际商务活动的实际能力，改变学生为了应付传统考核形式而进行的死记硬背式的被动学习局面。

《国际商务》课程考试改革采取多元化的考核方式，考核仍然分为平时考核和期末考核两部分。按照课程教学目标要求，考核内容包含了国际商务基本理论和国际商务综合运用能力，注重考核学生综合能力。不过，在具体考核过程中，平时考核主要考核学生的学习态度、教学活动参与度，通过出勤率、课堂案例讨论以及模拟操作完成情况衡量；期末考核则主要考核学生对于所学知识的综合运用情况，衡量其从事国际商务运营的实际能力和团队合作协调能力，主要通过国际商务模拟操作和企划书等形式考核。

2.《国际商务》课程考试改革的方案

在《国际商务》课程的成绩评定及考核形式上，课程总成绩包括平时成绩和期末成绩两部分，具体构成及比例为：课程总成绩 = 平时成绩（50%）+ 期末成绩（50%）。

（1）平时成绩包括出勤率（10%）、课堂案例讨论和分析（10%）、小组商务模拟（30%）。

（2）期末成绩由国际商务模拟企划案（30%）和期末总结（20%）两部分构成。根据选课情况，要求学生自行分组，抽签确定模拟企划案的内容，在组内分工的基础上，就模拟商务企划案涉及的议题进行前期准备，模拟国际商务操作场景，在全英文的国际商务环境下，在期末进行随堂国际商务实战演示，并提交国际商务模拟企划书。另外要求各组同学在模拟运营后就本组在操作前期准备、策略选择和应用等方面的得失情况，以及每个人在实际运营中的具体表现等提交一份期末总结。主要考核学生对于前期课堂教学过程中国际商务基本知识和策略的掌握及应用情况。

3.《国际商务》考试改革对强化素质培育的益处

《国际商务》课程考试改革方案将课程考核贯穿到课程教学全过程，在考核学生对基础知识、基本理论和基本技能掌握情况的基础上，突出了对学生分析问题、解决问题能力和动手能力的考察，重视学生创新意识和综合能力的培养，利于培养学生学习的主动性和积极性，促进学生进一步理解课程的内容，强化学生的自我动手能力，提升学生的学科综合运用能力，利于学生的全面发展。其创新之处主要包括：第一，创新了考核的结构；第二，创新了考试的方式和内容；第三，创新了教学方法和教学手段。

通过对2013级国际商务学生开展《国际商务》课程考试改革，课程组发现学生均能较好地适应考核方式的改革，学习积极性、理解分析问题和团队合作意识都有较大提高。随后，在2014级国际商务专业学生中结合“大班教学”考试改革与“小班教学”案例交流的尝试取得进一步效果，学生通过“小班讨论”对国际商务理论、业务流程有了更清晰了解，分析、解决问题更为熟练，对“大班教学”中小组商务模拟、国际商务模拟企划案和期末总结等综合性能力考核方式表现出更强的适应能力，考核成绩和完成效果也有进一步提升。

9.2.5 开展课外延展学习，为人格养成提供渠道

与国外高校相比，我国高校教学中一个比较突出的问题是学生课内与课外学习时间不成比例，学生在课外用于复习、理解课内知识的时间很少，课外延展学习严重不足。因此，《国际商务》课程组在网络化教学平台、“大班+小班”授课以及课程考核方式改革等举措之外，也在课程教学中尝试探索了课外延展学习制度，并努力把国际商务课程课堂教学与课外延展学习结合起来。

课程组发现，一些国外大学开设了类似“商业计划”的课外实践操作环

节，这种类似“商务竞赛”形式的学习是开展课外延展学习的不错方法。其基本做法是让学生选择某一类感兴趣的商品（或者教师指定一类有市场潜力的商品），从国际市场的现实状况出发，将经济分析与管理操作结合起来，综合运用国际商务战略研究、作业过程和实务技巧，探讨该类商品开展国际商务活动的各种相关问题及其解决方案，并由教师评判不同小组之间商业计划书的水平。这种形式的课外延伸学习既可以充分调动学生的积极性，也能真正将管理理论与实务技巧、经济学分析与管理学操作、现实世界与课本知识联系起来。更为重要的是，由于“商业计划书”是一个需要串联起“经济学分析—国际商务操作流程—国际商务实务技巧”的复杂过程，是基于对现实世界某类商品进行国际商务可行性分析、商务运作规划，工作量很大。学生团队在这一课外延展学习过程中，成员间需要密切配合、分工协作，完成从确定商品、确定大纲、收集数据、数据分析、图表制造、完成商业计划到效果优化的全过程，整个研究过程充满团队成员间想法的交流碰撞、个人特长的相互学习、时间节点要求的相互督促，对提升学生的团队合作意识、责任感、创新意识等优秀人格养成都有积极作用。

基于这种考虑，《国际商务》课程组在 2015 年《国际商务》课程教学中进行了以“商业计划书”为中心的“课外延展学习”试点，课外延展学习采用自愿参加方式，共有 11 个小组参与此次活动，合计学生 63 名，占到该课程选课学生数的 83%。

本次课外延展学习共评出一等奖 1 名，二等奖 2 名，三等奖 3 名。评价标准一是内容完整性，二是写作规范。从作品完成情况看，整体情况良好。

第一，作品内容都比较完整丰富。以一等奖“果酒创业计划书”为例，其商业计划包含了整个国际商务开拓所涉及的全部作业流程，以泰国 Coral 公司为例，详细剖析了其在中国开展投资活动所需要的规划计划活动，从“产品分析—企业战略—商务环境分析—营销策划—生产与供应链管理—财务管理—人员配备—社会责任体现”，不仅内容具体、分析认真，而且体现出团队成员较好的写作能力。

第二，获奖作品都展示了学生团队各自的特长。获得二等奖的“茶爽无胶基口香糖国际商业策划书”在市场预测方面做得非常出色，包括由问卷调查为中心的定性预测和使用比例推算预测法进行的定量预测。而另一个二等奖获得者“上海药皂创业计划书”则在产品定位分析中充分考虑了竞争对手的财务状况（因为竞争对手有公开的财务报表），并从资产负债、利润、运营能力、成长能力、盈利能力、现金能力6个方面进行研究，并给出了相应的市场竞争策略。获得三等奖的几篇作品也都有可圈可点之处，学生都注意到了内容完整性（即包含整个国际商务流程的各个环节）、分析问题要透彻（即用数据来说明观点）、作品美观精致（图、表规范）。例如，三等奖作品“Queen Olive Oil公司创业计划书”使用了多组比较精美的图表，通过运用Word、Photoshop等工具或插件。

第三，学生作品体现出较好的数据收集、分析能力。三等奖作品“成果石榴酒商业策划书”使用课堂上讲授的数据检索方法，使用联合国贸易数据库（http：//comtrade. un. org/）以及果酒的HS编码，整理了2004～2014年我国果酒产品进出口额。这对未来工作中快速了解某一类商品全球贸易状况、主要出口国、进口国以及最重要的双边贸易关系都非常实用。

第四，学生作品对国际商务的“管理学”特征有较好把握。三等奖作品“果醋市场的商务决策”在组织架构、市场进入策略、市场营销管理等部分都设计得非常细致。组织架构中不仅包括了部分设计、职能、人员组成、行使职权，还对考评和激励机制进行了设计；市场进入策略则分成了目标定位、产品策略、营销战略、促销战略、广告战略五个部分，并有明确的指标；市场营销管理则更为详细，包括问卷调查表及其数据分析、市场营销组合（产品策略、价格策略、促销策略和分销渠道策略）、品牌营销等部分，在每个部分中都有详细说明。如果所有国际商务毕业生都能经过这样的团队训练，拥有缜密的管理学思维习惯，那么他们在未来的实际工作中将展现出一个优秀商务运营者的优良个人品质、素质与能力。

9.3 《国际商务》课程建设的思考

9.3.1 落实“四位一体”人才培养模式是高校课程建设的必然选择

“知识、能力、素质、人格”四位一体人才培养模式是提升高校人才培养质量的科学指导原则。课程建设只有遵循这一原则：第一，从梳理课程知识、能力体系入手，让“四位一体”人才培养模式获得延伸入课程建设各个方面的逻辑基础。第二，优化知识传授系统性、材料先进性、方法有效性，以网络教学平台等手段作为“知识掌握”的重要抓手，整合“教学材料准备→材料规范→系统性整理”的全过程。第三，创新教学方式，推行诸如“大班+小班”等新型方式，推进学生“知识掌握”向“能力体现”转化。第四，施行多样化考核方式，充分发挥学生不同特长，实现个性化发展，为学生素质培育提供手段。第五，注重学生学习团队建设，利用课外延展学习制度，促进学生团队合作意识、责任感、创新意识等优秀人格养成。由此，“四位一体”人才培养模式才能真正落实到教学的最关键环节——课程建设之中，并由此发挥其革新育人观念、激励教学改革、提升教学效果的有力作用。

9.3.2 《国际商务》课程建设目前尚存在的不足

尽管《国际商务》课程建设围绕“四位一体”育人理念做了大量工作，但距离“四位一体”人才培养模式的目标要求仍存在一定差距，主要表现在：第一，围绕“四位一体”育人理念进行的“课程知识——能力要求”相互对应的工作仍存在不足。尽管课程各个章节都明确了知识要点以及需要培养的能力，并有相应的考核方式，但知识点与能力培养的对应关系仍然缺乏逻辑性。此外，能力培养是一个复杂过程，受到多方面的影响，仅仅通过知识点、考核方式两种形式显然无法保证能力培养的实际效果。第二，网络教学平台虽然提供了多样化的教学资料，学生借助网络平台也能实现更为自主的学习过程，同时师生之间也可以借助网络平台完成作业讨论、答疑解惑的互动过程，但目前的平台建设仅仅局限于更好地传授知识，并没有达到知识传授与能力培养的更好结合，尤其是课程、网络平台与学科竞赛之间的紧密结合仍非常不足。第三，课程考试改革的目标是充分发挥学生不同特长，实现个性化发展，从而实现素质化教育。不过，实现这一点的核心在于平时成绩比重的大幅上升要带来有效的授课效果，课堂案例讨论和分析、小组商务模拟等平时考核方式要充分调动学生积极性，否则学生对考试改革的好感仅仅来自“取消了闭卷考试”。目前，尽管《国际商务》课程的平时考核与《国际商务》网络教学平台已经实现了结合，极大方便了课堂案例讨论和分析、小组商务模拟等平时考核方式在网络平台上实现资料下载、讨论与作品提交，但仍然普遍存在着学生参与度不高、搭便车、课程作品展示效果不理想等情况。第四，课外延展学习对提升学生的团队合作意识、责任感、创新意识等优秀人格养成都有积极作用，《国际商务》课程针对商业计划书进行的课外实践操作模拟竞赛也取得较好效果。但是，开展这类竞赛性质的课外延展学习涉及商品购买、问卷调查等多个环节，大规模开展需要较多经费及人员保障，而《国际商务》课程作为学院的专业基础课，选课学生人数较多，现有条件难以保证这种竞赛性质的课外延展学习活动持续开展。

9.3.3 完善《国际商务》课程建设的未来举措

围绕“四位一体”育人理念开展《国际商务》课程建设是增强教学效果、提升培养质量的必由之路。未来，《国际商务》课程建设将继续围绕“四位一体”培养模式不断加强“五个关键环节”的教学改革活动，并针对已有工作中存在的不足进行改进。第一，在课程建设中更好地梳理知识点与能力培养的对应关系，形成有理论基础、逻辑关系清晰的“课程知识——能力要求”对应关系体系。同时，为提升能力培养与知识传授的结合紧密度，在知识点、考核方式之外，《国际商务》课程知识、能力体系的逻辑关系表中将增加对教学方式的详细说明，并要求教师严格按照知识点、教学方式、考核方式的逻辑关系有针对性地实现相应国际商务能力的培养。第二，结合“商道”全国比赛和安徽地区赛，将《国际商务》课程教学、网络平台教学与专业竞赛结合起来，提供学生的自主学习兴趣，达到知识传授与能力培养的更好结合。第三，针对课程考试改革在实际操作中出现的问题，增加学生在平时考核内容上的发言权，放宽课堂案例讨论和分析、小组商务模拟等的选择范围，让学生可以更加自由地选择自己感兴趣的知识内容、作品方式等，充分调动每一个学生的平时学习积极性。第四，在继续推进课后作业等课外延展学习方式的基础上，针对专业竞赛性质的课外延展学习提供更多经费与人员保障，并借助学院“名师工作室”“国际商务实验室”等设施，让参与课外实践操作模拟竞赛的学生有充足的经费、地点和实验设备开展问卷调查、团队内部讨论、师生交流等活动。

10

“四位一体”育人体系的社会实践活动

为进一步落实教育部、共青团中央《关于广泛组织高等学校学生参加社会实践活动的意见》及《中共中央、国务院关于进一步加强和改进大学生思想政治教育的意见》文件精神，推进安徽财经大学学生社会实践活动的制度化、规范化和科学化，充分发挥社会实践活动在学生健康成长过程中的重要作用，学校结合实际制定了《安徽财经大学学生社会实践活动管理办法（试行)》，对学生参加社会实践的组织管理、活动内容和流程、活动要求、经费来源和管理办法、指导老师工作量及学生课外教育学分认定、考核及奖励制度等做出了明确的规定，为社会实践在“四位一体”育人体系中发挥作用提供了制度保障，促使安徽财经大学学生的社会实践活动走向了规范化轨道。

10.1 社会实践活动概述

作为地方性高校，安徽财经大学在加强优势与特色学科专业的基础上朝着地方有特色高水平教学研究型大学迈进。在人才培养过程中加大社会实践的比重是培养高水平应用型人才的重要途径之一。社会实践是学生利用课余时间在校内或校外参加了与专业学习有关的实践活动，能够加深学生对本专业的了解，明确学习目标，明晰适合自己的就业方向，为向职场过渡做准备，同时也是提升人才培养质量的重要手段。在安徽财经大学“知识探究、能力提升、素质培养、人格养成”“四位一体”育人体系的建设中，社会实践作为其中重要的一个环节，发挥着举足轻重的作用。

10.1.1 能够使大学生丰富知识和开阔眼界

校园学习大多是通过课堂讲授、自主学习等方式获取相关知识，对国情、社情、民情了解不多，而学生毕业后踏入社会面对的现实是复杂的，是不能够通过课堂教学及校内活动所能知晓的，面向大学生的各种社会实践活动则为他们提供了一条重要的途径，能够极大地丰富学生的知识范围，开阔他们的眼界。社会实践是大学生了解国情、认识社会、丰富自我、拓展视野、改善知识的重要手段，是培养应用型人才的重要抓手。在社会实践过程中，大学生走出课堂，走出校园，走进企业，走进政府部门，学到了在学校学习不到的实践知识，这是对课堂教学、学校教学的重要补充。在社会实践过程中，学生利用所学专业知识，进行创新活动和创业实践，将所学、所思、所想与社会有机结合起来，明确了学习的目标，激发了学习热情，明确了今后努力的方向，开阔了视野和眼界。

10.1.2 能够提升大学生创新能力和就业竞争力

目前面向大学生的社会实践活动形式多样，实施灵活，大学生可以选择适合自己的社会实践活动形式。在这个过程中，需要学生充分发挥主观能动性，利用所学专业知识结合自己的兴趣爱好，参加适合自己的社会实践活动，这对于锻炼大学生的创新能力有重要作用。如开展的大学生创新创业训练计划，需要大学生首先提出并设计创新创业的方案，在指导老师的指导下付诸实施。这些创新创业训练计划，是没有现成的方案可供参考的，需要学生发挥自己的聪明才智，密切联系社会，设计出相应的方案。大学生最终是要走向社会，社会实践给大学生提供了先期了解各种单位如何运作的机会。

虽然在实习等社会实践环节，完全熟悉各单位的工作是做不到的，但最起码可以知晓现实企事业单位等的基本情况，在毕业求职时如果能有实习等社会实践活动其竞争力明显要强于没有实习过的学生。这种竞争力不仅仅在求职时有所体现，即使进入到工作岗位后，因为先期的实习实践能够为他们提供宝贵的经验，在入职后的竞争力也明显提高。

10.1.3 有利于培养大学生的责任感和使命感

大学生社会实践活动是学生按照学校规定有组织或自发参与的利用专业知识进行社会锻炼的过程，是接触社会、了解社会的重要手段和形式。社会实践一直是高校人才培养的重要途径，假期实践、毕业实习、社会调查、参观访问、勤工助学、社区服务等这些活动能够较好地培养大学生的责任感和使命感。以假期三下乡为例，学生在社会实践过程中，都要经历招募成员、准备、启动、参与实践、总结等多个阶段。在活动的每一过程中，都有利于增强大学生的责任感和使命感。在活动过程中，作为团队一员，从活动设计、活动开始每一成员都是肩负着如何利用所学知识如何更好地为农村服务的使命。大学生可以将在校所学的先进科学的生活观念在农村宣传，同时紧密结合自己所学的各种专业技术知识，在农村地区开展各种各样宣讲活动，为农村的经济发展做出自己的贡献，在活动过程中增强了责任感和使命感。大学生在实践活动中同时也学到了和体会到了许多人生的感悟，在实践中将自己的所作所为上升到社会责任和社会使命来要求自己、鞭策自己，并付诸行动，全面提升综合素质的同时做出自己应有的贡献。

10.1.4 能够培养学生的责任担当和团队合作精神

面向大学生的社会实践活动很多是以团队形式开展的，如假期学生组建的各种社会实践调研团队。学生能够参加到团队的调研实践活动中去，就意味着要发挥团队成员的作用，履行团队成员的义务，在挑战与困难面前勇于担当，用于承担调研中的责任。社会实践调研活动要想取得预期的效果，同样需要发挥团队合作的精神，在明确分工的基础也要讲究团队协作。在这个过程中，可以有效地培养成员的团队合作精神，大家劲往一处使，心往一处想，拧成一股绳，齐心协力，朝着目标共同努力。对于团队中的每个队员来说，团队实现的目标就是自己所努力的目标和方向，每个团队的总目标划分成一个一个小目标，落实到每个队员身上去实现。这种精诚团结、分工合作精神是每个大学生应该具备的基本素养，不仅在校内学习生活中发挥重要作用，在以后踏入工作岗位后也是应具备的基本素质。

10.1.5 促进学生的社会化进程

大学生最终是要走向社会的，社会实践环节能够缩小大学生校园与社会的距离，促进大学生社会化的进程，是大学生了解社会的重要途径。时见报端的大学毕业生由于不能适应社会而惨遭社会淘汰的消息，应促使对大学教育反思如何能够尽快地使学生融入社会。经过实践证明，大学生的社会实践活动是促进大学生社会化进程的不二法门。大学生是否能够成功的社会化，最终关系到他们的发展与对社会做出的贡献，甚至影响到他们一生的幸福。社会实践活动能有利于大学生角色的转变，促进其从学生定位向社会人定位的转变；社会实践活动能够有利于大学生提高其实际工作能力、人际交往能力、心理承受能力、应变创新能力、组织管理能力等；社会实践活动能够有利于促进大学生树立正确的就业观、择业观，促使其找到自身发展与社会发展的最佳结合点。

10.2 社会实践活动支持“四位一体”育人体系的做法

从安徽财经大学的社会实践活动来看，社会实践活动有力地支持了“知识探究、能力提升、素质培养、人格养成”的“四位一体”育人体系的建设，发挥了人才培养的重要作用，提升了人才培养质量。

10.2.1 制度化建设在学生中形成了“知识探究”的氛围

如何构建学生自发地学习知识、自主地探究知识的环境和体系成为高校人才培养的重要课题。激发学生学习热情、调动学生学习潜能、由课堂内学习走向课堂外学习，我们的社会实践制度化建设发挥了重要作用。

如2016年初，校团委在总结前期工作的基础上，结合学生课外教学学分建设，积极探索第二课堂成绩单建设。根据《安徽财经大学普通本科学生课外教学学分制实施方案（修订）》和《安徽财经大学学生社会责任教育与社会实践活动学分认证暂行方法》开发“‘iAnCai爱安财’大学生成长服务平台（第二课堂）”。通过平台实时记录学生参加第二课堂情况，对全校学生参与第二课堂活动的情况进行大数据统计，对学生成长、职业生涯目标与第二课堂活动参与的匹配度等进行科学分析，充分运用大数据功能提升第二课堂工作的科学性、有效性和针对性。这一创新性举措极大地激发了学生的课外学习和课外活动的热情，在学生中形成了知识探究的良好氛围。截至2016年12月底，通过“爱安财”大学生成长服务平台累计发起活动已达1800多场，累计参与学生人数达到近27万余人次，通过对活动参与情况的数据统计，分析活动的实际效果，为进一步科学设计活动提供有效参考，在学生中形成了良好的学风，使得社会实践活动更加科学地发挥育人功能。

10.2.2 创新创业等社会实践活动促进了学生“能力提升”

社会实践活动尤其是创新创业活动对于锻炼学生表达能力、解决实际问题能力、提升社会担当能力具有重要作用。根据《安徽财经大学“大学生创新创业推进年”活动实施方案》的相关要求，营造创新、创业、创意、创造的氛围，促进创新创业教育与专业教育、学生个性化发展、创新创业实践和职业规划相结合，着力构建创新创业教学、竞赛、培训、实践、研究和保障

“六位一体”创新创业教育体系，并最终实现创新创业知识探究、能力提升、素质培养、人格养成“四位一体”的411育人体系作为最终目标，取得了显著成效，提升了人才培养质量。我们开展主要活动有：一是配合创业学院，组建首届创新创业实验班。在全校遴选31名学生组建创新创业实验班，并配合创业学院加强对学生的培养教育。二是成立学生KAB（know about business）俱乐部。积极向团中央申请设立KAB俱乐部，选送四名辅导员参加专门的培训，并组织开设培训课程。三是举办网络创业培训。与人社部门合作，在开展SYB（start your business）培训的同时，开设网络创业培训，培训学员90名。四是加强孵化基地建设。安徽财经大学大学生创业孵化基地已先后入驻75家项目组，有将近370余名大学生开始自主创业，鼓励孵化项目积极参加各项创新创业类比赛，获国家级奖项17个，省级奖项24个。目前在孵项目46个，平均月营业额达5000余元。五是支持大学生创新创业训练计划项目相关工作。2016年完成国家级项目结项265项、省级项目结项351项，组织2016年创新创业训练计划项目的申报，成功申报国家级项目462项，省级项目307项，立项数在全国地方高校中位列第一，在全国高校中位列第二，连续四年在全省高校排名第一，在第九届全国大学生创新创业年会中，安徽财经大学2015年大学生创新创业训练计划项目中有两项成果最终入选，参加全国交流。安徽财经大学历来非常重视在校内外开展各种创新创业活动，上述活动的开展有力地促进学生各种能力的提升。

10.2.3 以志愿服务渠道的拓宽促进大学生“素质培养”

积极开展各种社会实践活动，拓宽志愿服务渠道，不断深化服务内涵，对于学生的思想政治素质、身心素质、文化素质、业务素质和创新创业素质的培养发挥了重要作用。

如2016年组织开展各类社会实践活动，重点是做好暑期主题社会实践工作，暑期共确立1支国家级团队、101支省级团队、165支校级团队、331支院级重点团队，团队涵盖了“四进四信”及学习“习近平总书记系列重要讲话精神”宣讲、“创新创业”推进实践、“美丽中国”助力发展、“绿色家园”生态环保等多种团队类型。在志愿服务方面，开展以“雷锋服务站”“爱心之家”“大手拉小手”“四进社区”“义务支教”等志愿服务活动。组织开展校内“植树活动”“清除校园小广告，创建文明新环境”“毕业生就业双选会志愿服务”“文明监督岗”“情动三月，温暖你我”“爱心宿舍”“爱心雨伞”服务台等校内志愿服务活动；组织校外“爱心支教”“关爱留守儿童”“爱心敬老院”等线上、线下活动110余次。组织开展“优秀志愿服务团队”“十佳志愿者”“优秀志愿服务项目”评选，安徽财经大学“爱心之家”志愿服务项目获得2016年安徽省青年志愿服务大赛一等奖、2016年全国第三届中国青年志愿服务大赛三等奖；开展志愿者注册工作，全校累计注册志愿者19789人，注册完成率达到了85.33%；在2016年益行计划申报中，成功申报了“七彩阳光——走进乡村义务支教项目”。上述活动的开展有利于促进大学生“素质培养”。

10.2.4　社会责任感教育助推大学生的“人格养成”

在学生参与社会实践的过程中，我们注重社会责任感教育，着力将学生培养成具有独立精神和自由思想的人才，具有独立的人格，在掌握扎实专业知识的基础上，用于承担社会责任，具有担当精神，具有批判性精神和较强的创新性思维来认识社会，学会做人、学会做事、学会生活、学会学习，健康成长，快乐工作，成为有益于社会的人，具有良好的人格养成思维和习惯。安徽财经大学出台了《安徽财经大学学生社会实践活动管理办法（试行)》，以“受教育、长才干、做贡献”为宗旨，要求从立德树人的战略高度，深入、扎实地组织开展好社会实践活动。

社团是社会实践活动的主要载体，为了强化社团管理，推进社团工作的制度化、规范化，强化社团的社会责任，助推养成教育，编写修订了《安徽财经大学学生社团成立条例》《安徽财经大学学生社团新媒体管理条例》《安徽财经大学学生社团办公场所使用管理条例》，逐步完善社团规范化管理，形成了一批具有鲜明特色的学生社团，发挥了在社会责任感教育中的引用作用。学校还发布了《安徽财经大学大学生诚信教育推进年活动实施方案》，以“诚信”主题教育促进学生全面发展，努力实现诚信教育与大学生思想政治教育、学生全面发展相结合，引导青年学生树立“说诚信话，办诚信事，做诚信人”的诚信理念，养成诚信待人、诚信做事、诚信学习、诚信立身的良好习惯。先后完善了《安徽财经大学学生干部管理办法（修订）》《安徽财经大学优秀学生干部评选办法（修订）》《安徽财经大学大学生创业孵化基地管理办法》《安徽财经大学学生会工作手册》《安徽财经大学优秀主题团日评选办法》《安徽财经大学团支部“三会两制一课”实施细则》《校团委学习制度》《校团委经费使用管理办法》等多项规章制度，用制度来规范学生在社会实践中责任感教育。

10.3 社会实践活动的思考

10.3.1 社会实践活动在“四位一体”育人体系建设中的不足

社会实践活动是高等学校教育教学内容的重要组成部分，是培养大学生理论联系实际、提升综合素质、融入并服务社会的重要环节，是引导学生深入基层、深入实际、深入群众的有效方式。但由于各方面原因，高校社会实践活动提升人才培养质量方面还存在一定的不足。

第一，对社会实践的重要性认识不够。进入大学后，部分学生思想上有所放松，没有了家长的禁锢和老师的看守，不仅在学业上面有所放松，对参加各种课外活动和校外社会实践活动积极性不高。部分学生参加社会实践活动仅仅是为了拿到社会实践学分，在整个活动过程中精力投入不足，存在着“搭便车”心理。

第二，专业知识掌握不较扎实。社会实践活动往往需要一定的专业知识，有些学生凭一腔热情参加了社会实践，但由于专业知识掌握不扎实导致社会实践效果不佳。比如到企事业单位财务岗位实习，虽然想迫切地参与融入到实际工作中去，但由于专业知识掌握的不足往往需要较长的时间才能融入进去。当然，这方面存在问题的原因一方面与学生有关，但另一方面也反映了高校在教学方面与实践存在某种程度的脱节，需要高校在实验实训方面、教师的实践能力方面进行有效的改革。

第三，激发学生的创新创业热情缺乏良好的渠道。社会实践活动是培养、锻炼学生创新创业素质的重要途径，但从实际的效果来看，如何把掌握了一定专业知识、具有创新创业热情的学生引导到良性发展的轨道上面需要搭建顺畅的渠道。部分学生的创新创业项目存在着简单复制的现象，仅仅是锻炼了动手能力，在创新方面存在不足。

第四，社会上的支持力度有待加强。社会实践活动的开展，需要社会力量的大力支持，没有其他政府部门、企事业单位的合作，学生的社会实践活动效果难以达到预期。考虑各政府部门、企事业单位等都有各自的管理制度，对于接受大学生社会实践活动可能存在着一定障碍。很多大学生反映，他们是很想了解社会的，但由于自行联系对方单位往往不予接洽，很多学生只能求助于指导教师。但指导老师往往在专业方面可以进行指导，在联系社会上实践单位时往往也存在着一定困难，很多单位也无法满足大量的学生同时参加社会实践。

10.3.2 社会实践助推“四位一体”育人体系建设的展望

安徽财经大学学生的社会实践活动是以“广泛动员、精心组织，突出重点、讲求实效，创造条件、提供保障，密切配合、安全第一”为原则，要求青年大学生要充分发挥聪明才智和创新优势，通过社会实践活动的形式，提高专业素养和专业技能，为地方经济发展与社会服务，为基层群众服务。针对上述存在的不足，要使社会实践活动成为“四位一体”育人体系的重要推动力，可以考虑从下面几个方面着力进行社会实践活动的建设。

第一，广泛动员，提高学生对社会实践活动重要性的认识。要让学生认识到社会实践活动和在校内学习同等重要，是课堂教学的重要补充，社会实践多动与校内学习是相辅相成、互相促进的。

第二，强化校内的专业知识的学习。一方面学生要以饱满的热情投入的课堂学习中去，掌握扎实的专业基础知识；另一方面，学校加大实验实训教学的投入力度，完善实验实训教学的硬件和软件，对于学生和教师急需的设备、软件“特事特办”，缩小课堂教学与社会的差距。同时，采取措施提高教师的社会实践能力，尤其是将青年教师的社会实践提升到一定的高度，用制度、激励、考核等办法提升青年教师的社会实践能力。

第三，进一步搭建学生创新创业热情释放的有效平台。在现有孵化基地的基础上，对新进入孵化基地的项目严格筛选，对于一些创新性不强的项目进行清理。同时扩大宣传，将大学生创新创业基地推向社会，缩小学生在校园创业与社会创业的距离，鼓励引入社会力量与学生共同进行创新创业。

第四，加强产学研合作。强化学校、学院两个的层次的对外产学研合作，落实实习实践基地的运转，为学生社会实践搭建平台，解决学生进行社会活动实践单位不足的瓶颈，建立学校层次、学院层次、教师层次三层次的与实习实践基地的联系，并常态化运转，分批分次解决大量学生社会实践的问题。

11

“四位一体”育人体系的学科竞赛实践

从2016年开始，在积累多年举办校级学科竞赛的基础上，安徽财经大学承办了安徽省大学生国际贸易综合技能大赛、安徽省大学生市场调查分析大赛、首届安徽省大学生财税技能大赛、中国大学生服务外包创新创业大赛安徽赛区比赛、首届安徽省大学生金融投资创新大赛等五项安徽省教育厅批准的省级B类赛事；数量众多的学生参加了历年的全国大学生数学建模大赛、“飞思卡尔”智能车大赛、全国大学生“挑战杯”中国大学生创业计划竞赛、全国大学生英语竞赛等。安徽财经大学主办或参加的上述学科竞赛，不仅对安徽财经大学大学生更是对全省大学生在“知识探究、能力提升、素质培养、人格养成”方面发挥了重要促进作用，同时也使我们进一步去思考和完善各种学科竞赛平台，进一步为“四位一体”育人体系建设发挥重要作用。

11.1 学科竞赛概述

为提升人才培养质量，学校下发了《安徽财经大学关于推进“四位一体”育人体系建设的实施意见》，标志着“四位一体”育人体系建设走向制度化规范化轨道。“知识探究、能力提升、素质培养、人格养成”“四位一体”育人体系的形成是学校人才培养工作长期建设的成果，必将对提升人才培养质量奠定坚实的基础。“四位一体”育人体系是一项系统工程，涉及教育教学改革与研究、平台建设、校园文化建设等，其中主办和参加各类学科竞赛是“四位一体”育人体系的一个重要平台载体，对于提升人才培养质量发挥了重要作用。

11.1.1 能够促进大学生知识探究方法的改变

学生进入大学面临着学习环境和学习方法的改变，要求学生由中学阶段的被动学习、压力性学习需向自发学习、自主探究学习的转变。由于大学生缺乏对社会的了解，对专业的学习更多是通过课堂传授，因此在学习过程中对专业的了解可能产生不足。学科竞赛以掌握一定的专业知识为基础，将知识传授由课堂内转化为课堂外，极大地调动了学生知识探究方法的改变和能力的提升。

1. 参加学科竞赛要求学生需要掌握扎实的专业基础知识

学科竞赛是锻炼人智力和能力的，超出课本范围但是又基于专业基础的一种特殊的竞赛活动，要求学生必须掌握扎实的专业基础知识。要想在学科竞赛活动中取得较好的成绩，掌握扎实的专业知识是基础。随着面向大学生的竞赛活动越来越多，激励机制越来越完善，学生参与学科竞赛的热情高涨。为了取得良好的竞赛成绩，扎实学习、自发学习在安徽财经大学成为主流。随着学生对学科竞赛活动认识的深化及参与热情的高涨，形成扎实学习的良好学风。

2. 参加学科竞赛要求学生能够灵活运用其所学知识

学科竞赛不是简单的考试，不仅需要扎实的专业基础知识，更重要的是能够灵活运用其所学知识。学科竞赛是课堂教学的延伸，其基础是课堂教学，通过课程讲授等方法使学生掌握一些基础理论、基本知识和技能；学科竞赛同时也是一种载体或平台，通过这个载体或平台激发学生的学习兴趣和潜能，灵活运用课堂学习的知识，培养其实践能力和创造精神。

3. 参加学科竞赛要求学生要拓展所学知识

大赛所用知识需要学生在课外进行拓展学习，对学生自主探究知识提出了更高的要求。如安徽财经大学主办的安徽省大学生金融投资创新大赛，鼓励大学生探索金融投资技术和方法。金融投资活动是资金供给者和资金需求者所建立的相互联系、相互影响的过程，都是通过市场经济中的金融市场完成的，而金融市场中的交易者从短期的交易行为看，必定要强调金融投资技术分析和大量的交易技巧，如 K 线理论、量价关系、切线理论、形态理论、技术指标理论等。如安徽省大学生财税技能大赛，大赛主要从财、税及增值税防伪税控系统操作三方面进行考核，财、税部分主要考核学生对其理论知识的掌握程度，以及将理论知识灵活运用，也就是从财税结合、财税技能方面进行的考察。增值税防伪税控系统部分主要是要求学生能够正确开具各种发票并打印（发票上购方名称、税号、货物名称、金额、税额全部填写正确方能得分），而课堂讲授的部分已经不能够满足比赛所用，需要学生在指导老师的带领下进行拓展学习。

11.1.2 能够促进大学生各种能力提升

学科竞赛作为提升学生培养质量的综合平台，依托学生掌握的专业知识，发挥其主观能动性，对学生表达能力、应用能力、创新能力、社会担当能力等能力的提高发挥着重要作用。

1. 锻炼了参赛学生的表达能力

表达能力是在语言能力基础上综合运用知识发展出来的一种语言运用能力，是文化知识与社会实践、社会阅历的综合反映，是一个人把自己的情感、思想、意图等，用语言、表情、文字、动作、图形等清晰准确地表达出来，并易于让他人理解、体会和掌握，传递相关理念，实行沟通的目的。学生参加学科竞赛可以充分锻炼学生的表达能力。从安徽财经大学主办和学生参与的学科竞赛来看，多数学科竞赛需要学生组成团队参赛，有些学科竞赛还需要参赛学生汇报团队成果。在这个过程中，团队成员需要交流，表达思想观点和创意，需要参赛队员汇报整个团队的成果，要想取得理想的成绩，没有良好的表达能力是不能实现的。如举办的税务精英挑战赛、安徽省大学生国际贸易综合技能大赛、社会工作案例大赛、“互联网 +”大学生创新创业大赛等，需要团队成员在规定的时间内对所给案例提出解决方案，参赛团队成员须将汇报内容做成 PPT 并提交电子版，在规定时间内汇报方案并由评委评议。语言表达能力是大学生综合素质能力中极为重要的组成部分，也是各用人单位如政府部门、企事业单位非常看重的个人能力。良好的表达能力不仅是个人综合能力的重要体现，也是高校提升人才培养质量的重要体现，从安徽财经大学的经验的来看，经过各种学科竞赛的洗礼，大学生的语言表达能力能够得到充分的提高。

2. 提升了学生知识的应用能力

学科竞赛是在学生掌握一定的专业知识后，考查学生专业基本理论知识和解决实际问题能力的综合比赛，是激发大学生的学习兴趣和提高潜能，培养团队合作精神和应用创新能力的重要途径，是学校人才培养质量的标志之一。从安徽财经大学来看，学科竞赛的特点就是在课堂教学内容的基础上，通过各种学科竞赛的形式，向参赛者提出一个专业主题或具有现实意义的实际问题，要求参赛者结合查阅文献资料、综合运用所学知识，运用网络搜集信息等，通过参赛团队共同的努力协作，按照比赛预先设定的评价标准，给出一个解决问题的理想方案。学生在参与学科竞赛的过冲，要求学生需要利用自己的各种专业知识，提出解决问题方案，并实施验证方案并可能需要汇报，是一个从掌握基本理论知识到着实解决实际应用问题的能力的跨越，是学生综合知识应用能力的重要体现。

3. 促进学生创新能力的培养

创新能力的培养是大学生各种能力培养中非常重要的一个环节，是学生从掌握专业基础知识到运用专业基础知识的能力升华，是高校提升人才培养质量的重要体现。学科竞赛能够为培养学生的创新能力提供重要的平台，在学生培养过重发挥着重要的作用。学科竞赛往往就是要求综合运用所学专业知识，创新性地解决实际问题，开放性的比赛方式让参赛学生创新地提出解决方案。

鼓励大学生参加各种学科竞赛，能够激发大学生的学习主动性、积极性和创造性，丰富校园学术氛围形成良好学风，进一步拓展学生的知识面，提高学生运用知识的实践动手能力，强化大学生的协作精神、创新意识及综合应用所学的理论知识和各种技能解决实际应用问题能力的培养，为以后的综合素质提高和个人发展打下坚实的基础。各种学科竞赛所提倡的这种竞赛文化和能力锻炼，赋予了学科竞赛繁荣的基础，既推广了开放学习这一快速获取知识的新途径，又加强了学生的创新意识的培养，是学生创新能力培养的有力支撑。

4. 让学生具有社会担当能力

敢于担当就要有敬业负责的工作精神。敬业体现了一种事业追求，一种勤恳态度，更体现了一种可贵的事业心和责任感。学科竞赛通常由学生自由组队、自愿报名的方式，既然参赛在整个参赛过程中就要求学生秉承认真负责的态度，要具有一定的社会担当能力，为了取得良好的竞赛成绩全力以赴。如安徽省大学生财税技能大赛，参赛同学自由组队参赛，每队不超过4～6人。具有共同学习兴趣的学生一起组队，共同应对困难与挑战，在参赛过程中要求每位同学都要有责任意识与担当精神，勇于贡献自己的聪明才智。在参赛过程中，每位选手勇于担当，互相协助，互相支持，培养自己的领导能力、管理能力等各方面的能力。在参赛过程中我们既鼓励大学生勇于获得胜利，也要求学生有勇于明对困难承担挫折与失败的责任，作一个敢于担当、勇于担当的人。参赛过程是一个“战斗过程”，在自觉承担责任的过程中，学生也学会了理解和宽容他人，树立了良好的个人形象和人格魅力，展现了当代大学生的风采。

11.1.3 能够完善大学生的综合素质培养

素质教育已经成为人才培养的重要组成部分，也是提升人才培养质量的重要体现。当代大学生综合素质包括思想政治素质、身心素质、文化素质、业务素质和创新创业素质，通过学科竞赛，安徽财经大学营造了一个有利于学生综合素质培养的氛围，培养学生具有正确的世界观、人生观、价值观，具有实践能力和创新精神，让学生不仅学会做事，更要学会做人。正如中国科学院院士、数学建模竞赛全国组委会主任李大潜所说的那样：“参加竞赛，无论成绩如何，都可以充分调动学生的主观能动性，鼓励他们动手、创新、协作，积极进取，学以致用。因此，应充分发挥学科竞赛在培养创新型人才中的重要作用。”学生参加各种学科竞赛，更重要的是学生能够从学科竞赛中学会分析问题、解决问题，从不同的角度去思考，提出经得起检验的新思路、新观点、新方案，在参与竞赛过程中培养学生的创新思维，进一步提高综合素质，提升人才培养的质量。

1. 从竞赛内容来看与现实联系紧密

从竞赛内容来看，各类学科竞赛题目大多采用具有现实意义的实际问题，要求提出解决方案，或按所设置的标准设计、制作相应作品。各种学科竞赛的专业难度也较大，对课堂内外的知识综合运用能力要求比较高，学科竞赛本身就对参赛学生的创新创业能力做出了更高要求。面对各种类专业学科竞赛，学生需要利用自己以前学过和掌握的各种知识去分析问题、构建思路、选定方法以及验证方案等去解决问题，进而完成从掌握专业知识到解决各种实际应用问题的转变，这一过程正是培养大学生创新创业能力的有效途径之一①。

2. 从竞赛形式来看有利于锻炼学生开放思维

从学科竞赛的形式看，各种学科竞赛一般采用开放或半开放的形式，参赛学生可以综合运用书籍、网络、各种文件资料等多种手段收集知识来解决问题，并可以进行团队讨论。从比赛的过程和比赛结果来看，获取相关信息的多少，对解题思维的科学性、制订的方案的合理性、是否获奖等起的重要的作用。善于利用资源，能够采用多手段搜集资料，能够自主自发学习是各种高素质人才应具备的能力，而各种学科竞赛对这一学习方式的侧重在一定程度上弥补了课堂教学之不足或缺陷，促进了高校学风的建设。

3. 从竞赛环境来看要求学生具有较强的综合素质

从学科竞赛的环境看，竞赛题目要求参赛学生具有探索问题的兴趣、直面困难的毅力、遭遇挫折的勇气，持续长时间的竞赛也要求参赛学生一定的恒心；多人组队的参赛形式更是对协作能力、团队分工的考验。参加一次学科竞赛，就是对学生综合素养的一次提升。

4. 学科竞赛可以对大学生及时反应和处理突发事件能力进行培养②

许多比赛中学生需面对评委“刁钻”且“苛刻”的提问，正是这些“苛刻”或“刁钻”问题是大学中成长起来的学生很难遇到过的现实问题，而这些提问又事先无法预料，因此在模拟比赛和最后的总决赛中，学生的答辩环节不仅需要参赛队员在压力下具有及时反应的能力，而且经过这种环境考验的参赛学生获得了传统课堂教学模式下所不能获得的经历，这对于提高大学生应变能力具体巨大的帮助。

---

① 周治瑜，等．学科竞赛是培养大学生创新素质的重要载体［J］．现代农业科学，2008（5）

② 董桂才．基于学科竞赛的大学生综合素质培养模式改革与实践［J］．教育教学论坛，2016（29）

5. 学科竞赛可以对大学生实践能力进行培养和锻炼

如安徽省大学生市场调查与分析大赛，一方面，鼓励和要求大学生把团队的创意落实到调查方案中，形成书面的调查方案，这对于提高大学生的实践动手能力具有重要帮助。另一方面，大赛又设置了作品展示环节，需要团队成员必须亲自调查、亲身体验，是对提高大学生实践能力的重要考研。如安徽省大学生财税技能大赛，要求学生掌握增值税防伪税控系统的操作，在比赛过程中，我们使用的就是企业在实际财务核算中应用的软件和程序，可以说是和现实无缝对接，学生掌握了这种技能可以直接在现实中应用。为了参加比赛，学生必须参加社会实践，到税务局、到企业了解现实中的运作。

6. 学科竞赛是培养大学生的综合素质的重要途径之一

现代社会需要的人才是具有创新创业精神和实践应用能力的高素质人才，在德智体美等多方面全面发展的高素质人才。这就意味着人才培养的核心内容和最终目标就是培养适应社会需要的高素质、有创新能力的人才。安徽财经大学举办的学科竞赛的初衷正是为了进一步提高学生综合素质，强化培养学生创新创业能力，培养解决实际应用问题的思维意识。从人才培养的角度，学科竞赛与课堂教学、社会实践、教学改革等可以说是溯本同源、目的一致。各种学科竞赛主要侧重于考察参赛学生实际分析问题、解决问题的能力和素养，强调创新创业意识和思维升华，是培养具有高素质和创新创业能力人才的重要途径之一。

11.1.4 能够促进大学生完善人格的养成

人格养成的着力点在于将学生培养成为具有独立精神和自由思想的人。学科竞赛活动通过课内与课外教学活动、校内与校外教学活动形成有机统一，在竞赛过程培养学生用批判性精神和创新性思维去解决现实问题。在准备学科竞赛过程中，通过引导学生培养良好习惯、丰富专业知识、参与社会实践、确立奋斗目标，使得学生学会做人、学会做事、学会生活、学会学习，努力实现学生的健康成长、愉快学习，未来成为快乐工作、幸福生活的普通劳动者和合格社会公民，这也是我们高等教育的最终目标之一。

安徽财经大学主办各种类学科竞赛并鼓励学生参与各种类型的其他学科竞赛，是要让学生充分认识到大学自主自发学习的重要性，掌握扎实的专业基础的紧要性，进行拓展学习的紧迫性，将学生内心的需求外在为学习的动力，自发地形成养成教育，建立良好的生活和学习习惯。大学生是充满朝气蓬勃的群体，是一群易于塑造的群体，我们在准备各种学科竞赛的过程中，对于每个团队安排一到两名指导教师，通过指导教师与学生的良性互动，撬开学生探索知识的阀门，让学生能够自主学习、自发学习，通过实践多动锻炼学生的批判性思维，鼓励学生创造性地解决实际问题。在准备竞赛的过重中，拉近了师生之间、学生之间的距离，互相渲染，互相影响，让学生在做人、做事等方面形成正确的价值观，充满朝气的生活，带着愉快的心情学习，促进学生完善人格的形成。如安徽财经大学每年都有学生参加各种级别的大学生数学建模竞赛，并且取得优异的成绩。这个比赛的一个特点是比赛时间长：72 小时。比赛要求学生具有扎实的数学功底和其他专业基础，问题源于生活，但对于那些仍在学校里求学而并未遇到过如此复杂问题的学生来说，并不简单，需要团队和指导老师共同面对。三天三夜面对一个题目，只有真正参加了比赛的同学，才能体会到一种与集体融为一体，与数学融为一体，与竞赛融为一体的感觉。比赛结束后，无论成绩如何，对于学生自身来讲都是一种人生体验的升华。

11.2 学科竞赛促进“四位一体”育人体系建设的做法

“四位一体”育人体系是安徽财经大学人才培养方式的高度总结和凝练，学科竞赛活动在“四位一体”育人体系中发挥着重要作用。经过开展多年的学科竞赛活动，我们已经形成了较为规范的依靠学科竞赛活动促进人才培养质量提高的经验。

11.2.1 领导高度重视，导师认真负责，培训基础扎实

学校成立了学科竞赛工作领导小组，由主管校长任组长，具体由教务处、团委负责大学生学科竞赛的总体管理，逐步建立了规范、科学、长效的工作机制，组建了一只责任心强、乐于奉献的指导教师团队。经过多年的实践和探索，安徽财经大学已经形成了一套集参赛队员选拔、培训、实战训练、参赛、赛后总结于一体的完善的培训指导体系。通过课程教学、课外教学、校外实践与学科竞赛活动的结合培养、激发学生兴趣，通过举办校内竞赛选拔优秀学生，通过实验室等实训平台有计划开展大赛指导。各参赛团队从课堂讲授到新实验室培训到校外实践、从集中训练到赛前强化指导，从强化专业知识到训练创新逻辑思维，实现了课内学习与课外实践、校内实训与校外实践的有效互补。指导教师充分利用课余时间进行指导，利用各种假期休息时间开展强化训练，在各种学科竞赛中取得了优异的成绩。

11.2.2 管理严格规范，教研相互结合

安徽财经大学在开展各种学科竞赛方面，形成了一套以各相关优势学科为依托、以创新训练基地和实验室为平台、以政策制度建设为保障，教研相互结合，教师着力引导、学生积极参与、院系承办、部门相互协助的运作机制。各种学科竞赛的组织工作富有成效。经过多年实践，确立了以教务处、团委领导为主，校院两级管理、多部门协同的学科竞赛管理模式。我们注重参赛主体的能动性，出台了《安徽财经大学学生学科竞赛管理办法》《安徽财经大学学生学科竞赛奖励办法》等文件，采取多种措施充分调动学生参赛的积极性，激发学生的主动性和潜力，实现竞赛体系“自主管理、自主创新”。注重各种学科竞赛与教学改革研究的结合。各类大赛指导教师多次在教研活动中认真讨论改进各种教学方法，讨论如何通过各类学科竞赛实现提

高创新能力、提高实践能力的目的，并能够将学科竞赛相关内容融入日常教学过程中，以此相互推进、相互补充。

11.2.3 学科竞赛与学生创新活动相结合

以大学生创新训练项目和基地为依托，各类学科竞赛与创新创业活动相结合，建立了多层次的创新教育体系，激发学生创新创业热情。同时形成支持学生自主管理、自主创新的创新创业活动保障机制。努力构建并实施以培养大学生的创新创业精神和实践应用能力为重点的创新创业教育体系。学科竞赛、实践教学实训教育和大学生创新创业训练计划共同构建了安徽财经大学的大学生创新创业教育体系，通过多年的积累，初步实现了“课堂内外结合、校内外结合、多种形式互补、相互支撑”的机制，同时充分利用创新训练基地这一校级平台发挥培养创新与创业人才培养作用。

11.2.4 参加各类学科竞赛获奖可以替代学分或毕业论文

在安徽财经大学的各专业人才培养方案中设置了大学生实践学分和创新学分，毕业之前学生必须取得相应学分，否则不能及时毕业。学生可以通过参加假期社会实践与社会调研、各种团学活动、在学术期刊上发表学术论文等方式获得创新学分和实践学分。同时部分专业也明确规定参加国家级比赛和省教育厅认可的省级 A 类和 B 类大赛，同样可以获得相应的创新学分、实践学分，有的专业还规定在各类大赛中获得奖项或各种创新创业训练计划、商业策划书等经过教授委员会的认定还可以替代本科毕业学位论文，这些措施极大地激发了学生参与大赛的热情。

11.2.5 经费充足保障办赛水平逐步提高

学校每年对认定的各类学科竞赛拨出专项经费进行支持，用于组织和参加校级比赛、省级和国家级比赛。财务部门出台相关规定，学生到外地参加经认定的学科竞赛享受差旅费补助，报销差旅费。同时，安徽财经大学主办的各类大赛，还得到了社会上的大力支持，与比赛相关的企业或提供软件支持，或提供硬件支持，部分企业还对比赛进行冠名赞助，充足的经费和后勤保障，使学科竞赛办赛水平逐步提高，有力地支持了“四位一体”育人体系的建设。

11.3 学科竞赛的思考

11.3.1 学科竞赛助推“四位一体”育人体系建设的不足

面向高校学生的学科竞赛经过多年的发展，目前已经形成了比较规范的层次和体系，如有国家级层次、省级层次、校级层析，有的学院还有学院层次的学科比赛。众多的学科竞赛对于学生的知识探究、能力提升、素质培养、人格养成发挥了重大作用。但从安徽财经大学学科竞赛在人才培养过程中的实践来看，还存在着一些不足。

第一，学科竞赛的参与人数及学生的参与热情还有待提高。虽然现在面向高校的学科竞赛很多，但由于赛制的限制，参与竞赛的学生比重还有待提高。部分学生存在着为难情绪，由于比赛奖项设置有限，认为参与竞赛取得好成绩的可能性地，存在不愿参加学科竞赛的现象。

第二，列入教育部和教育厅认可的学科竞赛数量有限。只有列入教育部和教育厅认可的学科竞赛学生参与取得的相应奖项学校才认可，但从目前教育部和教育厅公布的学科竞赛来看，数量还不是很多，存在部分专业学生没有相应学科竞赛参加的问题，在一定程度上也限制了学科竞赛在人才培养中作用的发挥。

第三，学科竞赛所需的条件保障有待加强。学科竞赛由于其比赛的专业性，往往需要一定的硬件或软件支持，同时还需要一定的后勤保障。目前高校中的实验实训等基本上是为教学服务的，因此举办各种学科竞赛往往存在一定的障碍。近年来，高校都非常重视实验实训条件的建设，但从部分专业来看还存在着一定的不足。

第四，部门之间的协调需要加强。一场学科竞赛的举办往往涉及学校的众多部门，如果是教育部或教育厅的比赛，还涉及与上级部门的协调问题。目前多数高校在举办学科竞赛时往往是“一事一议”，没有形成稳定的协调机制。

第五，学科竞赛与日常教学教研活动存在一定程度的脱节。由于每项学科竞赛一般一年举办一次，因此，没有得到多数教师的足够重视，存在着日常教学与学科竞赛脱节的问题，将教学活动和竞赛活动分开，没有发挥学科竞赛在教学活动中的引领作用。而且每年参与到学科竞赛作为指导教师的数量偏少，很多教师认为学科竞赛只是部分教师的事情，没有积极参与到学科竞赛中去，没有将日常的教学活动与学科竞赛有机结合起来。

11.3.2 学科竞赛助推“四位一体”育人体系建设的展望

高等院校开展的各种学科竞赛活动，不仅能够通过学科竞赛这一平台，促进教学内容和课程体系的改革的推进，更能促进“知识探究、能力提升、素质培养、人格养成”四位一体育人体系的建设，最终提升人才培养质量。为了发挥学科竞赛在人才培养中的重要作用，结合安徽财经大学学科竞赛的办赛经验，可以考虑从下面几个方面着力进行建设。

第一，广泛动员，激发学生参赛热情，提高学生参赛比重。对于各种层次的学科竞赛，通知下发后广泛动员学生参赛，明确学科竞赛的人才培养中的重要作用，出台相关激励制度，激发学生参赛热情，提高参赛比重。

第二，建议将学科竞赛审批制改为备案制。目前列入教育部和教育厅的学科竞赛数量较少，而学科竞赛要进入名单需要审批，每年得到批准的学科竞赛有限。学科竞赛没有涉及大多数专业，限制了学科竞赛在人才培养中作用的发挥。建议将审批制改为备案制，如果要主办相应的学科竞赛，在学校层次或上级主管部门备案，扩充学科竞赛数量。

第三，强化学科竞赛的后勤保障。各个高校应高度重视学科竞赛在人才培养中的重要作用，在场地、资金、软件、人员等方面给予大力支持。

第四，加强部门之间的协调。学科竞赛涉及的部门众多，可以考虑成立学科竞赛领导机构，建立协调机制，使学科竞赛管理工作制度化、规范化、常态化。

第五，将学科竞赛融入日常的教学活动中去。对于每一个专业可以参加的学科竞赛进行梳理，让学生明确可以参加学科竞赛。在人才培养方案修订、教学研究中注重学科竞赛作用的发挥，把学科竞赛有机地融入日常教学中去，从教学内容、教学方法、教学效果等多个方面进行权衡，有效地发挥学科竞赛在人才培养中的重要作用。

12

“四位一体”育人体系建设的学生社团组织

12.1 学生社团的概述

党的十八大以及十八届三中全会都对高等教育领域综合改革提出了明确的要求，高校作为国家人才输送的主要来源，人才培养的质量就显得尤为重要。因此，培养什么样的人、怎样培养人，长期以来都是高校育人的出发点和落脚点。然而随着社会的不断进步与发展，传统育人模式的局限性正逐步凸显。在这种背景下，学生社团作为人才培养质量提升的有力抓手，作为高校校园文化建设的重要载体，作为学生参与社会实践和服务的主要组织，作为学生能力、素质、人格协同发展的有效途径，已逐步成为人才培养的重要阵地之一。学生社团正不断充实和丰富着大学生的课外文化生活，开辟了高校立德树人工作的新领域，应得到充分重视，发挥其多方面的积极作用。

12.1.1 学生社团的内涵

学生社团英文名称为 students society，是一种非正式群体，在自觉接受学校各项规章制度的基础上，具有明确的规范和发展目标，根据学生共同的专业特长、兴趣爱好、学术取向、生活理念或其他方面的共同追求自发建立，符合学校社团成立规范并相对独立开展活动，具有自发性、目标性、开放性、广泛性和多样性的特点，被誉为高校的“第二课堂”。作为一个在高校中不能被忽略的学生组织形式，学生社团自高校建立后不久就出现了，并伴随着学校的建设而不断发展壮大。学生借助类型各异的学生社团，展示其多样化的个性存在，表达着多样性的个人诉求。

12.1.2 学生社团的功能

作为人才培养的重要平台，学生社团正呈现出勃勃生机，它在学生的思想品德建设、专业知识获取、实践能力提升、综合素质养成、全面人格塑造等方面发挥着越来越重要的作用。

1. 有利于促进高校思政教育的开展

在高校众多的社团中，具有政治性的红色社团以其鲜明的政治性，积极宣讲国家主流意识形态，传播社会主义核心价值观，倡导社会正能量，显得尤为引人注目。这些社团在开展活动中创新性地将党建思政教育融入其中，使其成员在潜移默化或寓教于乐中不断加深对中国革命发展史和中国特色社会主义理论体系的了解，不断加强对中国共产党执政的思想认同和政治认同，不断坚定马克思主义和共产主义信仰，使其成员在政治素质、道德品行和思想觉悟提升方面的作用不断凸显，越来越成为高校学生组织及其成员品行发展的平台和自我教育的方式。同时，由于社团成员一般来自不同教学院系，相互之间交叉重叠，信息传播对象多、速度快、接受性强，从而拓宽了思政教育的载体。

2. 有利于促进高校教育教学的延伸

随着高校学生对知识和技能多元化需求的不断增强，传统的“第一课堂”这种限定教学内容的教学管理模式和教学组织形式，已经不能适应学生对自己感兴趣的知识和技能的渴求。学生社团作为“第二课堂”，由于具有活动选择上的灵活性和知识获取上的针对性，在很大的程度上能够满足学生的求知欲和表现欲，可以实现知识获取、技能培训、兴趣培养和个性发展的同频共振，从而为学生专业素养的培养和技能水平的提升提供了一个很好的外部组织环境。因此，学生社团作为学生参与度较高的学生组织之一，是实施素质教育的重要途径和获取知识的有效平台，是学分制下凝聚学生、提高专业知识应用能力的重要方式，更是“第一课堂”的重要补充。

3. 有利于促进高校学生实践能力的提升

学生社团作为一个培养学生个人发展兴趣和提升学生社会实践能力的重要平台，有利于学生迅速适应社会环境、确保成功目标达成和充分展现个体意识。在社团里面，每名成员都会以社团和个体的持续性发展为出发点，积极行动起来，以符合本社团特点的校园文化和社会实践活动为载体，开展形式多样的社会实践和服务。同时开展学校规章制度、社团章程、组织策划、资源分配、项目追踪和人员调配等方面的培训教育，进而使所学到的专业知识和开展工作所需的技能有效结合。在这种“高度仿真模拟社会”的实践基地内，学生在失败和成功中，不断积累经验，产生思维顿悟，培养了社交能力和合作精神，能够使学生逐步接触和了解社会，进而适应和融入社会，从而使他们的意志得到锻炼、素质得到拓展、能力得到提高。

4. 有利于促进高校学生综合素质的养成

学生社团是高校学生施展理想抱负、展现个人才华的舞台，其活动方式的自主性又为学生掌握知识、培养个性、陶冶情操、发展能力、提高素质开辟了新的道路。在具体的社团活动组织以及开展的过程之中，由于学生社团在组织上相对独立，在活动的设计开展上相对自主，他们能够实现自我管理、自我教育、自我服务，他们能够对活动内容、活动形式、活动创新和组织内外部关系平衡方面进行独立系统的思考，思维不会有过多的束缚性，思考具有一定的空间性，可以对活动的价值性进行独立的审视判断。正因为如此，学生在活动中既能够提高社会适应能力、对专业或理论知识的理解和应用能力、独立自主处理和判断问题能力、开拓创新能力、与他人和睦相处的能力，也能够增强个人的事业心、责任感和担当的精神，有利于促进高校大学生主体性的发挥和综合素质的养成，改善传统教育运转模式中在这些方面存在的不足。

5. 有利于促进高校学生全面人格的塑造

全面人格塑造最有效的方法就是参加集体活动，这既能培养团队精神，又能促进学生之间相互学习。学生社团正好能够作为集体活动的载体，提供活泼多样的社团活动，一方面使每个成员的个性都能得到充分张扬，积极性、创造性都能得到淋漓尽致的发挥，自尊心、自信心、好奇心都能得到极大的满足；另一方面能够逐渐向每个成员渗透公民意识、法治意识、社会责任、团队精神等，在培养“六有”大学生的同时也在培养合格的社会公民。同时，每个学生社团都有属于自己的价值观，这种价值观能够使社团成员树立强烈的集体感、归属感、荣誉感和主人翁意识，从而在社团内部形成一种砥砺前行、积极向上与充满活力的精神氛围，为学生塑造人格、完善品格、协调身心提供了强大的精神动力。因此，学生在参加社团活动有利于促进培养全面人格，促进全面健康发展。

12.1.3 学生社团存在的不足

1. 管理体制和评价机制有所缺失

虽然大部分学校对学生社团管理制订了很多制度，但一些制度不同程度的存在缺乏科学性、针对性、创新性的现象，导致执行起来比较困难。而且许多社团又松于管理，机构不健全，成员层次不合理，管理标准不统一，导致成员流动混乱。同时，考评监督机制和激励约束机制不够完善，使一些社团活动流于形式，不能更好反映学生诉求，得不到学生的认可，丧失了应用的功能，少数社团名存实亡。

2. 功利化倾向明显

社团发展存在重“成长服务”轻“思想引领”现象，学生加入社团的目的和想法有功利化和实用化倾向，有的为了交友，有的为了名利，有的为了兴趣爱好，有的为了增加锻炼机会，这种实用主义的态度使得学生社团缺乏紧密的凝聚力。同时，有些活动逐步聚焦到引起领导关注、寻找创业机会、增强创业本领和增加实践学分等问题上，而对于增强理想信念、道德品质、理论探索、价值观等决定人生发展方向的核心问题却缺乏应有的关注甚至排斥。

3. 社团活动质量不高

近年来，高校学生社团的质量并没有随着数量的不断增加而逐步提高，反而一些社团举办的活动在层次上、影响上和质量上有下降的趋势，这当然存在少数指导老师的责任心和指导水平的问题，但与社团学生干部缺乏表率带头作用，缺乏对社团发展长远规划，缺乏相关知识和经验也密切相关，导致不能很好调动学生参与的积极性。同时，各个学生社团之间的横向交流联系不够紧密，互相之间不能取长补短，反而各自为政，各搞各的活动，因此精品社团数量较少。

4. 保障措施不到位

与其他学生组织相比学生社团得到的支持与指导的力度不够，一方面是部分学生社团指导老师投入精力不够，导致指导效果不够明显；另一方面是缺乏相应的活动场地和活动经费，导致活动开展受限。因此，社团活动一直在低水平上徘徊，活动质量得不到提高，社团成员的工作能力与综合素质也未能得到很好的发展与提高。

12.2 学生社团促进“四位一体”育人体系建设的做法

近年来，安徽财经大学高度重视学生社团建设，尤其是以“大学生社团建设年”为契机，不断探索总结学生社团工作的功能与定位，不断开拓创新学生社团工作的途径与载体，围绕学校人才培养目标，以学生全面发展为中心，有效发挥了学生社团在立德树人方面的育人功能，切实提升了学生社团的组织活力，为广大青年学生成长成才奠定了坚实基础。

作为安徽省重点建设的高水平大学之一，安徽财经大学经过多年的建设，目前拥有102家各式各样的大学生社团，初步形成了以理论学习类、地域文化类、公益志愿类、实践促进类、文化娱乐类、学术科技类和体育健身类等七大类社团为重点发展对象的社团矩阵。学生之所以有着多姿多彩的校园生活，这不仅来自于他们在日常学习中的相互竞争，还要归功于以上百家以学生为中心的、富有创造力的学生社团活动。这些社团通过品牌化的活动设计，提升了自身的影响力，发挥了学生自我教育、自我管理、自我服务的重要功能，有效地激发了大学生的创造性思维，深化了专业水平，提高了综合能力，促进了个性发展，最终必将有利于学生的成长成才。详见表12-1。

表12-1　社团类别及数量

类别	数量
理论学习类	10
地域文化类	13
公益志愿类	7
实践促进类	18
文化娱乐类	21
学术科技类	21
体育竞技类	12
总计	102

12.2.1 以机制建设为统领，在完善社团育人体系上下功夫

1. 从顶层设计上构建学生社团教育一体化管理体系

安徽财经大学高度重视学生社团在人才培养过程中的功能和定位，专门以“大学生社团建设年”的方式加以推进和深化，成立了以分管学生工作的副校长任组长的活动领导小组，整体规划和实施学生社团建设在“四位一体”育人体系建设中彰显育人效果，形成了分管校领导牵头，囊括学校办公室、党委组织部、党委宣传部、教务处、学生处、研究生处、科研处、保卫处、团委、图书馆、实验实训中心、现代教育技术中心、后勤服务集团、体育教学部、各学院党委、马克思主义学院等相关单位的一体化管理体系，全面协调统筹“大学生社团建设年”各项活动的开展，从顶层设计上畅通了社团育人的管理机制。

2. 从体系布局上完善学生社团育人体系

安徽财经大学在坚持“知识探究、能力提升、素质培养、人格养成”的“四位一体”育人体系基础上，于 2015 年 3 月制定出台了《安徽财经大学“大学生社团建设年”活动实施方案》，提出了形成百家社团、千项活动、万名学生参与的格局，扩大社团数量，健全社团管理，优化社团活动，实现学生社团的思想育人、环境育人、情感育人、管理育人效果，逐步营造交流思想、切磋技艺、互相启迪、增进友谊的社团文化氛围的目标。该体系的构建有赖于机制、文化、过程、方式、评价等五个层次的创新，从而有效实现了理论教学与实践指导的有机结合、课内与课外的互补融合、线上与线下双向融合、思维与方法的内在融合、指导教师与社团成员的互动融合的五个融合。

3. 从教育理念上夯实学生社团育人的思想基础

安徽财经大学以提高人才培养质量为根本目标，以社会需求为导向，根

据学生成长成才需求以及人才培养规律，提出“分类培养、分层教学、分流发展”的教育理念。通过“四位一体”育人体系建设，贯彻“商界精英”“社会骨干”的人才培养理念，构建“全员育人、全过程育人、全方位育人、全社会育人”的教育大格局，使人才培养工作更加系统化、规范化、科学化，以知识学习和探究为基础，促进学生能力、素质、人格的协同发展，实现高层次应用型人才培养的目标。这种理念赋予了人才培养更加宽泛的时代内涵，成为统领学校开展学生社团建设工作的思想基础。

12.2.2　以专业社团建设为依托，在“知识探究”上下功夫

安徽财经大学的专业性社团主要是由 21 个学术科技类社团组成，从其类型名字就可以看出来，这类社团主要是在相关学科门类和专业的背景下开展学术科技方面的活动和研究，因而这些社团成员要求具有一定的专业学术素养、科研探究能力，或者是学科兴趣。学校通过这些专业性社团着力构建学生自发地学习知识、自主地探究知识的环境和体系，激发学生主动参与社团活动和学习过程的热情，培养创新思维和意识。这些社团成员在专业教师的指导下，以知识获取、技能探究、学习态度等类似科学探究的方式，从学生的角度对知识学习进行升华与改革，通过明确学习目标，社团成员进行独立思考，自己做出选择，与指导老师、社团成员之间开展合作，逐步掌握、了解和运用专业知识并最终达到解决问题的目标。

1. 提升在人才培养过程中的地位

专业学生社团作为一种能够发挥显著育人功能的组织载体，与一般意义上的学生社团组织不同。因此，安徽财经大学将其置于人才培养过程中的重要位置，作为专业人才培养的重要载体来重点建设，作为专业人才培养的重要教育手段和教育工具来深入开发。同时，学校在顶层设计时，将专业社团建设嵌入人才培养方案，根据学科专业建设的特色重点培育和发展一批专业性的学生社团集群，例如物流协会、旅游协会、电子商务协会、企业模拟运

营协会等，通过这些专业社团开展的一系列特色品牌活动，初步形成与课程教学相呼应的实践教学平台，从而多维度地促进专业人才培养目标的实现。

2. 在政策上给予一定的倾斜

安徽财经大学将专业社团置于优先发展的战略地位，通过出台相关政策，给予社团发展的现实资源，扶持鼓励其快速发展。一方面，通过单独建设、提供学生活动中心、学生团体联合会和创业孵化基地，面向专业性社团成员开放相关学院、专业的教学实验室等专门开辟、扩展学生社团的活动场地，从而在活动开展的空间上给予保障。另一方面，加大资金支持力度，通过以大学生创新创业项目资助、学科竞赛奖励和假期调研实践活动补助等形式，鼓励在专业学生社团内部组建科研创新团队，以项目的形式大力推动社团建设，使专业性社团活动上水平。同时，加强专业指导老师的选配，把科研水平突出的中青年骨干教师选聘为社团指导教师，科学设定指导社团的工作量，将指导学生社团取得的成绩作为职称评聘、岗位考核和评奖评优的重要参考，从而提高和保护指导教师的积极性，进而提高专业性团队的学术层次性。

3. 建立与课程教学相对应的活动体系

安徽财经大学将专业学生社团的活动视为在人才培养过程中的一种体系化教育过程，紧密围绕各专业人才培养方案中对能力和素质的要求进行社团活动的设计，对品牌社团活动的内容进行细化。同时，注重社团活动开展与专业课程教学之间的关联度和连贯性，使专业学生社团的品牌活动成为检验和重温专业课程教学成果的重要环节。通过这种推进社团活动专业化建设的方式，使专业性学生社团既遵循学科建设与专业发展的路径，又拓宽了专业实践教学的平台。

12.2.3 以平台建设为载体，在"能力提升"上下功夫

安徽财经大学注重当代大学生"三种能力"的培养，即表达能力、解决

实际问题能力和社会担当能力。以平台建设为载体，通过各类社团活动的开展，促进学生综合能力的提升，培养应用型人才。

1. 打造“思想引领平台”，以党建促“团”建

安徽财经大学坚持“党团组织”管“社团”，确保学生社团保持正确的发展方向，从而引导社团成员树立积极的人生观、价值观与世界观。学校所有的学生社团组织均在学校党委的统一领导下，并由学校团委对其进行管理与具体的指导，坚持“以科学的理论武装人，以正确的舆论引导人，以高尚的精神塑造人，以优秀的作品鼓舞人”。学校团委通过把团支部建在社团上，在学生团体联合会学生干部关键岗位的配备上，单独增设了“团支书”一职，以此来加强基层团建和思想引领。团支部始终秉持规范化管理、多元化沟通的理念，坚持以团建推动社联发展，不断加深与各学生社团的沟通联系，102 家社团均设立团小组。通过选聘思想政治觉悟高、个人能力强、有一定影响力与号召力的优秀社员担任，来推动加强社团团员思想引领、向上向善、民主评议和教育培训等工作；通过引入合理的考核激励机制，来奖励优秀的社团集体和个人，以及评选校园十大“有意思、有意义”社团；通过推荐选派优秀社团成员参加学校“青年马克思主义者培养工程”大学生骨干培训班和团校培养活动，来深入贯彻落实党的十八大和十八届三中、四中、五中、六中全会精神，深入学习贯彻习近平总书记系列重要讲话精神，引导大学生骨干紧密团结在以习近平同志为核心的党中央周围，牢固树立“四个意识”，不断坚定和提高政治觉悟，听党话、跟党走，让理想信念铭记于心、见诸于行，努力培养和造就一批政治坚定、作风过硬、素质全面的大学生社团骨干队伍，对于培训合格、条件成熟的优秀社团干部和骨干优先推荐参加“入党积极分子”培训；通过举办迎新晚会、青春榜样导师团、社团文化节、草地音乐节等特色活动以及“社会主义核心价值观”“弘扬长征精神”“大学生文明礼仪”等不同主题的团日活动加强思想建设，丰富校园文化，让社团成员们在实践中求发展，在活动中产生思想碰撞。

2. 搭建“实践教育平台”，以实践促“团”建

实践是能力提升最重要的环节，它有别于基础课和专业课教育。安徽财经大学在推进社团活动和能力提升的过程中，通过有效整合学校、企业、社会的各种资源，把教学科研、社会实践、实验实训、创业实践等活动紧密结合起来，系统构建一种具有层次性、实践性、多元化和开放式的教育实践平台体系，它包括三种不同类型的实践。

（1）认知型实践。这种实践着力构建学生自发地学习知识、自主地探究知识的环境和体系。一是开展暑期、寒假社会实践活动和社团组织的其他活动，让学生深入社会，了解基层发展现状，提升社会认知能力；二是通过组织专业实习和毕业设计，开展专业实践拓展，强化专业认知能力；三是在就业实习基地开展移动课堂，让学生体验企业管理和企业文化，增强管理创新创业能力；四是通过大学生创业协会、管理协会等社团举办讲座和座谈的形式，发挥优秀创业学子的典型示范作用和成功案例的激励作用，丰富学生的知识和体验，让他们接触、感受和学习典型，提高创新创业的激情与能力。

（2）思考型实践。这种实践着力于提升学生的综合能力，通过举办、参加校内外各类创新创业设计大赛和学科竞赛，引导学生参加多种科研训练活动，进行创新创业教育的熏陶，进而使学生在参加各类比赛中实现“四个方面的转变”：即由被动式学习向主动式学习的转变，由个人独立学习向团队集体学习的转变，由专业性学习向通识性学习的转变，由纯理论学习向理论与实践相结合学习的转变。如电商协会和物流协会参与承办的“挑战杯”“三创赛”“互联网＋”和物流大赛等创业计划大赛。使学生在参与创新创业培训和学科竞赛中，激发热情、体验经历、增进沟通、培养合作。学校以开展创新创业训练计划的方式对学生的科技创新项目给予一定的资金资助、创新实验平台。

（3）模拟型实践。通过依托校园创业孵化基地、创客空间和经管类跨专业实验室，搭建创新创业服务平台，让学生理论联系实际，指导社团学生参加有关提高专业和创业能力的训练活动。例如，企业模拟运营协会，它提供了一个参加各类企业网络虚拟运营竞赛的平台，为广大热爱企业模拟运营的同学提供了一个交流切磋的平台。通过这个协会，成立了安徽财经大学第一个创业实验室——962 创客空间，而且在前期各项准备的情况下，出台了《962 创客空间管理办法》，并面向全校进行遴选入驻创业项目，目前已有 5 家校内创业孵化基地项目成功入驻。

3. 上线“网络媒体平台”，以特色传播促“团”建

安徽财经大学自开展“社团文化建设年”以来，积极鼓励发展网络社团，推动多媒体融合，打造特色传播内容，形成社团新媒体矩阵。学生团体联合会以此为契机，带领全体社团向社团网络化迈进。学生团体联合会新媒体平台以 QQ 空间、微博、微信三位一体、全方位覆盖的态势，以社团影响着全校学生的课余生活：截止到 2015 年 7 月 16 日，学生团体联合会 QQ 空间累计访问量 186374 次，新浪微博粉丝 3410 个，微信用户量 5679 个，其中新浪微博活跃度曾登上安徽省微博排行榜中首位，微信平台曾多次在安徽财经大学排行榜中占据前三。此外，社团新媒体建设紧跟步伐，建立各具社团特色的 QQ 空间、微博、微信等平台，现已有 70 余个社团开始建设 QQ 空间、微博、微信平台，初步形成了社团新媒体矩阵，对于学生网络生活产生了极其深刻的影响。见表 12－2。

表 12－2　　近两年学生团体联合会新媒体运营数据表①

项目	2015 年	2016 年
微博粉丝量	3410	5626
微信用户数	5679	9019
空间浏览量	186374	346521

① 张庆亮，顾思伟，夏光兰，等著．以学生为中心的高校学生事务——以安徽财经大学为例［M］．北京：经济科学出版社，2017：246

12.2.4 以第二课堂成绩单建设为抓手，在“素质培养”上下功夫

当代大学生的综合素质包括思想政治素质、身心素质、文化素质、业务素质和创新（创业）素质，这些素质可以通过学生社团的相关活动（即第二课堂）得以实现。安徽财经大学历来高度注重学生综合素质的培养，先后以学风建设年、校园文化建设年、校园文明建设年、社团建设年、创新创业推进年、诚信建设年等为主题，围绕学生第二课堂建设开展了诸多社团活动，极大地丰富了在校生的课余生活，不断打造一个积极、健康、向上的育人环境，营造一个有利于学生综合素质培养的氛围，努力使学生具有正确的世界观、人生观、价值观，掌握知识、培养个性、陶冶情操、发展能力、提高素质。

1. 以制度为基，紧密联系第一课堂与第二课堂

安徽财经大学在推进人才培养模式改革的过程中注重将第二课堂作为第一课堂的有效延伸和补充，通过建立健全完善的第二课堂成绩单管理制度，不断探索解决育人工作内涵过于宽泛、衡量综合素质手段缺乏等问题，让第二课堂在实行的过程中有法可依。

早在2009年学校就开始实施探索将大学生素质拓展以课外教学学分的形式予以体现，将学生的素质拓展活动纳入课外教学学分制管理，并颁布了《安徽财经大学普通本科学生课外教学学分制实施方案》，涵盖了思想政治与道德素养、英语网络自主听说训练、社会实践与志愿服务、科学技术与创新创业、文化艺术与身心发展、社团活动与社会工作、技能培训及其他等七个大类。2013年，开始在人才培养方案中植入素质拓展周计划，即学生可以在素质拓展周开展学科竞赛培训、专业知识拓展、外出实践等多种形式的素质拓展活动。2015年，学校引入大学生成长服务平台系统（PU系统），学生通过学生成长服务平台发起活动，经过学生申请、教师审核等操作过程直接

生成学生课外学分并计入系统，使课外学分进一步达到无纸化。2016 年，学校对原有的实施方案进行了修订与细化，并颁布了《安徽财经大学学生社会责任教育与社会实践活动学分认证暂行办法》和《安徽财经大学普通本科学生课外教学学分制实施方案（修订）》，新的课外实践学分实施方案中包括社会实践、志愿服务、其他课外教学素质拓展三大块内容，其中社会实践（2 学分）、志愿服务（3 学分）、其他课外教学素质拓展内容（包含思想政治与道德素养、科学技术与创新创业、文化艺术与身心发展、社团活动与社会工作、技能培训与其他等五个方面共计 5 学分），基本涵盖了大学生素质拓展的全部内容。学生在校期间，在完成课堂教学与实践教学（第一课堂）规定学分的同时，必须取得课外教学素质拓展（第二课堂）10 学分方可毕业和获得学士学位。通过建设完善的学生第二课堂制度，使第二课堂与第一课堂相互促进，共同实现人才培养的教育本源。

2. 以载体为先，努力建设统计系统和考核平台

学生第二课堂是大学生综合素质教育的重要构成部分，如何统计和考核学生参加第二课堂的情况也是重要环节。因此为了更好地将学生第二课堂活动进行统计和考核，2016 年，安徽财经大学自主开发上线了“‘iAnCai 爱安财’大学生成长服务平台（第二课堂）”，学生通过网络平台发起活动，申请学分，毕业时可根据参加第二课堂活动的情况获得一份第二课堂成绩单，对提高大学生参与课外活动的积极性，提升综合素质起到了积极的促进作用。通过“爱安财”平台，使学生社团活动有效实现了 O2O 和 B2B2C 的工作模式，体现了“互联网 + 课外实践学分平台”思维。安徽财经大学团委借助该平台可以对第二课堂活动进行模块划分、信息发布、过程管理和效果评价，可以对学生参与第二课堂活动情况进行记录、评价和认证，可以对学生参与第二课堂活动的数据进行收集挖掘和统计分析，还可以实时记录学生参与活动的经历和效果。这种利用大数据技术对学生成长成才、职业生涯目标与第二课堂活动参与的匹配度等进行的科学分析，充分体现了运用大数据功能提升第二课堂工作的科学性、有效性和针对性，为打造“第二课堂成绩单”提供了翔实可靠的数据。同时，通过整合“爱安财”系统中的各项信息（如活动管理、用户管理等），可以有效实现安徽财经大学团委智慧式管理和运行，同时也可以及时对上级团组织和学校决策需求以及学生的成长成才做出智能响应，对于提升共青团工作的科学化水平，进一步开展智慧校园建设起到了积极的推动作用。

3. 以内涵为本，打造实践育人课程体系

安徽财经大学通过不断加强“第二课堂成绩单”的内涵建设，扎实推进实践育人的课程化培养体系，力求建立起成果导向的“第二课堂成绩单”人才培养体系。为了充分发挥第二课堂培养学生综合素质和第二课堂的育人功能，学校制订符合自己特色的“第二课堂”课程教学计划、课程大纲，将课程设置为 3 大模块，分为社会实践（2 学分）、志愿服务（3 学分）、其他课外教学素质拓展内容。通过这些模块课程的设置，让学生通过社团或其他学生组织自主选择参加感兴趣的活动，让第二课堂贯穿整个人才培养模式之中，使第二课堂育人过程成为目标导向明确化、课程化、体系化的人才培养过程。其中，“社会实践”模块主要记载参加学校、学院组织的寒暑期社会实践活动和提交社会实践报告的情况，以及获得的相关荣誉。“志愿服务”模块主要记载参加志愿服务、社区服务、支教助残、公益环保等各类志愿公益活动的经历，以及获得的相关荣誉。“其他课外教学素质拓展”模块主要记载参加校院两级党校、团校培训经历，参加思想引领类活动，参加各类科技学术、创新创业、学科竞赛等活动，参加学术与创新创业方面的讲座、论坛、培训活动，参加创新创业训练计划项目、科研项目、创业孵化基地的项目，参加文艺体育及其他身心发展类活动，担任学生干部情况，以及获得的相关荣誉和各类等级或资格证书。将实践育人作为单独一门模块课程加以建设，建设以培养学生良好的思想政治与道德素养、创新思维、创业意识和创新创业能力、人文艺术修养与全球化视野、较强的团队合作与实践能力为目标的育人模式。

4. 以引领为魂，助力学生成长成才

安徽财经大学通过第二课堂成绩单建设，不断深化团员青年的思想引领工作。在学校第二课堂活动开展的管理规定中，突出思想政治与道德素养类活动在学分设置上的政策倾斜性，适当增加学时数量，开展一系列如“一学一做”“与信仰对话”“与人生对话”“养成教育”“四进四信”“我的青春故事”等主题报告会，将学生的思政修养和理论素养提升落实到专业学习与课外活动中，强化体验教育，及时给学生在思想成长、政治发展和学业提升方面的指导，让学生在日常学习生活、志愿服务、社会实践中去体会、去感悟，有效激发学生追求发展的内在动力，为学生坚定理想信念打下坚实的基础，从而增强思想引领活动的吸引力、凝聚力，引导青年学生主动融入时代主旋律，助力学生全面的成长成才。

12.2.5 以培育精品社团活动为支撑，在“人格养成”上下功夫

品牌活动的开展是学生社团的生命力，安徽财经大学团委结合不同社团的功能、定位与发展实际，通过持续开展系列品牌活动，广泛宣传，不断提升社团的影响力、吸引力与可持续发展能力，着力打造特色鲜明、品牌突出的精品社团作为样本培育。在培育精品社团样本的同时，通过课内与课外、校内与校外、线上与线下社团活动的开展，着力将学生培养成为具有独立精神和自由思想的人，有意识地渗透人格养成的意识，用党的十九大精神进社团、进活动、进大学生的思想，有的放矢地培养大学生的公民意识和健康人格，使学生在策划、组织、参与社团品牌活动中学会做人、学会做事、学会生活、学会学习，习惯用批判性精神和创新性思维认识世界和社会，最终实现学生的健康成长、愉快学习，未来成为快乐工作、幸福生活的普通劳动者和合格社会公民。

1. 依托娱乐型社团品牌活动，培养学生的参与意识

以兴趣爱好相似和情感交融为依托的文化娱乐类和体育健身类社团，其社团数量最多、人员参与最广、涵盖范围最大、活动最为丰富。主要包括一是文学类，如龙湖文学社的“龙湖文学奖”评选，青藤剧社的“青藤四月天”大型话剧演出，汉文化研究学会的“汉字英雄”大赛，安财读书会的“笔墨丹青”诗画创作大赛等，目的是陶冶学生的文学修养。二是艺术类，如学生团体联合会及吉他协会共同举办的“草地音乐节”，摄影协会的校园摄影大赛，影视艺术学会的假面舞会等，用以提高学生的艺术品位和鉴赏能力。三是体育健身类，如足球协会、篮球协会、排球协会和乒羽协会各自举办的联赛等，这类学生社团主要以增强学生的身心健康素质为主。他们是丰富校园文化生活、充实学生“第二课堂”的重要力量。随着当代大学生综合素质的普遍提高，校园里各种文艺体育类人才越来越多，特长展现能力越来越强，呈现出“百花齐放”“百家争鸣”的繁荣景象。而文艺体育类学生社团则成为求知欲强，思想活跃，崇尚务实的在校大学生自我表现的最佳舞台。通过这些社团活动的参加，学生在学习各种技能的同时，提高了他们的参与热情，积极地投身到各种社团的活动中。

2. 依托专业性和学术性社团品牌活动，培养学生的民主意识

专业性和学术性社团主要是聚焦某一学科专业领域或某一种新知识的研究兴趣而成立的学生社团，他们主要围绕所学学科领域和专业方向进行科技、理论和学术的交流和探讨，如邓小平理论研究会、大学生公共管理学会、论恒学社、大学生创业协会、大学生管理学会、安财哲学社等。他们经常性开展学术交流、讲座、报告会和研讨会等。在这些活动过程中，引导大学生全面地理解和正确地认识中国特色社会主义的民主问题，关心时事政治，理性表达利益诉求。并且在学校团委的指导下，组织学生利用假期社会实践的机会走出校门，了解中国社会主义民主建设进程中的发展情况，学会分析当今中国社会面临的民主问题，建立思考民主问题的正确坐标系，形成

民主思维，养成主人翁意识，确立正确的民主意识，正确行使自己的权利和义务，从而增强学生的民主能力。

3. 依托服务型社团品牌活动，培养学生的责任意识

要提高大学生的责任意识，理论学习固然重要，但要效果显著，必须通过实践，在实践中锻炼，在实践中提升。而服务型社团恰恰能够为培养大学生责任意识提供了一个很好的平台。服务型社团是以向社会提供无偿服务为内容的社团，社团成员利用节假日、周末、课余时间走上社会，从事各种志愿服务活动，不计报酬的组织。利用青年志愿者协会、安财法律服务社、大学生绿色同盟、大学生心理健康协会等社团，开展社区志愿服务、法律知识宣传、环境保护、心理咨询等活动，到敬老院开展“献爱心、送温暖”活动和大学生暑期社会实践活动。通过参与实践活动，大学生亲身体会，实际接触、了解社会，了解自我，锻炼了意志，学会了合作，形成了科学的理想信念，提高了思想素质，培育了责任意识。

这些精品社团活动的开展受到了校内外的广泛关注，反响强烈，社团自身也在特色品牌活动的带动下不断发展壮大，成为了精品社团培育的样本。在这种“小活动，广受众；小品牌，多层次；小社团，大文化”的社团发展思路指导下，安徽财经大学学生社团的整体发展不断呈现上升趋势，初步形成了“‘社’彩斑斓，百‘团’争鸣”的蓬勃发展图景，这些学生社团传播着“诚信博学、知行统一”的校训精神，承载着培养“商界精英”“社会骨干”的育人目标，成为社团成员自我教育、自我管理、自我服务的良好途径，更成为大学生知识探究、能力提升、素质培养和人格养成的重要基地。

12. 2. 6　以导师队伍建设为保障，在“育人主体”上下功夫

安徽财经大学通过加强社团导师队伍建设，在“育人主体”上下功夫，结合不同社团的特点，有针对性地聘请相关领域的专业老师作为指导教师，不断提升专业指导的精准性和社团活动的层次性。在安徽财经大学现有 102

家社团的指导老师中，大多是与社团相关专业的优秀教师，可以为学生提供专业性的，有针对性的指导（见图 12 - 1）。如邀请入选 2015 年国家百千万人才工程和教育部“新世纪优秀人才支持计划”项目，享受政府特殊津贴的校“龙湖学者”宋马林教授担任“绿 in 社”的指导教师，邀请享受安徽省人民政府特殊津贴的“全国优秀教师”和安徽省“教学名师”的杨桂元教授担任大学生数学建模协会的指导教师，邀请安徽省象棋协会常务理事、蚌埠市棋牌协会名誉副主席、国家一级棋师、安徽象棋大师的赖红兵老师担任棋牌协会的指导教师，邀请北京大学法学博士黄信瑜副教授担任公关礼仪协会的指导教师，邀请秦为锋副教授担任武术协会的指导教师，邀请中国电影家协会会员、安徽省影视评论学会理事、安徽省影视评论学会学术委员会副主任王纲副教授担任青藤剧社的指导教师，邀请胡向玲副教授担任安财文学社的指导教师等。同时，学校将社团取得的成绩纳入指导教师业绩考核和奖励的范畴，并定期组织相关领域的专业教师对社团的发展动态、育人经验及最新理论研究成果进行研讨，持续关注出现的新情况、新问题，把握社团发展规律，为学生社团的可持续发展提供理念和技术指导，形成了一批具有鲜明特色的学生社团。

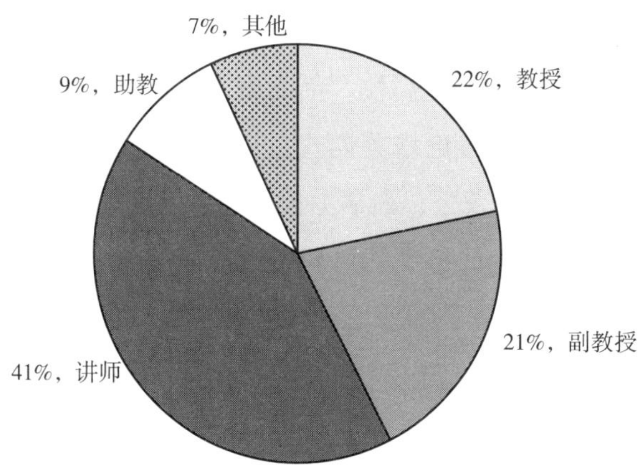

图 12 - 1　指导教师职称分布

资料来源：张庆亮，顾思伟，夏光兰，等．以学生为中心的高校学生事务——以安徽财经大学为例［M］．北京：经济科学出版社，2017：241

12.3 学生社团建设的思考

学生社团真正成为安徽财经大学校园文化活动的重要阵地，充实和丰富了大学生的课外文化生活，发挥了实践育人的重要作用，成为了名副其实的“第二课堂”。

12.3.1 成效与亮点

1. 基层团建工作水平不断提升

学校团委依托学生团体联合会，以社团组织建设为抓手、以社团实践活动为平台，服务青年、引领青年成长成才，既创建了一批精品社团样本、品牌社团活动、树立了共青团工作的新形象，又提高了团建工作的实际水平，得到了上级部门和团组织的肯定和表彰。近年来，学生团体联合会团支部曾多次获得“校先进团支部”称号，下属团员已达9000多名，先后受到中央电视台、安徽电视台和《中国青年报》《蚌埠日报》等新闻媒体多次专访和报道，并成功入选2016年全国高校“活力团支部”。思辩社，依靠其完善的社团发展制度和高质量的辩论培养模式，被“全国高校演讲与口才协会联盟”正式授予会员协会的荣誉；大学生管理学会承办的“第三届全国大学生简历大赛”凭借社团出色的组织能力获得国家级“最佳组织奖”和“最具人气大众奖”等荣誉称号；邓小平理论研究会在凭借在对时政热点的有效传播和思想引领方面的出色表现本年度也荣获了“全国百家理论学习社团”的称号；大学生创业协会在全国寻访2016年大学生创业社团活动中获得“百佳社团”的称号；大学生绿色同盟在第五届“绿色离校·绿色感恩”全国大型环保公益项目评选中获得“优秀社团”的称号，在共青团中央网络影视中心和团中央未来网组织开展的“燃青春聚能量”2016年全国大中专学生社团影响力评选活动中，获得“全国大中专学生最具影响力爱心社团”称号，其举办的淮河巡护活动获得了“全国大中专学生优秀社团项目奖”；“绿 in 社”在共青团中央网络影视中心和团中央未来网组织开展的“燃青春聚能量”2016 年全国大中专学生社团影响力评选活动中，获得“全国大中专学生最具影响力环保社团”称号。

2. 实践育人成效突出

经过社团组织建设和精品社团打造，学生社团在校园文化建设方面切实发挥了引领的作用，并有效落实了学校“知识探究、能力提升、素质培养、人格养成”四位一体育人体系的培养任务，服务青年成长成才，提高了学生的综合素质，顺利实现了环境育人、品德育人、实践育人这三大育人功能。

学生竞赛获奖多：例如企业模拟运营协会的学生在 2013 年取得了“挑战杯”“网络虚拟运营”专项赛常规赛第一赛季比赛三等奖 3 项，第二赛季比赛二等奖 2 项、三等奖 2 项、学校积分前五、获得总决赛资格，第 18 届国际企业管理挑战赛（GMC）中国赛区的三等奖 2 项、新秀奖 1 项；在 2014 年取得全国企业竞争模拟大赛三等奖 1 项，“学创杯”全国大学生创业综合模拟大赛区域赛一等奖 1 项、二等奖 4 项、总决赛特等奖 1 项，第十届全国大学生“用友新道杯”沙盘模拟经营大赛安徽区总决赛二等奖 1 项、三等奖 1 项、全国总决赛二等奖 1 项，“创青春”安徽省大学生创业大赛金奖 1 项，全国大学生网络虚拟运营创业专项赛全国总决赛二等奖 2 项、三等奖 2 项，华东区第三届高等院校企业竞争模拟大赛总决赛二等奖 1 项；在 2015 年取得了第 19 届国际企业管理挑战赛（Global Management Challenge，GMC）中国赛区三等奖，全国高等院校企业竞争模拟大赛全国总决赛一等奖，“新道杯”沙盘模拟大赛安徽赛区总决赛二等奖，“学创杯”2015 大学生创业模拟综合大赛安徽省省赛一等奖 2 项、二等奖 1 项，国赛创业之星全国特等奖、创业计划书全国金奖；在 2016 年取得了第 20 届国际企业管理挑战赛（Global Management Challenge，GMC）中国赛区二、三等奖各 1 项，“康邦杯”（2016）第七届全国高等院校企业竞争模拟大赛暨第十五届全国 MBA 培养院校企业竞争模拟大赛全国现场总决赛一等奖、优秀案例分析奖，“学创杯”大学生创业模拟综合大赛安徽省省赛一等奖2项、二等奖1项，安徽省首届大学生创新创业ERP管理大赛二等奖2项，华东区第五届（2016）企业竞争模拟大赛二等奖2项、优秀奖5项，安徽省第九届企业竞争模拟大赛二等奖3项、三等奖3项、优秀奖2项。

爱乐合唱团在安徽省学联举办的中国人民抗日战争暨世界反法西斯战争胜利70周年高校大学生合唱比赛中获得一等奖；军事爱好者协会在安徽省高校军事知识竞赛中获得三等奖；龙舟校队在2016年安徽省第三届龙舟公开赛（高校组）获得二等奖；张焱焱在第五届全国高校模拟集体谈判大赛获得资方二等奖；汪芳雅在“帅哥家居杯”全国大学生演讲比赛中获得三等奖；茶艺社的陈森海、白明、张讴琪、张琴、欧芮、刘晨、庆立珊团队在“白云春毫”杯2016中国（安徽）大学生茶文化创新大赛中获得三等奖等。

12.3.2 启示与经验

对高校来说，大学生社团文化活动是育人的重要载体，高校为社团活动提供了活动场地和经费支持。学校通过建立社团组织、健全管理机制、优化社团组织和人员管理、积极创新社团活动模式、引入社会化优质资源、积极参与各类社会实践，培育了一批精品社团，创立了一批社团品牌活动，并切实丰富了校园文化建设、拓宽了学校素质教育的途径、提升了学生自身综合素质、促进了学生社会化进程。对学校团委来说，通过社团建设，加强了团组织的凝聚力，拓展了团工作的内容，提高了共青团工作的水平。

1. 拓宽实施路径，不断提升学生社团的育人功能

安徽财经大学通过塑造先进的校园文化，不断增强社团活动的教育性、感染力和凝聚力，通过开展丰富多彩的活动和增强社会实践的实效性来确保和提升学生社团活动在高校人才培养中的三大育人功能。在具体的路径设计上，一是以形成良好的学风、构建社团成员成长的精神家园、增强社团活动

内容的品质性等为抓手，不断提升社团活动的文化性进而实现环境育人；二是通过在活动中强化思政教育的针对性、时代性和实践性，不断提升大学生的道德内化能力、适应能力和实践能力，以增强社困活动的教育性、感染力和凝聚力进而实现道德育人；三是增强社团活动的服务性、时效性和多样性，使大学生在服务社会、实践锻炼和具体活动中，实现人生价值、学会融入社会和提高做事能力，不断提高社团活动的实效性进而实现实践育人。

2. 找准学生成长“渴望点”和“需求点”，实现“多元异质性”成长

以学生“差异化需求”和学生社团“差异化发展”为导向，找出学生成长“渴望点”和“需求点”，实现学生个体的“多元异质性”成长。通过帮助学生全面、客观审视自我，明确下一步发展目标，激发学生“主动成长”意识和潜能，提升学生自我成就感，促进学生自省和自我成长；通过引导学生把时间和精力集中到提升自我“持续发展核心竞争力”这个焦点上来，使学生不再迷茫，成就学生自我全面发展；通过培养学生团体联合会和社团干部的“过程意识”，持续推进核心素质养成和提高，并将其内化为品质，外化为行动；通过培育“典型”，提高大学生“多元异质型”群体培育效果“可视化”程度，增强该典型群体的吸引力、辐射力和影响力。

3. 结合高校共青团改革方案，探索团学工作协同运行新机制

实践是不断发展变化的，高校团学系统的演进也是必然的。团学系统从旧的“一团一会”模式到“一体两翼”模式，再到新的“同心双圆”模式，每次变化都会对社团组织产生影响。伴随着高校共青团的改革，高校要适应团学系统分类指导模式和协同运行机制的新变化，更好地促进学生会和学生社团的实质性合作，最终使团学系统达到“合理分配资源、发挥协同作用、培养学生骨干、服务广大学生”新的有序状态，不断提升学生社团工作的科学化水平。

参考文献

[1] AAHE /ACPA/NASPA. Powerful Partnerships: A shared responsibility for learning [R/OL]. Washington. DC: American Association of Higher Education/American College Personnel Association /National Association of Student Personnel Administrators. Available: http: / / www. aahe. org/assessment /joint. htm, 1998 - 06 - 01 /2005 - 08 - 21

[2] American College Personnel Association (1996). Journal of College Student Development [R]. 1996 (3/4): 118, 224

[3] Barr R B, Tagg J. From Teaching to Learning: A New Paradigm for Undergraduate Education [J]. Change, 1995 (6)

[4] Diana P, Kathleen M B, Merkle H B. Increasing Collaboration between Student and Aeadomie Affairs: Application of the Intergroup Dialogue Model [J]. NASPA Journal, 2006, 43 (2)

[5] Fast L A, Funder D C. Personality as manifest in word use: Correlationswithself-report acquaintance-report and behavior [J]. Journal of Personality and Social Psychology, 2008, (94): 334 - 346

[6] Felder R M, Brent R. Navigating the bumpy road to student-centered instruction [J]. College Teaching, 1996 (2)

[7] NASPA/ACPA. Learning Reconsidered: A Campus-wide Focus On The Student Experience [R/OL]. Washington. DC: American College Personnel Association /National Association of Student Personnel Administrators, 2004

［8］爱因斯坦．爱因斯坦文集：3 卷［M］．商务印书馆，1979

［9］柏桦．人格——确定自我魅力［M］．北京：西苑出版社，1999

［10］蔡国春．高校学生事务管理概念的界定——中美两国高校学生工作术语之比较［J］．扬州大学学报（高教研究版），2000（2）

［11］常鹏．大学生素质教育研究［D］．山西农业大学．2014

［12］陈・巴特尔．加拿大多伦多大学的办学特色及启示［J］．国家教育行政学院学报，2010（10）

［13］陈利民．哈佛大学本科教育理念的演进［J］．武汉科技学院学报，2006（7）

［14］陈米辰．关于提高大学生综合素质的思考［J］．科学大众，2009（1）

［15］陈绍珍．当前我国高校人格教育存在的问题与对策研究［D］．华东师范大学，2009

［16］陈应龙．大学生综合素质现状分析及提高对策研究［D］．昆明理工大学．2006

［17］陈永灿，邓俊辉．温故而知新践行以育人——清华大学实践教育浅析［J］．清华大学教育研究，2006（2）

［18］储祖旺．高校学生事务管理教程［M］．北京：科学出版社，2008

［19］戴先中．论自动化专业本科生的知识、素质与能力要求［J］．电气电子教学学报，2007（1）

［20］德国大学学生关键能力的培养［R］．世界教育信息［R］．2006（6）

［21］丁笑炯．关于以学生为中心的教学理论与实践的反思——来自西方的经验［J］．全球教育展望，2005（11）

［22］董桂才．基于学科竞赛的大学生综合素质培养模式改革与实践，教育教学论坛［J］．2016（29）

［23］董兰，吕芝．论高校人才培养模式的几个问题［J］．中国成人教育，2014（8）：62－64

［24］董文杨，解飞厚．关于高校人才培养模式几个问题的思考［J］．江汉大学学报（社会科学版），2013（2）：71－74

［25］范晓．五大年度微信谣言点击均超 2000 万［N］．北京日报．2016－04

［26］方巍．美国高校学生工作的演变及现状［J］．比较教育研究，1997（2）

［27］付云松，金永超，蒋正跃．大学生专业素质培养的问题与对策研究［J］．科教导刊（中旬刊）2012（10）

[28] 舸昕. 从哈佛到斯坦福：美国著名大学今昔纵横谈 [M]. 北京：东方出版社，1999

[29] 葛长娜. 关于高等院校创新创业教育体系建设的思考 [J]. 新课程研究. 2016. 8

[30] 龚克. 立德树人、素质教育与内涵式发展 [J]. 中国高等教育，2013 (2)：6-8

[31] 顾秉林，王大中，汪劲松. 创新性实践教育——基于高水平学科建设的创新人才培养之路 [J]. 清华大学教育研究，2010 (1)

[32] 顾明远. 教育大辞典（增订合编本）[M]. 上海教育出版社，1998

[33] 郭春宁. “以人为本”和“文化育人”——中国人民大学校园文化建设的启示 [J]. 河南教育学院学报（哲学社会科学版），2013 (4)

[34] 郭大成. 改革创新大学素质教育全面提高人才培养质量 [J]. 大学（学术版). 2013. 6

[35] 郭键. 哈佛大学发展史研究 [M]. 石家庄：河北教育出版社，2000

[36] 郭天宝，李静怡，刘铁明. 国际经贸人才培养与企业需求差异性分析 [J]. 高教学刊，2016，(1)：38-39

[37] 韩延明. 理念、教育理念及大学理念探析 [J]. 教育研究，2003 年第 9 期

[38] 胡锦涛在省部级主要领导干部提高构建社会主义和谐社会能力专题研讨班上的讲话 [N]. 人民日报，2005-06

[39] 黄坤锦. 美国大学的通识教育 [M]. 台北：师大书苑有限公司，1995

[40] 黄一顺. 新加坡国立大学本科教育教学管理及启示 [J]. 高等理科教育，2013 (1)

[41] 霍晓丹，尤宇川. 北京大学推进实践育人工作的探索与实践 [J]. 实践探索，2012 (12)

[42] 贾杰静. 哈佛大学教育理念研究 [D]. 华中科技大学，2009

[43] 姜乃强. 谢菲尔德·哈勒姆大学：让学生具备“就业能力” [N]. 中国教育报，2008-01-30

[44] 孔燕. 构建和谐社会对思想道德建设的诉求 [J]. 道德与文明，2006 (2)：50

[45] 李丹. 提升大学生综合素质研究 [D]. 长春理工大学，2008

[46] 李嘉曾. “以学生为中心”教育理念的理论意义与实践启示 [J]. 中国大学教学，2008 (4)

[47] 李俊杰，王雷，谢俊．新形势下大学生综合素质培养途径研究［J］．赤峰学院学报（汉文哲学社会科学版），2011（9）

[48] 李培根．教育应该真正以学生为中心［N］．中国青年报，2014－08－08（02）

[49] 李萍．塑造现代人格——现代化进程中思想政治教育的重要课题［D］．南京师范大学，2005：29

[50] 李瑞贵．高校“以学生为中心”教育理念的理论意义及实施策略［J］．黑龙江高教研究，2009（8）

[51] 李水金，侯静．大学本科实施探究式教学的实证研究——以首都师范大学“探究式学习研讨班”为个案［J］．教育与教学研究，2011（1）

[52] 李文利．高等教育之于学生发展：能力提升还是能力筛选？［J］．北京大学教育评论．2010（1）

[53] 李小娃．高校教师发展中心建设的制度逻辑与理论内涵［J］．中国高教研究，2013（12）

[54] 李祎．探究与生成：杜威知识学习观解析［J］．集美大学学报，2010（1）

[55] 梁丽军，胡文彬，何强．国际商务课程多元化考核模式的应用探究［J］．吉林省教育学院学报，2016（1）：85－87

[56] 廖扬．论大学生社会实践在高校人才培养中的五大作用．科技咨询［J］．2012（1）

[57] 刘献君．论“以学生为中心”［J］．高等教育研究，2012（8）

[58] 刘献君．实践研究相互推进——华中科技大学十年文化素质教育回顾［J］．高等教育研究，2005（3）

[59] 刘智运．论高校研究性教学与研究性学习的关系［J］．中国大学教育，2006（2）

[60] 卢艳兰．新加坡国立大学人文素质教育评介［J］．武汉理工大学学报（社会科学版），2013（10）

[61] 陆挺，李昭昊．心灵的攀登：境界论思维对大学文化素质教育的启迪——基于东南大学教育实践的探索与思考［J］．高等教育研究，2014（9）

[62] 陆长平，姜锐，邓庆山．构建探究式教学课程评价指标体系［J］．中国大学教育，2014（6）

[63] 罗儒国．“三创教育”模式的探索与展望——以武汉大学为例［J］．黑龙江高

教研究，2012（6）

［64］马慧敏．“四层次四平台”国际商务实践教学体系建设［J］．中国成人教育，2015（1）：139－141

［65］马克思，恩格斯．马克思恩格斯全集：第1卷［M］．北京人民出版社，1956

［66］马兆明，王彩云，潘恩群．人格教育［M］．北京：石油大学出版社，2007

［67］潘星华．新加坡教育人文荟萃［M］．新加坡：新加坡诺文文化事业私人有限公司，2008

［68］齐爱兰．大学生知识、能力与人格和谐发展研究［J］．中国农业大学学报（社会科学版）2000（4）

［69］任良玉，刘益东，冯利英．基于课题或问题的本科人才培养模式初探［J］．中国大学教学，2014（4）：30－33

［70］任长松．探究式学习：18条原则（上）［J］．教育理论与实践，2002（1）

［71］任长松．探究式学习：18条原则（下）［J］．教育理论与实践，2002（2）

［72］桑玉成，黄芳．树立全员育人、环境育人、实践育人的新理念［J］．复旦教育论坛，2005（3）

［73］宋克慧．田圣会．彭庆文．应用型人才的知识、能力、素质、结构及其培养［J］．高等教育研究，2012（7）

［74］苏敏．英国高校提升大学生就业力的策略研究［D］．东北师范大学．2007

［75］郭大成．素质教育与大学革命，［M］．北京：北京理工大学出版社，2013

［76］眭依凡．简论教育理念［J］．江西教育科研，2000（8）

［77］汤洁．德育教育在民族高校学生志愿服务中的功能探析——以中央民族大学为例［J］．黑龙江民族丛刊，2013（4）

［78］唐国忠．人格调控原理［M］哈尔滨：哈尔滨工程大学出版社，2007

［79］唐善梅．辅导员人格特征对大学生道德人格的影响［D］．南京师范大学，2006

［80］田刚，白晗．加强学校文化建设是立德树人的时代要求［J］．当代教育论坛，2013（4）：2－4

［81］童晓玲．研究型大学创新创业教育体系研究［D］．武汉理工大学，2012

［82］王光森．加拿大高校道德教育的特点及启示——以多伦多大学为例［J］．重庆邮电大学学报（社会科学版），2007（11）

［83］王伟廉．人才培养模式：教育质量的首要问题［J］．中国高等教育，2009

(8)：24－26

[84] 王晓辉. 一流大学个性化人才培养模式研究 [D]. 华中师范大学. 2014

[85] 王银娥:《现代人格与能力的社会心理学透视》，唐都学刊 2002 年第 1 期

[86] 王钰，项义军. 国际经贸专业人才能力培养模式实践教学体系创新研究 [J]. 黑龙江对外经贸，2011 (9)：120－121

[87] 吴维娜. 我国当代大学生综合素质培养研究 [D]. 大连海事大学，2012

[88] 吴忠道等. 中山大学医学生人文素质教育理念和实践 [J]. 基础医学教育，2014 (7)

[89] 伍方斋. 感受哈佛——与哈佛全面接触 [M]. 北京出版社，2002

[90] 谢定国. 当代大学生人文素质教育研究 [D]. 武汉大学，2005

[91] 徐启东. 面向理工科大学生综合素质培养的休闲教育研究——以哈尔滨工业大学为个案 [D]. 哈尔滨工业大学，2008

[92] 宣兆凯. 道德社会学理论、方法和应用研究 [M]. 北京师范大学出版社，1994

[93] 燕楠，项义军. 对俄经贸人才培养的师资队伍建设研究 [J]. 商业经济，2016 (7)：88－90

[94] 杨东平. 对建国以来我国教育公平问题的回顾和反思 [J]. 北京理工大学学报 (社会科学版)，2000，2 (4)

[95] 杨帆. 两种教学理念比较及其对教师教育改革的意义 [D]. 苏州大学，2015

[96] 杨莲娜. 高校国际经济与贸易专业人才培养定位的思考. 黄山学院学报，2010 (04)

[97] 杨路. 加强和改进大学生身心健康教育的战略意义及对策 [J]. 辽宁大学学报 (哲学社会科学版)，2016 (1)

[98] 杨叔子，姚启和. 对知识、能力、素质三者关系的探讨 [J]. 煤炭高等教育，1998 (3)

[99] 杨晓. 90 后大学生综合素质培养研究 [D]. 陕西科技大学. 2014

[100] 杨晓芳. 基于社会需求的大学生综合素质培养研究 [D]. 燕山大学，2010

[101] 余小明. 英美住宿式书院的发展和演变以及对我们的启示 [J]. 现代大学教育，2015 (1)

[102] 詹美燕，楼建悦，郑川. 高校校友资源应用于育人工作的实践与思考——以

浙江大学为例［J］. 思想教育研究，2013（4）

［103］张彬，余振. 国际经贸人才分层培养的探索与实践［J］. 中国大学教学，2007（12）：50－53

［104］张树永，等. 山东大学多种模式培养拔尖学生的改革探索与实践［J］. 高等理科，2011（6）

［105］张晓军，李圭泉，李鹏飞，张琳. “以学生为中心”的育人体系——西交利物浦大学人才培养模式案例分析［J］. 世界教育信息，2014（22）

［106］赵国金，孙杰明. 大学专业教育改革与发展研究——以知识创新的视野［J］. 中国高等教育评估，2011（2）

［107］赵中建. 21 世纪世界高等教育的展望及其行动框架——98 世界高等教育大会概述［J］. 上海高教研究，1998（12）

［108］赵梓丞. 浅谈如何构建大学生综合素质培养体系［J］. 中国商界（下半月）. 2010. 3

［109］郑庆华. “四位一体”创新人才培养模式的探索与实践［J］. 中国大学教育，2016（10）：19－23，30

［110］中华人民共和国国务院. 国家中长期教育改革和发展规划纲要（2010－2020年）［EB/OL］.（2010－7－29）［2017－1－3］http：//www. moe. edu. cn/publicfiles/business/htmlfiles/moe/moe_838/201008/93704. html

［111］中华人民共和国国务院. 国务院关于印发国家教育事业发展“十三五”规划的通知［EB/OL］.（2017－1－10）/［2017－1－30］http：//www. moe. gov. cn/jyb_sy/sy_gwywj/201701/t20170119_295319. html

［112］中华人民共和国国务院. 中共中央国务院关于深化教育改革全面推进素质教育的决定［EB/OL］.（1999－6－13）［2017－1－3］http：//www. moe. edu. cn/publicfiles/business/htmlfiles/moe/moe_177/200407/2478. html

［113］中华人民共和国教育部. 2016 年大学生思想政治状况滚动调查表明大学生思想主流积极健康、向上向好［OL］. http：//www. moe. gov. cn/jyb_xwfb/gzdt_gzdt/s5987/201605/t20160531_247095. html，（2016－05－31）

［114］中华人民共和国教育部. 教育部关于全面深化课程改革落实立德树人根本任务的意见［EB/OL］.（2014－3－30）［2017－1－4］http：//www. moe. edu. cn/publicfiles/business/htmlfiles/moe/s7054/201404/167226. html

[115] 中华人民共和国教育部．教育部关于全面提高高等教育质量的若干意见 [EB/OL]．(2012－3－16) [2017－1－4] http：//www. moe. edu. cn/publicfiles/business/htmlfiles/moe/s6342/201301/xxgk_146673. html

[116] 周光礼，黄容霞．教学改革如何制度化——“以学生为中心”的教育改革与创新人才培养特区在中国的兴起 [J]．高等工程教育研究，2013 (5)

[117] 周少南．斯坦福大学 [M]．长沙：湖南教育出版社，1991

[118] 周艳．国际商务特色专业课程改革创新研究 [J]．湖南城市学院学报（自然科学版)，2016 (5)：439－440

[119] 周远清．素质·素质教育·文化素质教育——关于转变高等教育思想观念的再思考 [N]．光明日报，2000－04－05

[120] 周治瑜，等．学科竞赛是培养大学生创新素质的重要载体 [J]．现代农业科学，2008 (5)

[121] 朱克朋，汪五一．国际商务专业本科课程体系构建探索 [J]．安徽工业大学学报（社会科学版)，2015 (2)：86－88

[122] 朱欣．“以学生为中心”教育理念的历史审视与价值定向 [J]．现代教育管理，2012 (4)

[123] 史彩计．从疏离到协作：美国高校学生事务与学术事务 [D]．金华：浙江师范大学，2007

后　　记

高校培养什么人、为谁培养人、培养什么样的人、如何培养人和培养效果如何是高校人才培养的根本问题。如何提高人才培养质量成为每一所高等院校思考、创新、实践的出发点与落脚点。

安徽财经大学作为安徽省重点建设的多科性高等财经院校，一直在探索培养什么人、为谁培养人、培养什么样的人、如何培养人和培养效果如何的路上前行着。本书是安徽省重大教学研究项目“地方财经高校内涵式发展研究”（2013zdjy092）和“基于‘三分’理念的财经类高校人才培养模式创新与实践（2016zdxm0003）”的研究成果，也是对《以学生为中心的高校学术事务——以安徽财经大学为例》和《以学生为中心的高校学生事务——以安徽财经大学为例》（已由经济科学出版社出版发行）姊妹篇的进一步凝练和提升，本书从高校人才培养的理论、国内外高校育人体系的实践经验、安徽财经大学育人实践的探索，构建了高校育人体系的基本框架，形成了独特的“四位一体”育人体系。

本书的完成是集体智慧的结晶，是实践探索的总结与反思，更是每一个安财人永无止境探索的见证。本书共分十二章。第一章由丁忠明、张庆亮、夏万军编写，第二章由杨磊编写，第三章由张庆亮、夏万军、陈先年编写，

第四章由夏万军、肖韬编写，第五章由夏光兰编写，第六章由杜斌编写，第七章由张楠编写，第八章由方鸣编写，第九章由魏彦杰编写，第十章由崔志坤编写、第十一章由夏万军编写，第十二章由黄铁流编写。全书由丁忠明、张庆亮设计框架结构，夏万军、夏光兰、肖韬进行统稿、整理。

安徽财经大学“四位一体”育人体系的构建始于2010年《教育规划纲要》的学习和贯彻。2012年形成了较为成熟的思考和设计，并体现在新一轮的人才培养方案修订中。经过多年的实践，这一体系显示了在育人中的突出成效，人才培养质量得到了显著提高。在“四位一体”育人体系的构建中，学校教务、团学等部门的领导和工作人员积极投入，部分学院的领导和老师们热心参与，正是这些乐于奉献、勤于思考、勇于创新、敢于探索、善于总结的教职工，作为“四位一体”育人体系构建的主导力量，推动了育人体系的建设和完善。人才培养工作历来是学校党委、行政工作的重中之重，本书的写作、出版得到了校党委书记姜利军教授以及校党政领导班子的关心与指导。在此，我们对支持本书的研究和出版的学校教职工、社会各界和专家学者们表示感谢！

本书对安徽财经大学最近几年的育人体系建设进行了系统的总结，限于篇幅和视野的限制，还存在不够准确、完整，甚至错误与不妥之处，恳请各位领导、专家、读者鉴谅并给予批评指正。特别需要说明的是，本书从最初的设计到最终的完成时间跨度大，框架结构和内容设计多次随着实践的进展而进行调整，期间借鉴了国内外高校人才培养、育人体系方面的经验，书稿写作中参考了大量学者们的相关著作、论文，在此向他们表示衷心的感谢！当然，我们努力对文中引文进行了注释和说明，但难免存在疏漏，在此表示歉意！

作　者

2017年12月